Der Zar, der Zauberer und die Juden

Der Zar, der Zauberer und die Juden

Die Memoiren von Aron Simanowitsch, dem Geheimsekretär Grigorij Rasputins

Nach dem Original herausgegeben von Werner Gruehn

Archiv-Edition

Das Buch dient dokumentarischen und wissenschaftlichen Zwecken,
sein Inhalt findet nicht die ungeteilte Zustimmung des Verlags

Reihe *Judaica*
Band 8

1994

Archiv-Edition, Verlag für ganzheitliche Forschung
25884 Viöl
Nachdruck der 1943 erschienenen Ausgabe

ISBN 3-927933-43-0

MEINEN FREUNDEN UND SCHÜLERN IM FELDE

Inhalt

Vorwort ... 9
Das Geheimnis des russischen Kaiserhofes (Warum Rasputin unentbehrlich war) ... 17

DIE ERINNERUNGEN DES ARON SIMANOWITSCH

1. Aufstieg aus dem Getto
Wie ich an den Zarenhof geriet ... 33
Der Starez Rasputin ... 38
Die erste Begegnung Rasputins mit den Hofdamen ... 39
Gerüchte ... 42
Rasputin, der Liebling des Zarenpaares ... 44
Rasputin — mein Freund ... 48

2. Rasputin als Mensch
Die Persönlichkeit Rasputins ... 56
Rasputin zu Hause ... 60
Rasputin zecht ... 64
Rasputin und die Familie des Zaren ... 66

3. Der Hof des Zaren
Der Zar Nikolaus II. ... 72
Zwei Kaiserliche Höfe ... 76
Das Geheimnis um die Geburt des Thronfolgers ... 79
Das Attentat auf den Thronfolger ... 81

4. „Judenemanzipation"
Das jüdische Problem ... 85
Rasputin und die Juden ... 89
Der Großfürst Nikolai Nikolajewitsch ... 97
Die Leiden der Fremdstämmigen ... 100
Rasputin verspricht die Entlassung des Großfürsten Nikolai Nikolajewitsch ... 109

5. Rasputin der Zauberer
Die geheimnisvollen „Kräfte" Rasputins ... 115
Die Gabe des Fernsehens bei Rasputin ... 120
Rasputin als Heilkünstler ... 122

6. Hohe Politik
Graf Witte sucht Rasputins Protektion ... 128
Der Tod Lord Kitcheners oder die außenpolitischen Wirkungen einer deutschen Mine ... 133

Der Sturz des Innenministers Maklakow — 137
Was ein Innenminister anrichten kann (Jüdische Rache) — 141

7. **Juden am Werk**
Der Kampf gegen die antisemitische Propaganda (Jüdische Maulwurfsarbeit) — 152
Der Ministerrat Rasputins — 155
Wie die Berufung von Ministern zustande kam — 156
Rasputin als Politiker — 159
Befürchtungen und Hoffnungen — 166
Erfolglose Schritte beim Zaren — 171
Protopopow — die letzte Karte — 174
Die Affäre der Zuckerfabrikanten — 177
Der Ministerpräsident als Lockvogel — 181
Der Bankier der Zarin — 182
Der zweite Arrest Rubinsteins — 187

8. **Der Zusammenbruch eines Weltreiches**
Der Plan einer künstlichen Revolution — 198
Attentate auf Rasputin — 202
Die Verschwörung gegen Rasputin — 205
Übertriebenes Selbstvertrauen Rasputins — 210
Die Ermordung Rasputins — 214
Die Bestattung Rasputins — 220

9. **Rasputin als Gespenst**
Rasputins Testament — 225
Nach dem Tode Rasputins — 227
Der Kampf um die Ministersessel (Ein Jude regiert Rußland mit Hilfe toter Seelen!) — 229
Der Kampf Rasputins mit den Großfürsten — 233

10. **Der Beginn des Chaos**
Meine Abenteuer nach dem Sturz des Zaren — 240
Die Flucht nach Kiew (Der Jude als Feldherr) — 244
Unruhen in Odessa — 247
Die letzte Etappe: Noworossijsk (Der Jude als Held) — 250
Das Ende der Zarenfamilie — 255

DIE ENTDECKUNG DES ORIGINALS — 268
Literatur über Rasputin
ARON SIMANOWITSCH ÜBER SICH SELBER — 277
Namenverzeichnis — 283

Vorwort

Die nachfolgenden Seiten lesen sich wie ein Märchen aus Tausendundeiner Nacht. Wir sehen einen mächtigen Herrscher, umgeben von Fürsten und Günstlingen, von Zauberern und Magiern, mitten im Trubel des Weltkrieges, unmittelbar vor dem Zusammenbruch des gewaltigen Kaiserreiches.
Wir lernen den Zaren und die Zarin kennen in ihren menschlichen Hoffnungen und Sorgen, in ihrem Bangen um den Thronfolger, in ihrer rührenden Unbeholfenheit dem Leben gegenüber, trotzdem stolz und unerschütterlich den einsamen Weg kaiserlichen Gottesgnadentums zu Ende schreitend.
Die Bilder, die sich vor unseren Augen entfalten, könnten auch auf dem Boden des Orients, in Persien oder Arabien, gewachsen sein. Und doch sind sie nicht Ausgeburt einer üppigen Phantasie, sondern Wirklichkeit, Ereignisse unseres 20. Jahrhunderts, mit dem deutschen Schicksal durch das ungeheure Erleben des Weltkrieges unmittelbar verbunden.
Die Wirklichkeit der Geschichte ist immer noch interessanter als das Märchen, Weltgeschichte paradoxer als jede Legende. Vollends hat es der Chronik der Zaren nie an fesselnden Gestalten und Handlungen gefehlt.
Mir scheint, einige dieser Augenzeugenberichte erweitern unsere bisherigen Kenntnisse in wichtigen Einzelheiten: der unbegreifliche Zusammenbruch aller staatlichen Autorität um 1916/17, das völlige Versagen des Kaisers, die Ermordung Rasputins, die letzten Ministerernennungen, Intimitäten aus dem Leben des Herrscherpaares und vieles andere sind in gleicher Anschaulichkeit bisher kaum geschildert worden.
Der Schlüssel zu manchen unerklärlichen Vorgängen findet sich in diesen Aufzeichnungen, die z. T. direkt auf Rasputin, den engsten Vertrauten des Kaiserpaares, zurückgehen. Trotz ihres Verfassers kommt unseren Memoiren in vielen Fällen ein

größerer geschichtlicher Wert zu als den meist selbstgefälligen, verlogenen und erstaunlich kurzsichtigen Darstellungen einst „führender" russischer Staatsmänner.

Die Bedeutung des Buches erschöpft sich jedoch nicht darin, daß es unsere Memoirenliteratur um ein eigenartiges Werk vermehrt. Wir stoßen hier vielmehr auf jene dunklen Mächte, die letztlich den Untergang des Zarenstaates herbeigeführt haben und die heute wieder weithin zersetzend am Werke sind. Dadurch gewinnt das Buch eine sehr aktuelle Bedeutung.

Es ist doch ein eigentümlich Ding, daß der mächtige Geheimsekretär Rasputins der Jude Aron Simanowitsch ist: ein hochbegabter, weltgewandter, wenn auch völlig ungebildeter Mann, trotzdem einer der ganz wenigen inmitten des russischen Chaos, der wirklich weiß, was er will. Durch Rasputin erhält dieser Vollblutjude Einfluß auf den „Selbstherrscher aller Reußen", ja wird in dunkelsten Stunden des Weltkrieges selber allmächtig.

Über seine jüdischen Ziele, über seine Methoden und Schliche plaudert er in hemmungsloser Offenheit. In der russischen Originalausgabe hat er sein Buch ungeschminkt „Rasputin und die Juden" betitelt. Nicht alles erzählt er freilich, wie er gelegentlich gesteht, aber doch so viel, daß der aufmerksame Leser genug erfährt.

Damit ist eines der höchst seltenen Selbstzeugnisse modernen Judentums in unseren Besitz gelangt. Und man begreift schon, warum alles getan wurde, dieses Werk schnellstens wieder aus der Öffentlichkeit verschwinden zu lassen. ███

tum in den Regierungen Englands und Amerikas, in der Presse Frankreichs, Deutschlands und Rußlands schon 1914 besessen hat. Kein Geringerer als Rathenau bekannte 1912: Wir sind stark genug, jede Regierung, die uns nicht genehm ist, in Deutschland zu beseitigen. Unbekannt war jedoch bisher der Einfluß ███████████ auf den russischen Kaiserhof. Hier tritt er mit aller wünschenswerten Deutlichkeit zutage. Das

Problem ▅▅▅▅▅▅▅▅▅▅ erhält somit konkrete Unterlagen im Rahmen einer der europäischen Großmächte von gestern.

▅▅▅▅▅▅▅▅▅▅▅▅▅▅▅▅▅▅▅▅▅▅▅▅▅▅▅▅▅▅▅

gen Zielen genehm ist.
So war es in früheren Jahrhunderten, so war es im Weltkriege. So war es auch beim Ausbruch unseres Krieges wieder.

▅▅▅▅▅▅▅▅▅▅▅▅▅▅▅▅▅▅▅▅▅▅▅▅▅▅▅▅▅▅▅

Von hier aus gesehen, stellt unser Buch nicht eine geschichtliche Urkunde schlechthin dar, wie wir sie zu Hunderten haben, sondern ein Dokument von überzeitlichen Dimensionen, eine jener wenigen Urkunden, die das Wesen ▅▅▅▅▅▅▅▅▅ von innen heraus beleuchten. Es ist zugleich die Geschichte eines der größten Verbrechen, von dem Schuldigen selber niedergeschrieben.

▅▅▅▅▅▅▅▅▅▅▅▅▅▅▅▅▅▅▅▅▅▅▅▅▅▅▅▅▅▅▅

Je mehr ich mich in den Stoff vertieft habe, desto unabweisbarer wurde mir, daß unserem Buch kulturgeschichtlich fast noch eine größere Bedeutung zukommt als jenen vielumstrittenen, auch erstmalig in Rußland aufgetauchten „Geheimnissen

▅▅▅▅▅▅▅▅▅▅▅▅▅▅▅▅▅▅▅▅▅▅▅▅▅▅▅▅▅▅▅

Bereits als eingehende Nachforschungen in Bibliotheken und Buchhandlungen ergaben, daß dieses Buch auf einen geheimnisvollen Befehl hin verschwunden ist, wurde mir die Pflicht klar, das eigenartige Dokument der Vergessenheit zu entreißen. Doch erst der Ausbruch dieses Krieges und der dadurch erneut unterstrichene Ernst des Judenproblems bewogen mich, andere Aufgaben zurückzustellen und eine möglichst getreue Übersetzung aus dem russischen Original anzufertigen.

Immerhin konnte ich es nicht verantworten, das wichtige Dokument bloßer Unterhaltungslektüre oder flüchtiger Sensationslust auszuliefern. Deshalb sind dem Original Erläuterungen beigefügt, die nicht nur die russischen Verhältnisse dem deutschen Leser nahebringen, sondern vor allem den tieferen Sinn, die unsichtbaren Hintergründe dieses Buches aufweisen wollen. Gewiß kann ich hier nicht auf das Judenproblem in seinem ganzen Umfange eingehen, wie ich es in Vorlesungen und Seminaren öfters getan habe. Einige wichtige Linien aber mußten herausgestellt werden.

Jedes bedeutsame geschichtliche Dokument unterscheidet sich von alltäglicher Literatur (Zeitungen, Broschüren u. dgl.) dadurch, daß es seinen vollen Gehalt erst bei wiederholtem Lesen enthüllt. Religiöse oder diplomatische Urkunden, politische Proklamationen enthalten so viel Unausgesprochenes und doch in mancher Hinsicht Wichtiges, daß sie erst bei einiger Vertiefung ganz gewürdigt werden können.

Auch dieses (freilich in ganz anderer Richtung bedeutsame) Buch möchte ich einer wiederholten Lektüre empfehlen: dann erst wird jene tiefere Schicht sichtbar, die ein grelles Schlaglicht auf jüdisches Denken und Handeln, Urteilen und Werten wirft. Die aalglatte Liebenswürdigkeit des Verfassers, sein ständiger Appell an die Humanität, an die Zivilisation, an den Edelsinn seiner Mitmenschen, seine findige Hilfsbereitschaft, sein Einsatz für hohe Ideale, seine scheinbare Treue und Dankbarkeit — erweisen sich als das, was sie sind: eine überaus geschickte Anpassung an die Werte einer fremden Umwelt, als gerissene Tarnung einer letztlich doch nur materielle Werte kennenden und anerkennenden Seelenhaltung. In dieser Hinsicht aber können wir Deutschen heute nicht hellsichtig genug werden — um unserer selbst, wie auch um unserer hohen geschichtlichen Sendung willen.

Man nimmt den Juden meist nicht ernst. Man spottet über ihn oder wird gar sentimental. In jedem Falle verschließt man sich vor der ungeheuren Wucht dieses Problems. Die Größten unserer Zeit aber sehen gerade hier eine Angelegenheit erster Ordnung. Sollte dies nicht zu denken geben? Und blicken wir zurück in die Geschichte, so stehen neben ihnen Große der Vergangenheit: H. St. Chamberlain, Luther, Kant. Gibt das noch immer nicht zu denken?

So ist es doch wohl Durchschnittlichkeit, Spießertum, Bequemlichkeit, die den Kopf in den Sand stecken hieß vor solcher Frage? Alltäglichkeit ist blind gegenüber dem ehernen Gange der Geschichte: selbst Ereignisse von säkularer Bedeutung beurteilt sie von Mauselöchern aus.

Inzwischen sind unsere Truppen zum Kampf im Osten angetreten. Nicht nur militärisch, auch kulturgeschichtlich spielt sich dort ein Drama ab, das in der neueren Zeit keine Parallele aufzuweisen hat: ein Drama, dessen Schlußakt erst ein neues Europa möglich macht.

Wer die Bedeutung dieses Kampfes erkennt, ist bereit, sein Leben, ja zehn Leben, wenn er sie besäße, für den Sieg in die Waagschale zu werfen. Denn unvergleichlich ist die Sendung des Reiches in der Gegenwart.

Als diese Niederschrift entstand, vermied ich es, auf den Bolschewismus einzugehen. Heute ist das nicht mehr erforderlich. Auch ohne Hinweise wird dem Leser deutlich sein, daß die hier geschilderten Ereignisse nichts weniger als die Vorbereitung des Umsturzes und damit das notwendige Vorspiel des Bolschewismus im Zarenreich darstellen.

Noch immer haben manche Völker nicht begriffen, daß der Nationalsozialismus die Rettung Europas vor dem Bolschewismus bedeutet. Die Rettung schlechthin. Statt zu kritisieren, sollte man daher lernen. Staaten, die das nicht einsehen, werden ähnliche Wege geführt werden wie hier das Zarenreich. Das sind Gesetze der Geschichte, die unbeirrbar sich vollziehen.

Möchte dieses Buch dazu dienen, manchem die Augen zu öffnen, nicht nur für die dunklen Abgründe, sondern auch für die erhabene Würde unserer Zeit!

Berlin-Zehlendorf, im Herbst 1941.

Das Geheimnis des russischen Kaiserhofes
(Warum Rasputin unentbehrlich war)

Eine Fülle romantischer Vorstellungen löst beim Deutschen das alte Zarenreich aus. Ertönen aber erst russische Lieder oder werden Tänze vorgeführt, so kann die Begeisterung ungewöhnliche Höhen erreichen. Seit Jahren steht die Frage vor uns: Wie wird sich diese Sympathie des Deutschen für sein großes Nachbarvolk in Zukunft auswirken?
Russische Melodien breiten vor unseren Augen endlose Steppen, Urwälder, weite Ströme und sagenhafte Schätze einer fremden Welt aus. Orientalische Pracht, doch auch düstere Geheimnisse umhüllen das russische Kaiserhaus.
Unerreichbar fern allen Sterblichen herrschte über das Riesenreich der Zar. Die Armeen, über die er verfügte, das Gewicht im Spiel europäischer Politik, die 160 Millionen „Untertanen", denen er gebot, bewiesen jedermann, welche Macht diesem einzigen Alleinherrscher Europas zur Verfügung stand.
Der Todesmut des russischen Soldaten hat im Weltkriege auch dem Gegner Achtung abgenötigt. Was der Zar befahl, war heilig und mußte geschehen. Kein Gedanke durfte daran zweifeln, kein Unglaube daran rütteln. Ohne Klage gingen Millionen auf sein Geheiß in den Tod, Welle auf Welle, Jahr um Jahr. Denn der Befehl des Zaren war unwiderruflich wie das Schicksal, war ehern wie ein Naturgesetz.
Der Zar war Stellvertreter Gottes, war „Selbstherrscher aller Reußen", alleiniger Hüter eines ungeheuren Erbes. Neben all den vielen Titeln, die er führte, war jedem Slawen heilig der, daß er Herr war des „Dritten Rom". Eine unvergleichliche Tradition! Als das alte Rom unter dem Ansturm der Barbaren zugrunde gegangen war, trat das Zweite Rom — Byzanz —, die christliche Metropole des Morgenlandes, an seine Stelle. Doch nach tausend Jahren wurde auch dieses Rom von den Türken überrannt (1453). Seitdem ist Moskau an seine Stelle getreten — das Dritte Rom, nach russischer Auffassung

alleinige Trägerin der urchristlichen Überlieferung — auch dem Westen gegenüber. Dieses ungeheure Vermächtnis verwaltet ausschließlich der Zar.

War diese Auffassung berechtigt? Die Geschichte fragt nicht immer nach Recht und Unrecht. Gewiß war jene Theorie falsch und ist seit Jahrzehnten leidenschaftlich von deutscher Seite bekämpft worden. Das ändert jedoch nichts an der Tatsache, daß der ideenarme Zarenstaat Jahrhunderte hindurch an solcher Sendung festgehalten hat.

Wer war der Zar? Niemand konnte es sagen. Zwar hing in jedem Hause sein Bild, doch niemand kannte ihn. Dies gilt ganz besonders vom letzten Zaren, mit dem die Dynastie der Romanows unterging.

Wie hoch der Zar stand, welche Kluft ihn vom Volke trennte, kann der Westeuropäer schwerlich nachempfinden. Denn es gab keinerlei Wege, die vom Volk zum Zaren, vom Zaren zum Volke führten. Peter der Große, Alexander II. kannten noch ihr Volk. Doch die letzten Zaren hatten den Absolutheitsanspruch der Monarchie ins Ungeheuerliche gesteigert.

Nicht einmal jene Instanzen, die sonst Bescheid wissen über Denken und Tun der Staatsoberhäupter: Minister, Feldherren, Gelehrte, Hofleute, kannten sich im Zaren aus. Mehr als einmal habe ich den Zaren bei imposanten Einzügen erlebt, die höchsten Würdenträger meiner Heimat empfingen ihn. Doch eine undurchdringliche Mauer trennte Nikolaus II. selbst von seiner allernächsten Umgebung.

Nicht einmal wundern tat man sich darüber im alten Rußland. Es schien zum Wesen des Zarentums zu gehören, daß sein Träger gänzlich unnahbar, undurchdringlich, unantastbar war — auch körperlich ein Wesen einer anderen Welt, wahrhaft eine legendäre Gestalt unter den Lebenden.

Es hätte auch niemand in Rußland geglaubt, daß hinter der Abgeschlossenheit des Zaren eine ungeheure Tragik verborgen lag, ein menschliches Schicksal, so trostlos und schwer, wie es nur einmalig in der Geschichte aufzutreten pflegt.

Nikolaus II. war von seinem Regierungsbeginn an von Unglück verfolgt. Bekannt ist die furchtbare Katastrophe anläßlich seiner Krönung, die Tausende unschuldiger Menschenleben forderte. Bekannt ist auch, daß der Zar, von seinen Ministern falsch beraten, zu gleicher Stunde rauschenden Festlichkeiten beiwohnte, was im Volk natürlich mißverstanden werden mußte.

Bekannt sind ferner der unglückliche Ausgang des Russisch-Japanischen Krieges sowie die sich anschließenden Wirren der Ersten russischen Revolution 1905/6.

Bereits zu Beginn seiner Regierung rechnete der Zar mit Attentaten auf seine Person. Nicht nur sein Großvater war Verbrechern zum Opfer gefallen, auch viele seiner Vorfahren, noch mehr aber der Minister. Es gehörte schon Mut dazu, unter solchen Bedingungen das Gottesgnadentum unbedingter Herrschaft auf die eigenen Schultern zu nehmen.

Zumal diese Schultern nicht starke waren. Weder von seinem Vater, dem ungeschlachten Deutschenhasser, noch von seiner Mutter, einer dänischen Prinzessin, hatte Nikolaus II. besondere Gaben geerbt. „Einen schlichten Landedelmann" nannten ihn englische Beobachter. Seinen geistigen Fähigkeiten nach war der Zar sicher nicht mehr, wenn auch sein Charakter über den Durchschnitt hinausragt.

Noch weniger war seine Bildung ausreichend. Mag auch die Erziehung westeuropäischer Königshäuser oft sehr mangelhaft gewesen sein, sie hob sich doch an Planmäßigkeit, an Tradition weit hinaus über jene lückenhafte, zum Teil einfach verrückte Ausbildung, die im Zarenhause erteilt wurde. Man verließ sich auf göttliche Eingebungen, auf magische Kräfte, die dem Herrscher von Natur zufielen. Und doch hätte nur eine allumfassende Bildung den Zaren für die ungeheuren Aufgaben wappnen können, die die Weltgeschichte seiner Generation nun einmal gestellt hatte.

So war der Zar zunächst hilflos ausgeliefert einer kleinen Kaste von Höflingen und Edelleuten, die das Kaiserhaus umgaben, und die doch alle, wie er in der Einfalt seines Herzens bald erkannte, nur ihren eigenen Vorteil suchten. Von Jahr zu Jahr stieg die Enttäuschung des Zaren über seine Ratgeber, ja sie steigerte sich in der letzten Zeit seines Lebens zu völliger Verachtung, zu Haß und Ekel. Die nachfolgenden Seiten zeigen uns, wie recht er mit seinen Gefühlen hatte.

Trotz allem war der Zar, besonders in den ersten Jahren seiner Regierung, von einer Leutseligkeit und Schlichtheit, die ihm aller Herzen gewann. Ja, dieser Charakterzug verleugnete sich nicht einmal später, als er ganz einsam, ganz menschenscheu, ganz verschlossen geworden war.

In Deutschland galt Nikolaus II. seit dem Weltkriege als wortbrüchig. Man pflegte ihn nicht mehr ernst zu nehmen und stellte ihn tiefer, als er es auf Grund seines harten Schicksals verdient. Weiteren Kreisen Deutschlands ist ja nicht bekannt, daß der Zar keineswegs den Weltkrieg gewollt, daß er fest zu seinem Worte stand und in entscheidender Stunde von seinen eigenen Ministern belogen und betrogen wurde: Rußland ist damals gegen den Willen des Zaren in den Krieg getreten.

Nach vielen Enttäuschungen wurde dies Erlebnis zu einer der bittersten Erfahrungen des Zaren, die er nie mehr ganz verwinden konnte. Vieles in seiner späteren Haltung wird erst verständlich durch diesen schwersten Verrat seiner Getreuen.

Ähnliches mußte der Zar dann mit seinen Verbündeten erleben, mit England und Frankreich, resp. deren traurig berühmten Botschaftern Buchanan und Paléologue. Zwar waren diese unersättlich in ihren Forderungen an die russische Hilfe im Weltkriege. Wertlos war für sie das Blut des einfachen Soldaten. Und wenn der Zar im späteren Verlauf des Krieges hier und da auf die Unerfüllbarkeit ihrer Forderungen hinwies, warfen sie ihm Treubruch vor. Es ist erschütternd zu beobachten, wie ernst der Kaiser sein Wort nahm und wie frivol dieses durch seine Verbündeten ausgenutzt wurde. Denn Frankreich und England sahen sich dadurch nicht behindert, mit den Gegnern des Zaren zu konspirieren und — als Ruß-

land völlig ermattet war durch ihre Schuld — eine „demokratische" Regierung aus der Taufe zu heben.
Das sind alles Tatsachen, die heute feststehen, auch gerade auf Grund englischer und französischer Quellen. Es ist nicht anders als mit der Treue gegenüber dem polnischen Bundesgenossen 1939. Nicht einmal so viel Pflichtbewußtsein hatten diese Verbündeten für den Zaren übrig, daß sie ihm nach seinem Sturz zur Rettung ins Ausland verhalfen. Ein leichtes wäre es ihnen gewesen, der Zar aber wäre solcherart vor einem furchtbaren Tode, seine Familie vor einem Jahr qualvoller Leiden bewahrt worden.
Wenn heute Nikolaus II. aus dem Grabe auferstehen könnte, gäbe es keinen schrecklicheren Ankläger der englischen und französischen Treulosigkeit als diesen letzten Zaren, der durch seine Verbündeten buchstäblich alles verloren hat.
Nikolaus II. war keine starke, noch weniger eine weitblickende Natur. Doch war er im Grunde ein reiner und gütiger Mensch, der sich nicht zurechtfand im Ränkespiel der Hofleute und Diplomaten. Er wollte ohne Frage das Beste, wollte vor allem Gerechtigkeit — und handelte oft ungerecht aus Unfähigkeit, Beschlüsse zu fassen und festzuhalten.
Dieser Romanow, seiner Abstammung nach überwiegend deutschen Blutes, war gerade in seiner Treue groß und ohne Zweifel für die Pflichten seines hohen Berufes aufgeschlossen. Zu anderer Zeit und mit einer anderen Umgebung hätte er vielleicht sogar seinem Volke entscheidende Dienste erweisen können, wie die Rasputin gegenüber geäußerten Reformpläne verraten. Mit einem Hofstaat aber, wie wir ihn noch kennenlernen werden, mußte dieser Mann hilflos der Katastrophe entgegentreiben. Und mit ihm mußte die absolute Monarchie zusammenbrechen in einer Zeit, die von Revolutionen und Attentaten geradezu schwanger war.
Viele Biographen des Zaren übersehen diese feineren psychologischen Zusammenhänge. Trotzdem sind sie meist entscheidend für den äußeren Erfolg eines Menschenlebens. Auch in unseren Memoiren finden wir aus naheliegenden Gründen

wenig von diesen zarteren Motiven. Völlig ungerecht urteilen meist die russischen Höflinge, die nach dem Zusammenbruch die Geschichtsschreibung mit ihren „Erinnerungen" überschwemmt haben.
Niemand jedoch vermag sich der Größe zu verschließen, mit der der Zar in den letzten Jahren allein, auch ohne seine Minister, das lastende Erbe der Väter zu retten sucht. Daß dieser Weg ihn notwendig zu einem Rasputin, von diesem zu den Juden führt und damit zu all den erbärmlichen Erscheinungen der letzten Etappe — wer darf ihn anklagen? Groß bleibt doch die Treue, mit der er den seit Jahren erkannten finstern Weg zu Ende geht — ohne Klage bis in den Tod.
Machtlos hatte der Zar gegenübergestanden dem seit den sechziger Jahren immer stärker werdenden Panslawismus der oberen Kreise und der notwendig daraus erwachsenden Deutschenfeindschaft. Was konnte er auch dieser Bewegung entgegenhalten als Oberhaupt aller Slawen, dem immer wieder sein deutsches Blut zur Last gelegt wurde? Nicht nur Rußland und der Balkan, auch Polen, Tschechen, das gesamte Slawentum blickten erwartungsvoll zu ihm empor.
Diese Haltung aber isolierte das Kaiserhaus völlig gegenüber dem baltischen Adel sowie den angestammten deutschen Führern der Armee und des Beamtentums. Auch dies wurde verhängnisvoll. Noch unter dem Großvater des Zaren waren alle höheren Posten des Hofes, der Verwaltung, der Wirtschaft, des Heeres in deutscher Hand: seit Jahrhunderten hatten Deutsche am Zarenreich gebaut und ihm kulturell sowie organisatorisch Halt geboten. An den Adelsmarschällen Kurlands, Livlands und Estlands hatten die Zaren unbedingt zuverlässige, oft auch weise Berater gefunden. Es gereicht dem Deutschtum Rußlands zur Ehre, daß es den Skandalen der letzten Jahre ferngeblieben ist. Nicht einmal der Jude Simanowitsch, der alles in den Schmutz zieht, wagt es, diese Treuen des Zaren zu verdächtigen.
Tief enttäuscht durch seine Ratgeber, durch die Bestrebungen der russischen Gesellschaft und seiner Verbündeten, zieht der

Zar sich schließlich auch von seinen öffentlichen Verpflichtungen zurück. Immer seltener bekommt man ihn zu Gesicht. Selbst der Empfang der Minister wird auf das Notwendigste beschränkt. Der Kaiser widmet sich ganz seiner Familie und der Erziehung seiner Kinder. Sein Leben bietet in den letzten Jahren das Bild eines Familienidylls.

Doch selbst hier ist ihm der Frieden versagt. Die Familie des Zaren war in zwei ungleiche Lager gespalten. Auf der einen Seite stand die alte „Kaiserin-Mutter" Maria mit ihrem fanatischen Deutschenhaß. Um sie scharten sich nicht nur alle Würdenträger aus der Zeit Alexanders III., alle radikal panslawistisch eingestellten Spitzen der Gesellschaft; auch die Mehrzahl der Großfürsten hielt zu ihr, da sie mit unbeugsamem Eigensinn über dem Absolutismus des russischen Kaiserhauses wachte. Mit der ganzen Wucht ihres Anhanges, aber auch mit den niedrigsten Mitteln trat sie dem Zaren in den Weg, wenn er hier und dort Verbesserungen oder gar Reformen des veralteten Regierungsapparates durchzusetzen versuchte.

Gewiß waren die weiteren Kreise des Hofes nicht ganz so verkommen, wie es Simanowitsch zwecks Beschönigung der eigenen Taten darstellt. Wohl aber teilte die höchste russische Gesellschaft die Anschauungen des ausgehenden 19. Jahrhunderts, war also ichhaft, genießerisch, skeptisch eingestellt, meinte sich alles erlauben zu können, ohne Pflichten dem Volke gegenüber zu empfinden. Nur aus Tradition hielt man zur Kirche, um des eigenen Vorteils willen an der zarischen Absolutheit fest. Von einzelnen Ausnahmen abgesehen, waren diese Großfürsten ohne Frage dekadent und überlebt.

Doch ein noch schwererer Schatten lagerte über dem Kaiserhause: die Krankheit des Thronfolgers. Bis zu seiner Geburt waren die vielen Töchter des Zaren ein ständiger Anstoß des „alten" Kaiserhofes. Nun hob wirklich erst das Unheil an. Der Zesarewitsch litt an der Bluterkrankheit, jede Verletzung konnte ihm den Tod bringen. Was dieses für ein zärtliches Elternpaar, insbesondere für die treusorgende Mutter, bedeutete, kann nicht überschätzt werden. Da die Krankheit

streng geheimgehalten werden mußte, ward die Isolierung gegenüber der Umwelt nun noch dichter.
So gab es kein Verständnis für den Zaren in seiner Umgebung. Er, der alles hatte, war doch ärmer als sein schlichtester Untertan. Die Mauern, die ihn umgaben, wurden höher und höher. Wie hoch sie waren, ahnt nur der, der das alte Rußland kennt.
Niemand wußte damals um das Geheimnis des Zarenhofes. Das Martyrium des Kaisers hat früh begonnen und sich von Jahr zu Jahr ins Unabsehbare gesteigert.
Nun wird es vielleicht begreiflich, wieso der Zar zu einem Rasputin kam und an ihm bis zum Tode festgehalten hat.
Ohne Zweifel waren Zar und Zarin Menschen von einer schlichten kindlichen Frömmigkeit, die sich sehr von der äußeren Kirchlichkeit ihrer Umgebung unterschied.
Freilich war diese Frömmigkeit stark untermischt mit Zauberglauben. Man versteht dies von der besonderen Struktur der östlichen Kirche aus und von den Verhältnissen am Hofe. In unseren Erläuterungen gehen wir auf diese Fragen ein, weil nur solcherart das Problem Rasputin und die russische Geschichte der letzten Jahre verständlich werden.
Der einzige Lichtstrahl, der in das Leben des Zaren fällt, kommt von dieser Seite. Immer wieder begegnen ihm „gottgesandte" Menschen, die ihn stärken, beraten, aufrichten. Es ist dies ein besonderes Kapitel der letzten Jahrzehnte Zarenherrschaft: wir wissen heute, daß frühe schon Schwindler und Narren, ja selbst französische Politiker diese Schwäche des Zaren auszunutzen verstanden.
Psychologisch gesehen steht jedenfalls fest: der Zar, der in der Verehrung des Starezentums und sonstiger gotterfüllter Leute erzogen war, fand dort den Anker, der ihm zu einem Halt in den Stürmen seines Lebens wurde.
Hier nun verbirgt sich das letzte Geheimnis des russischen Kaiserhofes. Die Öffentlichkeit wußte darum nicht. Selbst erfahrene Beamte, hohe Generäle, alte Gouverneure durchschauten nicht die wahre Lage im Reich.

Man wußte höchstens, daß das Kaiserpaar geheimnisvollen Kräften zugänglich war, daß undurchsichtige Gewalten bald diesen, bald jenen Entschluß des Zaren durchkreuzt hatten. Man sprach dann von „dunklen Mächten", die über den Zaren Verfügung hätten. Demokratische Schnüffler des Parlaments, wie Purischkewitsch oder Rodsjanko, trugen diesen Ausdruck in weiteste Kreise. Die tatsächliche Lage übersah kein Politiker von Bedeutung. Es konnte daher auch niemand dem Zaren helfen oder gar das Zarentum retten.

Daß auch hier das Judentum seine Hände im Spiel gehabt hat, erfuhr man erst lange nach dem Tode des Kaisers. Selbst heute ist es der weiteren Geschichtsschreibung nicht bekannt. Die Tarnung des Judentums muß also in diesem Falle als vollendet gelten.

Der Zar hat es als göttliche Fügung betrachtet, daß ihm Rasputin gesandt wurde in einem Moment, da er ihn am dringendsten brauchte: gelegentlich eines schweren Blutergusses beim Thronfolger. Die schlichte Art dieses Bauern sagte dem Zaren zu. Ja, je mehr er sich Rasputin anvertraute, je offener und schroffer Rasputin mit seinen Anschauungen hervortrat, desto mehr glaubte der lebensfremde Zar in diesem Manne nun endlich einmal dem Volke zu begegnen. Es spricht viel für Nikolaus II. und sein völkisches Verantwortungsbewußtsein (das natürlich ganz anders verstanden werden muß als unser heutiges völkisches Denken), daß er durch diesen einfachen Bauern immer und immer wieder die Stimme seines Volkes zu erfahren suchte.

Daß russische Zaren einzelne religiöse Persönlichkeiten verehrten und sich von ihnen beraten ließen, war nicht neu. Der Vater des Kaisers, Alexander III., hatte in ähnlicher Weise zu dem berühmten Johann von Kronstadt emporgeblickt, einer unzweifelhaft bedeutenden, lauteren und einzigartigen Persönlichkeit. Ähnliches hören wir bereits von Alexander I. zu Beginn des vergangenen Jahrhunderts. Nur daß Nikolaus II. die geistigen Fähigkeiten fehlten, zwischen einem Johann von Kronstadt, einem Monsieur Philippe und einem Rasputin zu unterscheiden. Das war schließlich nicht seine Schuld, wohl aber einer der Brennpunkte aller späteren Tragik.

Rasputin war weder Teufel noch auch Heiliger, wie seine Biographen wollen. Das sehen wir heute deutlich. Er war ein einfacher asiatischer Bauer in seinem zügellosen Triebleben und in seiner unverwüstlichen Lebenskraft, ein Frommer in seinem jahrzehntelangen Ringen um Gottesgewißheit und -nähe. Ein echtes Kind seines Volkes in der Doppelheit seines Wesens, besaß er fraglos überdurchschnittliche geistige Fähigkeiten.

So verstehen wir, daß dieser Mann Einfluß auf den Zaren gewinnen konnte, ja späterhin eine dominierende, geradezu unheimliche Gewalt erlangte. Es gab in den letzten Jahren des Kaiserreichs (das zeigt auch der Briefwechsel des Zarenpaares) keine bedeutsame Entscheidung, zu der Rasputin nicht hinzugezogen wurde.

Wie aber steht es mit dem Wüstling Rasputin und mit dem schamlosen Treiben seiner späteren Entwicklung, mit seiner Ruhmsucht und Eitelkeit, die manches Geheimnis ausplauderte und ganze Scharen gerissener Höflinge an seine Fersen heftete? Mußte das Vertrauen des Zaren dadurch nicht erschüttert werden?

Keineswegs. Denn einerseits hat der Zar, trotz aller Beschwerden und Denkschriften, den gesamten Umfang des Rasputinschen Lebenswandels nie überschaut. Die Hofetikette, der Byzantinismus seiner Umgebung waren zu starr, als daß jemand ganz offen dem Zaren hätte entgegentreten können. Was er von Rasputin wußte, war ohne Frage nur ein Bruchteil des Geschehenen.

Dazu kam das geschilderte Verhältnis des Zaren zu seiner Umgebung. Er wußte um ihren Neid und ihre Mißgunst, um ihr Strebertum und die völlige Gesinnungslosigkeit, wenn es galt, einen Gegner zur Strecke zu bringen. Der Zar war es gewohnt, daß jeder angefeindet und verleumdet wurde, den er mit seiner Gunst auszeichnete. Diese Erfahrung ließ ihn gleichgültig werden auch schwersten Verleumdungen gegenüber. Ähnlich erklärt sich das Verhalten der Zarin, der Wyrubowa und mancher anderer unantastbarer Persönlichkeiten, die zu Rasputin hielten.

Endlich vergesse man nicht die Eigenart russischer Ethik. Sünder sind wir alle, es gibt niemand, der ganz rein vor Gott dastände. Also darf niemand auf den anderen Steine werfen. Noch mehr: Es kommt ja gar nicht auf ein Mehr oder Weniger von Sünde an, sondern allein auf die Reue, die uns bewegt. Wer ehrlich bereut, dem vergibt Gott, und dessen Sünde existiert nicht mehr.

Wir wissen, daß Rasputin, von der Sekte der Chlysten herkommend, eine besonders listige, fast grandiose Theorie der Reue und Sündlosigkeit aufgestellt hat. Damit bestach er ungezählte Anhängerinnen. Was Wunder, daß der schlichte Zar und die blindlings an Rasputin glaubende Zarin gegen alle Verleumdungen immun wurden!

So ungefähr sehe ich das Geheimnis des russischen Kaiserhofes. Es ist ein psychologisches Geheimnis; d. h. auch hier wieder kommt der Historiker nicht weiter, der bloß Handlung an Handlung reiht, ohne sich in die Seele der handelnden Personen zu vertiefen. Auch das geistige Niveau und die Verfassung der einzelnen Berichterstatter sind zu berücksichtigen. Nicht wenige Biographen Rasputins, aber auch des Zaren sind Opfer solcher unkritischen Haltung geworden: sie haben die unentrinnbare, ungeheuerliche Tragik des letzten Zaren entweder bagatellisiert oder gar völlig übersehen.

Das Geheimnis läßt sich lüften, sobald wir die Fähigkeiten und Ziele, die Wünsche und Anlagen, die Umwelteinflüsse und Erlebnisse des Zaren ins Auge fassen.

Man begreift jedoch nun auch erst den völligen Zusammenbruch des Kaisers nach der Ermordung Rasputins. Er hatte den letzten „ehrlichen" Menschen verloren, der ihn noch mit der Umwelt verband. Er hatte seinen entscheidenden Ratgeber verloren. Ja, er hatte den ihm von Gott gesandten Boten verloren. Er, der allmächtige Zar, hatte diesen Boten nicht schützen können. So mußte das Verhängnis nunmehr mit unaufhaltsamer Wucht hereinbrechen.

Nichts kennzeichnet die innere Verfassung des Kaisers in den letzten Jahren besser als ein Ausspruch, den uns die Wyrubowa aus dem Herbst 1915 überliefert, als er das Oberkommando des Heeres übernahm: „Vielleicht ist ein Sühnopfer nötig, um Rußland zu retten. Ich werde dieses Sühnopfer sein. Gottes Wille geschehe."

Doch noch etwas anderes muß berücksichtigt werden. Rasputin hatte in eigenartigen Weissagungen und in einem unzweifelhaft echten Vermächtnis an den Kaiser das Nahen des Unheils und die Gefährdung der Dynastie vorausgesagt. Geradezu monumental klingen die Worte dieses Testaments und erinnern an die Sprache bedeutendster historischer Dokumente. Besäßen wir kein anderes geistiges Zeugnis von Rasputin als diese eine Urkunde, so genügte sie doch, den Irrtum aller jener zu widerlegen, die in ihm bloß einen minderwertigen Trunkenbold oder Lüstling sehen wollen.

Nein, Rasputin sah recht klar, zuweilen unheimlich klar. Und wenn er auch nicht lesen und schreiben gelernt hatte, so hatte er doch viel in seinem Leben nachgedacht und beobachtet. Sonst hätte er dem Zaren niemals so treffend die Situation des Staates nach seinem Tode voraussagen können.

Nun stand der Kaiser völlig allein. Ihm blieb für den Rest des Lebens nicht einmal mehr die Hoffnung. Nur noch Treue konnte er halten. Es verblieb ein schwerer, dunkler Weg, und der Zar war entschlossen, diesen Weg zu Ende zu gehen. Wir verstehen nun, warum Nikolaus II. so leicht zur Abdankung zu bewegen war, warum er keinerlei Versuche zur Rettung unternahm: das dunkle Fatum, das über seiner Regierung stand, mußte sich unweigerlich erfüllen.

Die in anderen Regionen vegetierende Seele des Simanowitsch bemerkt von dieser Größe und Tragik des letzten russischen Zaren nichts. Und doch ist er unfreiwillig zu einem Zeugen dieser Größe geworden. Denn Rasputin wußte um sie. Und durch Rasputin hatte dies und jenes das äußere Ohr des Simanowitsch erreicht. Und so dringt sogar durch seine Feder mancherlei in ein verstehendes Ohr.

Lakaienhaft ist die Art, mit der er dem Klatsch der kaiserlichen Günstlinge kritiklos lauscht. Selbst den schmutzigen Gerüchten vom Ehebruch der Zarin und von der unehelichen Geburt des Thronfolgers ist er nachgegangen. Etwas Sauberkeit hätte ihn darüber belehren können, daß diese abenteuerlichen Schilderungen ausschließlich dem fanatischen Deutschenhaß des „älteren Hofes" ihren Ursprung verdankten.

Simanowitsch schreibt aus Eitelkeit. Er ahnt etwas davon, daß es eine Verantwortung vor der Geschichte gibt. So will er sich denn der Geschichte präsentieren. Freilich ist er zu anmaßend und zu verdorben, als daß er sich seiner Handlungen schämen würde. Er ist unbändig stolz darauf, auch einmal „Geschichte gemacht" zu haben.

Zugleich sind seine Minderwertigkeitsgefühle doch so stark, daß er trotz allen entgegengebrachten Vertrauens kein Verhältnis zum Kaiserhause gewinnt. Er bleibt im Grunde der kleine Ostjude, glücklich, wenn auch nur der Schatten des Zaren seine winzige Gestalt berührt.

Simanowitsch will sich aber zugleich vor seinen Mitjuden (wohl auch vor seinen Geldgebern) rechtfertigen. Denn selbst hier traut keiner dem anderen. Kein Wunder, da schließlich Simanowitsch mit unermeßlichen Schätzen dem russischen Chaos entrinnt und ungeschoren nach Amerika übersiedeln kann.

Diese Sachlage muß berücksichtigt werden, will man die nachfolgenden Memoiren in ihrer ganzen Bedeutung verstehen.

So fällt unserem Buche eine nicht geringe Rolle zu: für den Biographen des Zaren, für eine Darstellung Rasputins, aber auch der letzten Zuckungen des untergehenden Zarismus haben wir hier einen einzigartigen Zeugen. Manche Darstellung der Nachkriegszeit tritt durch diese Erinnerungen in ein neues Licht. Doch soll nicht der Geschichtsschreibung vorgegriffen werden.

Uns genügt das Bewußtsein, ein eigenartiges Dokument erhalten und hier vermittelt zu haben.
Noch größer dürfte die kulturgeschichtliche, politische und religiöse Bedeutung des Buches sein.
Der Russe hat stets die geistigen Kräfte des Westens mit Mißtrauen betrachtet. Sein unverbildeter Instinkt sagte ihm, daß diese Kräfte irgendwie entartet, verdorben, dekadent seien, daß vom Westen her Rußland Gefahr drohe (Dostojewskij). Hier nun sehen wir unwiderleglich, wie westliche Zivilisation sich auf dem Boden russischen Volkstums auswirkt. Das Buch spricht eine deutliche Sprache.
Zugleich blicken wir in verworrene und verworrenste soziale Verhältnisse. Wer sich ernsthaft mit dem Rußland vor 1917 beschäftigt, wird sich auch mit dieser sozialen Dekadenz und ihren späteren Folgen auseinandersetzen müssen.
Doch auch dem religiösen Menschen werden diese Erinnerungen zu denken geben. Die Gestalt Rasputins ist weltberühmt, in ihrer Art klassisch geworden. Dennoch fehlt es im russischen Raume nicht an ähnlichen Gestalten. Ich denke etwa an die Madame de Krüdener, die Vertraute Alexanders I., Frömmlerin und Hochstaplerin in einer Person, der der große Historiker C. Schirren ein wundervolles Denkmal gesetzt hat. Solche Gestalten fesseln nicht nur den Geschichtsforscher, weiteste Kreise des Volkes stellen hier Fragen von größtem Ernst.

DIE ERINNERUNGEN
DES ARON SIMANOWITSCH

1. Aufstieg aus dem Getto

Wie ich an den Zarenhof geriet

Zu Beginn einige Worte über mich selber.
Mehr als zehn Jahre hindurch nahm ich in Petersburg eine Stellung ein, die man als eine außergewöhnliche bezeichnen muß. Erstmalig in der Geschichte Rußlands gelang es einem einfachen Juden aus der Provinz, sich nicht nur Zutritt zum kaiserlichen Hofe zu verschaffen, sondern auch Einfluß auf den Gang der Staatsgeschäfte zu gewinnen.
Die damals regierenden Kreise waren mir dabei trotz ihres Antisemitismus kein Hindernis. Obwohl ich Jude bin und meine Tätigkeit gerade darin bestand, meinen Glaubensgenossen Hilfe und Erleichterung zu bringen, suchten jene Kreise trotzdem bei mir Rat und Unterstützung.
Meine Erfolge in Petersburg wurden gewöhnlich meiner Freundschaft mit Rasputin zugeschrieben. Man pflegt auch anzunehmen, daß Rasputin mich bei Hofe eingeführt hat. Das ist nicht richtig. Die Freundschaft mit Rasputin war gewiß für mich sehr wertvoll, es muß jedoch anerkannt werden, daß meine Beziehungen zur großen Petersburger Gesellschaft bereits vor dem Erscheinen Rasputins in der Residenz entstanden. Auf welchen Wegen dies geschah, erzähle ich später.
Von Beruf bin ich Juwelier und besaß mein eigenes Geschäft in Kiew, aber 1902 faßte ich den Entschluß, nach Petersburg umzusatteln.
Das Leben in der Provinz genügte mir nicht. Gleich den anderen Juden war ich dort allerhand Schikanen und Demütigungen ausgesetzt. Dadurch gewann ich allerdings eine große „Erfahrung" im Umgang mit der Polizei und mit der Be-

amtenschaft. Bereits in der Provinz hatte ich in diesen Kreisen zahlreiche Bekanntschaften angeknüpft, auch eine gewisse Fertigkeit im Umgang mit Beamten und ihrer Bestechung erreicht. Das war von ungeheurer Bedeutung für meine künftige Tätigkeit.
In Petersburg traf ich wiederholt Leute an, denen ich in der Provinz wichtige Dienste erwiesen hatte. Sie blieben mir dankbar und waren immer zu Gegendiensten bereit. Einigen dieser Leute verdanke ich mein Leben und das Leben meiner Kinder. Das war im Jahre 1905, als in Kiew ein Judenpogrom ausbrach.
Nach meiner Abreise nach Petersburg blieb meine Familie in Kiew, wo mein Geschäft fortgeführt wurde. Bei den ersten Nachrichten von der drohenden Gefahr eilte ich nach Kiew und sah, wie meine Läden ausgeplündert wurden. Mein Geschäftsführer und viele meiner Verwandten wurden getötet. Mein eigenes Leben, aber auch das Leben meiner Familie war in großer Gefahr. Doch der Leiter des Pogroms, General Maurin, und der Polizeimeister von Kiew, Zichotzki, versteckten uns und ermöglichten es mir, mit meiner Familie nach Berlin auszureisen. Bei der Abreise sahen wir vor der Synagoge die Leichen der Juden, die während des Gottesdienstes ermordet worden waren. Dieses Bild hat auf mich einen unauslöschlichen Eindruck gemacht, und noch in Berlin konnte ich es lange nicht vergessen.
Ich entschloß mich, den Kampf um mein Leben und das Leben meiner Familie und meiner Verwandtschaft sowie für unsere Gleichberechtigung mit allen Kräften aufzunehmen.
Als ich nach Petersburg zurückkehrte und dort mit Rasputin zusammentraf, beschloß ich, mit seiner Hilfe, aber auf eigene Verantwortung, ohne jegliche Unterstützung meiner Glaubensgenossen zu handeln. Vor der Öffentlichkeit lege ich erst jetzt über meine Tätigkeit Rechenschaft ab und erkläre nochmals, daß ich die ganze Verantwortung auf mich nehme und auf Angriffe und harte Anklagen gefaßt bin.
Meine Frau stammt aus einem sehr zahlreichen jüdischen Bauunternehmergeschlecht. Mehrere ihrer Verwandten lebten unter

Beistand Wittes als Handwerker in Petersburg. Sie erleichterten mir meine Übersiedlung nach Petersburg, aber auch die Anknüpfung der ersten geschäftlichen Beziehungen. Diese Verwandten waren solide Handwerker und Kaufleute. Gelegentlich bekamen sie sogar Aufträge vom kaiserlichen Hof. Sie führten ein sehr bescheidenes Leben und standen im übrigen fern der großen Welt der Residenz.

Ich dagegen war ein Mensch von ganz anderem Schlage: ich verkehrte gern und viel in Klubs, in Varietés, auf Rennplätzen, wo ich alle möglichen Leute aus den verschiedensten Gesellschaftsschichten antraf.

Es ist bekannt, daß die Spielleidenschaft die Menschen nicht nur sehr leicht zusammenführt, sondern auch nationale und gesellschaftliche Unterschiede schnell vergessen läßt. Die Vergnügungssucht macht diejenigen, die dieser Leidenschaft verfallen sind, weniger wählerisch in bezug auf ihren Bekanntenkreis und die Art und Weise, in der sie sich Mittel für die Befriedigung dieser Leidenschaft verschaffen. In diesem Milieu war ich bald zu Hause und verstand die angeknüpften Beziehungen zur Erweiterung meiner geschäftlichen Unternehmungen auszunutzen.

Dank meinem Talent, leicht Bekanntschaften zu schließen und ungeachtet aller sozialen Unterschiede Freundschaft zu erwerben, gelang es mir, in erster Linie mit verschiedenen Personen aus der kaiserlichen Hofhaltung in engere Berührung zu kommen und sie für meine Geschäfte zu interessieren.

Solcherart näherte ich mich mehr und mehr dem Hofe und lernte das tägliche Leben dort immer genauer kennen. Ich bemühte mich in jeder Weise, meinen neuen Bekannten nützlich zu sein. Meine Lebenskenntnis und kaufmännische Erfahrung kamen Leuten zugute, die hohe gesellschaftliche Positionen einnahmen, aber in wirtschaftlichen Fragen, wie etwa Kauf und Verkauf irgendwelcher Wertobjekte oder Kreditbeschaffung, völlig hilflos waren. Es muß bemerkt werden, daß die Petersburger große Welt sich durch besondere Geschäftsunkenntnis auszeichnete.

Eine ausschließliche Bedeutung hatte für mich die Bekanntschaft mit den beiden Brüdern Fürsten Wittgenstein, die in der Leibwache des Zaren Nikolaus II. Dienst taten.

Durch ihre Vermittlung lernte ich die Fürstin Orbeliani[1]) kennen, die sehr einflußreiche Hofdame der Kaiserin Alexandra, ferner die kaukasischen Fürsten Utscha-Dadiani und Alek-Amilachwari, nach und nach auch das ganze Offizierskorps der kaiserlichen Leibwache. Später knüpfte ich die Bekanntschaft mit allen Hofdamen der Kaiserin an, mit der bekannten Anna Wyrubowa, Fräulein Nikitina, Frau v. Dehn und Fürstin Astaman-Golizyn. Ich erhielt Zutritt zum kaiserlichen Palais und war schließlich fast mit dem ganzen Hofpersonal bekannt. Von sehr großem Wert war für mich die Bekanntschaft mit dem kaiserlichen Maitre d'hotel, dem Franzosen Poincet, der unter den Angestellten des Hofes einen ungeheuren Einfluß besaß.

Gemeinsam mit Poincet gründete ich einen Schachklub, der tatsächlich ein Spielklub war. Auch die beiden Fürsten Wittgenstein, die immer in Geldnot waren, wurden an diesem Unternehmen beteiligt. Solcherart interessierte ich verschiedene einflußreiche Leute aus der Hofhaltung und dem Gefolge des Zaren unmittelbar an einigen meiner Unternehmungen.

Das Schicksal der beiden Brüder Wittgenstein, Verwandte der Hohenzollern, war sehr tragisch. Der eine von ihnen wurde bei einem Duell einer Kokotte wegen getötet, der andere, mit der durch ihre Schönheit berühmten Zigeunerin Lisa Massalska verheiratet, verschluckte einen Hühnerknochen und erstickte daran. Beide waren mit dem Zaren sehr befreundet und nahmen oft an seinen Gelagen teil.

Nach ihrem Tode nahm ich den Fürsten Utscha-Dadiani, der besonders gut mit dem Hof stand, als Kompagnon in meinen Schachklub auf. Er war ein Freund des Hauses der Fürstin Sophie Tarchanowa. Eine Tochter der Fürstin hatte den Fürsten

---

[1]) Vgl. hierzu und im folgenden die näheren Angaben im Namenregister.

Gelowani geheiratet. Auf Wunsch Gelowanis wurde er durch mich zum Vorsitzenden meines Spielklubs ernannt.

Die erste Bekanntschaft mit den Hofdamen machte ich im Hause der ehemaligen Geliebten Nikolaus II., der Fürstin Orbeliani. Sie war schon damals gelähmt. Trotz ihres einstigen Verhältnisses mit dem Zaren genoß sie die Gunst der Kaiserin, die oft die arme gelähmte Frau in ihrem Wagen zu Spazierfahrten mitnahm.

Die Zarin legte überhaupt nur selten Eifersucht an den Tag, obgleich es an Anlässen dazu nicht fehlte. Im Hause der Fürstin Orbeliani trat ich erstmalig vor den Hofdamen als Juwelier, Verkäufer und Kenner von Brillanten auf. Bald wurde ich ihnen unentbehrlich. Es gelang mir, das Vertrauen und Wohlwollen vieler hochgestellter Personen zu erobern, und ich wurde in zahlreiche Geheimnisse des Hoflebens eingeweiht. Ich begann festen Boden unter den Füßen zu fühlen. Mein Selbstbewußtsein wuchs, besonders als ich merkte, daß meine Beziehungen zu den Hofkreisen vielen Leuten imponierten. Meine Bitten und Wünsche fanden Berücksichtigung in Regierungskreisen. Es gab bereits viele, die mir gefällig sein wollten und mir gern Dienste erwiesen. Ich suchte meinerseits, diesen Leuten angenehm zu sein.

Durch die Fürstin Orbeliani wurde ich der Zarin vorgestellt. Sie rief mich gelegentlich ins Palais, um meinen Rat hinsichtlich irgendwelcher Juwelen einzuholen. Das war mir äußerst wichtig. Die Zarin empfing mich im Hause der Fürstin Orbeliani, und unsere Zusammenkunft war sehr zwanglos. Ich erhielt von ihr wiederholt Aufträge, die ich schnell und gewissenhaft erfüllte. Die Kaiserin war mit mir zufrieden und faßte Zutrauen zu mir. Ich kannte ihre Sparsamkeit und setzte die Preise der Juwelen, die sie von mir kaufte, sehr niedrig an. Wenn sie etwas bei mir gekauft hatte, erkundigte sie sich nachher beim Hofjuwelier Faberget nach dem Preise. Wenn der Hofjuwelier sich über die niedrigen Preise wunderte, war sie sehr befriedigt. Für mich natürlich war die Gunst der Zarin die Hauptsache. Oft pflegte sie auch Juwelen auf Abzahlung zu kaufen. Ich kam ihr stets entgegen und machte ihr damit ein besonderes Vergnügen. Auch Personen aus ihrer Umgebung wünschten von mir Vergünstigungen beim Ankauf von Juwelen. Ich kam ihnen gerne entgegen, um die Geneigtheit dieser Persönlichkeiten zu erobern. Nachher bemühten sich dieselben Leute, mir Dienste zu erweisen.

Der Starez Rasputin

Zu jener Zeit — im Jahre 1905 — tauchte am Zarenhofe Grigorij Rasputin auf.
Noch vor seinem Erscheinen am Hofe verbreiteten sich phantastische Gerüchte über diesen geheimnisvollen Mann, Gerüchte, die auf Briefe der Gattin des Großfürsten Nikolai Nikolajewitsch, Anastasia, und ihrer mit dem Großfürsten Peter Nikolajewitsch verheirateten Schwester Miliza — „der Montenegrinerinnen" — zurückgingen. Beide Großfürstinnen befanden sich damals gerade auf einer Wallfahrt im berühmten Kiewer Kloster. Sie berichteten aus Kiew von einem wundersamen Starez, den sie nach Petersburg mitbringen wollten. Dieser Mann sei kein Mönch und kein Priester, besitze aber besondere seelische Kräfte.
In der Umgebung des Zarenpaares wurde schon seit längerer Zeit getuschelt, die Kaiserin habe ihren Kindern unreines Blut vererbt, das Krankheiten erzeuge und mancherlei Unglück bringe. Ich muß dazu bemerken, daß in Hofkreisen der Aberglaube sehr entwickelt war. In dieser Hinsicht standen sie nicht höher als das einfache Bauernvolk. Die meisten Leute aus der Umgebung des Zaren waren beschränkt, unerfahren und hilflos in den einfachsten Lebensfragen. Die Wyrubowa, die Fürstin Orbeliani und andere Hofdamen erzählten dem Zarenpaare, was sie über Rasputin erfuhren. Der Zar und die Zarin machten damals gerade schwere Tage durch. Sie wurden von der Angst vor ihren Verwandten, vor dem Hof und vor einer ungewissen Zukunft bedrückt. Die Stürme der Revolution

begannen heraufzuziehen. Als die Gerüchte über Rasputin und seine Wundertaten bis zu ihren Ohren drangen, erwachte in ihnen die Hoffnung, er könnte vielleicht helfen. Vor allem erwarteten sie, daß er vielleicht dem schwerkranken Zarewitsch Heilung bringen könnte.

Schon vor Rasputin waren am russischen Kaiserhofe öfters die verschiedensten Pilger, Mönche, Wahrsager und ähnliche Gestalten aufgetaucht. Das Zarenpaar pflegte sich gerne mit ihnen zu unterhalten und ihren Rat einzuholen. Die Ratschläge, die sie erteilten, wurden auch genau befolgt, aber nichts hatte Erfolg. Nach einigen Gesprächen, gemeinsamen Gebeten, religiösen Belehrungen war dann gewöhnlich das Interesse des Zarenpaares an diesen Leuten erschöpft, und sie konnten ihrer Wege gehen.

Zwischen dem Zaren und der Zarin kam es häufig zum Streit. Beide waren überaus nervös. Die Zarin wechselte mit ihrem Gemahl zuweilen wochenlang kein Wort, sie litt an hysterischen Anfällen. Der Zar trank viel, sah sehr schlecht und verschlafen aus, und an allem merkte man, daß er nicht mehr Herr über sich war.

Gerade in dieser trüben Zeit tauchten die Gerüchte von den Wunderheilungen Rasputins auf. Man erzählte sich, er könne durch seine geheimnisvollen Kräuter selbst die schwersten Krankheiten heilen. All das gab den Hoffnungen des Zarenpaares neue Nahrung, und es wurde der Befehl erteilt, Rasputin solle so schnell als möglich ins Zarenpalais geschafft werden.

Die erste Begegnung Rasputins mit den Hofdamen

Wo kam eigentlich Rasputin her, und auf welchem Wege konnte er einen so gewaltigen Einfluß und so unerhörte Bedeutung erlangen?

Ich sagte schon, daß Rasputin in der Petersburger Gesellschaft einen gut vorbereiteten Boden vorfand. Er unterschied sich von anderen fragwürdigen Persönlichkeiten, Hellsehern, Wahrsagern und dergleichen Leuten durch seine erstaunliche Willenskraft. Außerdem verfolgte er niemals persönliche und kleinliche Ziele. Sein Streben nach Einfluß auf die Menschen entsprang ausschließlich dem Streben nach Macht. Seine starke Persönlichkeit forderte Machtentfaltung. Er liebte es, zu befehlen und über Menschen zu verfügen. Diese Neigung machte sich bei ihm bereits vor seinem Erscheinen in Petersburg bemerkbar, als er noch in sehr bescheidenen Verhältnissen lebte, und natürlich in weit höherem Maße in Petersburg selbst, als er seine märchenhaften Erfolge erzielt hatte.

Rasputin ist neun Jahre vor dem Ausbruch des Weltkrieges aufgetaucht. Ich schildere die weiteren Vorgänge an der Hand der Erzählungen von Rasputin selber.

Die Großfürstin Anastasia, die Gattin des Nikolai Nikolajewitsch, und ihre Schwester Miliza begaben sich einmal auf eine Wallfahrt nach Kiew. Sie stiegen im Gasthaus des Michaelklosters ab. Eines Morgens bemerkten sie im Hofe des Klosters einen einfachen Pilger, der Holz hackte. Er verrichtete diese Arbeit, um Geld für seinen Lebensunterhalt zu verdienen. Es war Rasputin. Er hatte bereits viele heilige Orte und Klöster besucht und befand sich zur Zeit gerade auf dem Rückwege von seiner zweiten Pilgerfahrt nach Jerusalem. Rasputin blickte die Damen eindringlich an und grüßte sie höflich. Sie stellten an ihn mehrere Fragen, und so entspann sich ein Gespräch.

Der unbekannte Pilger erschien den Damen sehr interessant. Er erzählte von seinen Wallfahrten an heilige Orte und von seinem Leben. Er hatte viel gesehen und viel durchgemacht. Zweimal hatte er den weiten Weg von Tobolsk nach Jerusalem zu Fuß zurückgelegt, er kannte alle berühmten großen Klöster, auch über berühmte Mönche wußte er viel zu erzählen. Seine Unterhaltung fesselte die hochgestellten Damen. Seine Ausführungen über religiöse Fragen imponierten ihnen. Die erste Bekanntschaft schloß damit, daß er von ihnen zum Tee eingeladen wurde.

Rasputin machte bald Gebrauch von der Einladung. Die Großfürstinnen, die ihre Wallfahrt inkognito durchführten, litten an Langeweile, und die Erzählungen Rasputins lieferten ihnen die Zerstreuung, die ihnen fehlte. Darum erfreute es sie, die eigenartige, charaktervolle Gestalt Rasputins in ihren Gemächern zu sehen.
Rasputin berichtete seinen neuen Unbekannten, er wäre ein einfacher Mann aus dem Dorfe Pokrowskoje im Gouvernement Tobolsk. Sein Vater sei noch am Leben und beschäftige sich mit dem Laden und Löschen von Kähnen auf dem Flusse Tura. Seine Familie bestehe aus seiner Ehefrau Praskowja, dem Sohne Mitja und den Töchtern Marja und Warja. Rasputin erzählte ferner, er sei zwar ein ungebildeter Mann und könne kaum lesen, lasse sich dadurch aber nicht abhalten, auf den Bahnhöfen und Schiffsanlegeplätzen zum Volke zu predigen. Er rühmte sich seines Predigertalentes und behauptete, daß es ihm leicht falle, sogar die studierten Missionare und Geistlichen aus dem Felde zu schlagen. Mit besonderem Nachdruck bestand er darauf, das „Kirchenrecht" gut zu kennen. Was er darunter verstand, war jedoch schwer festzustellen. Es ist aber eine unbestreitbare Tatsache, daß Rasputin durch seine Kenntnis der Religion sogar Bischöfe und akademische Theologen in Erstaunen versetzte.
Die Besuche Rasputins bei den Petersburger Damen wurden immer häufiger. Sie sahen ihn gern, bewirteten ihn und waren überaus freundlich zu ihm. Es gab im Wesen Rasputins etwas, was die Menschen anzog. Namentlich die Damen unterlagen, ohne es selbst zu wissen, leicht seinem Einfluß. Als Rasputin erfuhr, wer seine neuen Bekannten waren, bemühte er sich noch besonders, sich ihre Gunst zu sichern, deren Wert ihm sofort klar wurde. Er ahnte damals natürlich noch nicht, welche große Rolle ihm am Zarenhofe beschieden war; daß sich ihm hier glänzende Aussichten eröffneten, leuchtete ihm aber gleich ein.
Rasputin erzählte den Damen, er könne alle Krankheiten heilen, er fürchte niemand, er wüßte die Zukunft vorauszusagen und

könne auch drohendes Unglück abwenden. Er sprach mit viel Feuer und Überzeugungskraft, und seine grauen, durchdringenden Augen leuchteten so suggestiv, daß seine Zuhörerinnen ganz begeistert von ihm waren. Sie empfanden eine Art mystischer Ehrfurcht vor ihm. Jeglichem Aberglauben leicht zugänglich, waren sie überzeugt, einen Wundertäter getroffen zu haben, wie ihn ihre Herzen ersehnten. Eine von ihnen stellte an Rasputin eines Abends die Frage, ob er Hämophilie heilen könne. Rasputin bejahte mit Bestimmtheit und erklärte, er sei mit der geheimnisvollen Krankheit wohl vertraut, und beschrieb ihre Symptome mit verblüffender Genauigkeit. Das entworfene Krankheitsbild entsprach vollkommen dem Leiden des Zesarewitsch. Einen noch größeren Eindruck hinterließ seine Behauptung, er hätte bereits mehrere Personen von dieser Krankheit geheilt. Er nannte auch die Kräuter, die er dazu benutzte. Die Damen waren glücklich, daß sich ihnen hier eine Gelegenheit zu bieten schien, dem Zarenpaar durch Heilung des Sohnes einen unvergeßlichen Dienst zu erweisen. Sie erzählten Rasputin von der Krankheit des Thronfolgers, von der damals in der Gesellschaft noch nichts bekannt war, und er erbot sich, ihn zu heilen.
So schürzte sich der Knoten, der erst durch die Ermordung des Wundermannes und die Stürme der zweiten Revolution gelöst wurde.
Rasputins fürstliche Laufbahn begann.

Gerüchte

Bald umrankten die Persönlichkeit Rasputins und seine Besuche am Zarenhof unzählige Gerüchte. Man grübelte mit besonderer Vorliebe darüber nach, was die beiden Großfürstinnen und ihre Begleiter veranlaßt haben mochte, den bis dahin in Petersburg völlig unbekannten Bauern beim Zarenhofe einzuführen. Viele äußerten den Verdacht, das Auftreten Rasputins sei gar nicht zufällig, sondern ein so absonderlicher Wundermann sei lange schon gesucht worden, um mit seiner

Hilfe den Zaren zu politischen Zwecken beeinflussen zu können.

Nikolaus II. war sehr mißtrauisch, störrisch, aber auch in seiner Art schlau. Er pflegte besondere Ehrfurcht Menschen zu erweisen, die mit übernatürlicher Kraft ausgestattet zu sein schienen. Mystiker, Geistesgestörte und sogar allerhand Schwindler fanden leicht Zutritt zu ihm und gewannen ohne besondere Schwierigkeit nicht nur seine Aufmerksamkeit und Achtung, sondern sogar seine Gunst. Er fühlte sich in ihrer Gesellschaft wohl, wenn er auf ihre Belehrungen und Ratschläge hörte.

Viele suchten die Erklärung für diese Tatsache in der Kopfverletzung, die ihm bei seiner Reise nach Japan von einem japanischen Prinzen beigebracht worden war.

Es gab auch Leute, die Rasputin für ein Werkzeug Deutschlands hielten. Sie erklärten, die Hohenzollern hätten einen Haß auf die Dynastie der Romanows, und der deutsche Kaiser wolle sich am Zaren für seine Undankbarkeit und für seine ungenügende Ehrerbietung rächen. Die Hohenzollern, behauptete man weiter, hätten in den letzten zwei Jahrhunderten alles darangesetzt, Rußland zu erobern.

In der Tat hatte Deutschland einen außerordentlichen Einfluß auf das wirtschaftliche Leben Rußlands, nicht aber auf das politische.

Der russische Hof liebte die Hohenzollern nicht und war der Auffassung, Kaiser Wilhelm II. sei überzeugt, daß allein die Romanows ein unüberwindliches Hindernis für die friedliche Eroberung Rußlands wären. Auf diesen Voraussetzungen fußten die Versuche, Rasputin als ein Werkzeug des deutschen Kaisers hinzustellen.

Andere Leute wieder bemühten sich, vor allem eine Antwort auf die Frage zu finden, was die Freundin der Zarin, die Wyrubowa, veranlaßt haben möge, Rasputin in jeder Weise zu fördern und in den Vordergrund zu schieben. Bei ihr konnte von deutscher Beeinflussung ganz und gar nicht die Rede sein. Und doch war sie die erste, die sich mit ihrer ganzen Person, unter Aufbietung allen Einflusses, für Rasputin eingesetzt hatte. Der geringste Wunsch Rasputins war für die Wyrubowa Gesetz. Sie vergötterte ihn geradezu, und Rasputin verdankte ihr, der treuen Vermittlerin zwischen ihm und dem Zarenpaar, zum großen Teil seine einzigartige Stellung. Er pflegte von ihr zu sagen, sie würde ihm bis ans Ende der Welt folgen, und tatsächlich war sie seine ergebenste Agentin. Dabei glaubte sie, im Interesse des Zarenpaares und der Dynastie zu handeln, und erstrebte vor allem die Heilung des Zesarewitsch.

Wer mochte von den Personen, die bei Rasputins Einführung ins Zarenpalais behilflich gewesen waren, eine Schädigung der Dynastie anstreben? Etwa die beiden Töchter des Königs Nikita von Montenegro, die Großfürstinnen Miliza und Anastasia, die Rasputin von Kiew kommen ließen?

Gelegentlich wurde die Behauptung geäußert, man habe Rasputin mit der Absicht zum Zaren gebracht, den kranken Knaben durch die Hand eines Kurfuschers zugrunde zu richten, und dahinter stecke niemand anderes als die Verwandten des Zaren.

Rasputin, der Liebling des Zarenpaares

Rasputin traf in Petersburg ein nicht etwa mit der Bahn, sondern zu Fuß, und noch dazu barfüßig. Er stieg in einem Klostergasthof ab, wo er Gast seines alten Freundes, des Priors Theophan, war. Dies hat Anlaß zu dem unzutreffenden Gerücht gegeben, Rasputin wäre dem Großfürsten Nikolai Nikolajewitsch von Theophan empfohlen worden.

Rasputin verließ dann den Klostergasthof und zog in die Wohnung einer Generalin Lochtina in der Nikolaistraße.

Die exzentrische und kaum zurechnungsfähige Frau Lochtina fiel besonders dadurch auf, daß sie einen weißseidenen Zylinderhut trug. Die Generalin war Rasputin überaus ergeben und unterrichtete ihn im Lesen. Von ihr siedelte Rasputin zu einem gewissen Sassonow über, der in der Jamskajastraße wohnte und ein Verwandter des Außenministers war. Später hatte Rasputin eine Wohnung am Englischen Kai und zog schließlich nach der Gorochowaja 64, wo er bis zu seinem Tode wohnte.

In Zarskoje Selo wurde Rasputin mit großer Ungeduld erwartet, doch mit Zurückhaltung empfangen. Die Großfürstin Anastasia traf Rasputin in Petersburg und führte ihn bald darauf bei der Zarin ein. Er machte einen günstigen Eindruck, benahm sich ruhig und mit Würde, erzählte von seinem Leben und vermied es, mit seiner übernatürlichen Gabe zu prahlen. Er wußte ja, daß die Großfürstinnen bereits genügend Reklame für ihn gemacht hatten.

Von der ersten Begegnung mit dem Zesarewitsch an betrug er sich dem kranken Knaben gegenüber besonders aufmerksam. Er besaß die Gabe, auf Menschen beruhigend zu wirken. Seine Ruhe und sein sicheres Benehmen übten eine starke Wirkung auf Menschen aus. Seine besondere Kunst, kranke Menschen zu behandeln, stellte ihn am Bett des leidenden Zesarewitsch sofort ins rechte Licht.

Das arme Kind litt oft an Nasenbluten, und die Ärzte konnten ihm nicht helfen. Die starken Blutverluste entkräfteten den Knaben, und die Eltern mußten in solchen Fällen immer um sein Leben zittern. Tage und Nächte vergingen dann in furchtbarer Aufregung.

Der kleine Alexej gewann Rasputin sehr lieb. Die suggestiven Fähigkeiten Rasputins übten ihre Wirkung aus. Als eines Tages das Nasenbluten wieder eintrat, zog Rasputin ein Baumrindenstück aus der Tasche, weichte es in kochendem Wasser und belegte mit der Masse das Gesicht des Kranken. Nur der Mund und die Augen blieben frei. Und das Wunder geschah: das Nasenbluten hörte auf.

Rasputin erzählte mir ausführlich von diesem seinem ersten Auftreten als Heilkünstler im Zarenpalais. Er machte kein Geheimnis daraus, daß die Rinde, mit der er das Gesicht des kranken Zesarewitsch belegt hatte, gewöhnliche Eichenrinde war, die blutstillende Eigenschaften besitzt. Das Zarenpaar erfuhr bei dieser Gelegenheit, daß es sibirische, chinesische und tibetanische Kräuter gäbe, die wunderbare Heilwirkungen auf Krankheiten ausübten.

Rasputin konnte übrigens Krankheiten auch ohne Zuhilfenahme der Kräuter heilen. Klagte jemand über Kopfschmerzen und Fieber, so stellte sich Rasputin hinter den Leidenden, nahm seinen Kopf in die Hände, flüsterte etwas, was niemand verstand, und gab dem Patienten einen Stoß mit den Worten: „Geh!" Der Kranke fühlte sich geheilt. Die Wirkung der Rasputinschen Beschwörung erfuhr ich an mir selbst und muß gestehen, daß sie verblüffend war.

Rasputin erweckte bei den Leuten, die mit ihm in Berührung kamen, die widerstreitendsten Gefühle. Die einen empfanden eine eigentümliche Angst, die anderen eine tiefe Ehrerbietung, wieder andere haßten ihn erbittert. Die Zarenfamilie stand ganz in seiner Gewalt, und der Zar unterwarf sich vollkommen seinem Einfluß. Rasputin verfügte über ihn. Ich zweifle nicht daran, daß Rasputin einen großen Teil seines Einflusses eingebüßt hätte, wenn der Zesarewitsch genesen wäre.

Ohne Frage besserte sich das Befinden des Thronfolgers bedeutend, nachdem Rasputin ihn in Behandlung genommen hatte, aber gesund wurde er nie. Rasputin wußte dem Zaren die Überzeugung beizubringen, daß die Krankheit den Zesarewitsch nur bis zum achtzehnten Lebensjahr gefährden könnte, und daß er nachher sein Leiden ganz loswerden würde. Bei jeder Verschlechterung seines Befindens, bei jedem geringsten Unwohlsein wurde der Wundermann herbeigerufen: er besaß eine unerklärliche Macht über den Knaben. Vielfach genügte ein kurzes Telephongespräch, um Schlaflosigkeit oder Fieber zu vertreiben. Diese Tatsachen erklären auch Rasputins ungeheuren Einfluß auf die Kaiserin. Ihre Mutterliebe, die eines krankhaften Beigeschmacks nicht entbehrte, machte sie zur Sklavin Rasputins. Er verstand es, die so außergewöhnlichen Umstände voll auszunutzen. Ich vermute, daß er manchmal

das Seine dazu beigetragen hat, um sie für sich möglichst günstig zu gestalten.
Trotz seiner Unbildung war er ein sehr schlauer und gewandter Mensch. Es war natürlich, daß er seine märchenhafte Macht solange wie irgend möglich beibehalten wollte, wie ja auch in gleicher Weise die ganze Umgebung des Zaren, die Mehrzahl der Hofwürdenträger, die Minister und Generäle von demselben Wunsch erfüllt waren und sich wenig um die Interessen des Vaterlandes kümmerten: sie strebten allein danach, die Macht möglichst lange in der Hand zu behalten. Der Unterschied zwischen ihnen und dem sibirischen Bauern bestand eigentlich nur darin, daß sie nicht besondere Talente und keinen Einfluß auf den Zaren besaßen.
Zum Schluß war die Macht Rasputins sogar noch größer als die des Zaren selbst, denn er konnte in manchen Fällen mehr erreichen als der „Zar aller Reußen".
Rasputin verstand es, sich auf Kosten des Zaren mit Leuten zu umgeben, die ihm mit Leib und Seele ergeben waren und ihm dienten, nicht aus Furcht, sondern aus Überzeugung. Andererseits sah er die Feindschaft gegen sich mit jedem Tage zunehmen. Es wurde allmählich ein erbitterter Feldzug gegen ihn eingeleitet. Seine Feinde wurden von Tag zu Tage zahlreicher und stärker. Sie suchten ganz Rußland gegen ihn aufzubringen. Ihre Arbeit blieb nicht ohne Erfolg; aber eines konnten sie nicht erreichen: den Zaren und die Zarin mit Rasputin zu entzweien.
Die Liebe des Zarenpaares zu Rasputin nahm im Gegenteil zu, und weder Bitten noch Drohungen vermochten daran etwas zu ändern. Wohl sahen der Zar und die Zarin die Gefahren, die ihr Verhältnis zu Rasputin heraufbeschwor, aber sie beachteten sie nicht. Ein unerhörter Kampf begann zu entbrennen, in welchem gegen den Zaren auftraten: sein Volk, seine nächsten Mitarbeiter und seine ganze Verwandtschaft.
Das ganze Leben des Zarenpaares wurde allmählich durch die Proteste gegen Rasputin, durch schmutzige und lügenhafte Denunziationen, vergiftet. Aber der sonst so willenlose Zar

blieb in dieser Sache unerschütterlich fest. Ein anderer hätte an seiner Stelle sicher nicht nur einen Rasputin, sondern auch das Liebste, Teuerste geopfert, nur um den Thron zu retten, der damals bereits zu wanken begann. Doch Nikolaus II. schlug den entgegengesetzten Weg ein. Er opferte alles, um Rasputin zu behalten. Daran ging nicht nur er selbst und seine Familie, sondern auch das große Reich zugrunde.

Rasputin — mein Freund

Ich lernte Rasputin bereits in Kiew kennen, noch bevor er in Petersburg bekannt wurde. In Petersburg aber traf ich ihn völlig zufällig bei der Fürstin Orbeliani, mit der ich mich sehr gut stand. Später sah ich ihn häufig bei der Wyrubowa. Bei unserer ersten Begegnung machten auf mich vor allem die ausdrucksvollen Augen Rasputins einen großen Eindruck. Diese Augen fesselten und riefen zugleich irgendein unangenehmes Gefühl wach. Ich verstehe es vollkommen, daß sein Blick auf schwache, leicht beeinflußbare Menschen eine sehr starke Wirkung ausüben konnte.

Die Wyrubowa wollte von mir einen geschäftlichen Rat in einer Angelegenheit, die Rasputin betraf. Rasputin zeigte sich mir gegenüber sehr höflich und zu Gegendiensten gern bereit. Ich bemerkte, daß dieser Bauer gute Beziehungen wohl zu schätzen wußte. Wir wurden bald Freunde.

Mir kam der Umstand zugute, daß Rasputin keine Ahnung von der finanziellen Seite des Daseins hatte und sich nicht gern mit finanziellen Fragen befaßte. Er war wiederholt in seinem Leben genötigt gewesen zu betteln, auch umsonst in Klöstern, in Klostergasthöfen oder bei wohlhabenden Bauern zu leben. Die Zukunft interessierte ihn sehr wenig. Er war überhaupt ein sorgloser Mensch und lebte der Gegenwart. Der kaiserliche Hof sorgte in Petersburg für ihn, er blieb aber in der Großstadt völlig hilflos und fremd. Trotz seiner nahen Beziehungen zur Zarenfamilie blieb er einsam. Sein starkes

und leidenschaftliches Temperament brauchte starke, aufrüttelnde Erlebnisse. Er liebte den Wein, die Frauen, die Musik, den Tanz und nicht zuletzt lange interessante Diskussionen.
Im kaiserlichen Palais fand er nichts von alledem. Der Hof führte ein weltabgeschiedenes Leben, die menschlichen Laster blieben dort unter der Maske der Heuchelei und scheinbarer Wohltätigkeit verborgen. Die strenge Hofetikette umhüllte wie mit einem Vorhang all diese menschlichen Schwächen, deren es dort nicht wenige gab. Das alles lag Rasputin nicht. In Gegenwart des Zaren und seiner Familie zügelte er seine leidenschaftliche Natur. Hingegen sein Privatleben war regellos, und er erwies sich nicht imstande, einen geordneten Haushalt einzurichten. Er lebte anfangs nur von unbestimmten Spenden des Zaren. Hier nun brauchte er meine Hilfe, und dieses war der Ursprung unserer Freundschaft.
Ich übernahm die Sorge für sein materielles Wohlergehen, und Rasputin war sehr froh, daß ich ihn von diesen Sorgen befreite. Bald wurde ich ihm unentbehrlich. Ich sorgte für alle seine kleinen alltäglichen Bedürfnisse. Meine Lebenserfahrung und meine Kenntnis der Residenzverhältnisse imponierten ihm. Ich half ihm, sich in Petersburg zu orientieren. Vieles war ihm ganz neu, und er gewöhnte sich allmählich daran, sich in allem nach meinem Rat zu richten. Ich wurde auf diese Weise sein Sekretär, sein Berater, sein Verwalter und sein Beschützer. Ohne meinen Rat unternahm Rasputin schließlich überhaupt keinen wichtigen Schritt mehr. Ich war in alle seine Geschäfte und Geheimnisse eingeweiht.
Wenn Rasputin ungehorsam wurde, mußte ich ihn gelegentlich anschreien, und er benahm sich dann wie ein Schuljunge, der etwas verbrochen hat. Davon ahnte man in der Öffentlichkeit nichts; es war nur bekannt, daß ich durch Rasputin beim Zaren, bei der Zarin, bei den Ministern und den meisten übrigen machthabenden Würdenträgern fast alles durchsetzen konnte.

Erläuterungen

Zu S. 33 ff.: „Privatsekretär" vgl. hierzu die vielen Beispiele jüdischer Privatsekretäre bei einflußreichen englischen, französischen und deutschen Politikern, die Alfred Rosenberg mitteilt in „Die Protokolle der Weisen von Zion und die jüdische Weltpolitik", München 1933, S. 12. Auch W. Deeg, „Hofjuden", Nürnberg 1938.
Den Aufstieg des Simanowitsch aus dem Getto schildert genauer B. Almasow; er kannte den späteren Justizminister Dobrowolski aus Kiew vom Spieltisch her: mit den Visitenkarten des Herrn Senators hatte er sich in Petersburg zunächst einmal die Türen zu den entscheidenden Stellen geöffnet (F. O. H. Schulz, s. u. S. 45).

▬▬▬▬▬▬▬▬▬▬▬▬▬▬▬▬▬▬▬▬▬▬▬▬▬▬

genannten 12 Stufen dieser Entwicklung finden wir in unserem Buche die Stufen 5 (7) bis 11 anschaulich illustriert. Die Ereignisse dieses Jahres erst enthüllen uns ganz den Blick in die grauenhafte 12. Stufe.

Zu S. 34: Die Juden im Zarenreiche waren bis zum Weltkriege weit ungünstiger gestellt als in Deutschland. Weder durften sie sich im Inneren des Reiches noch auch im Baltikum (Estland-Livland) niederlassen. Größere Rechte hatten sie nur in den ehemals polnischen und dadurch verjudeten Gebieten, also auch in Kurland und Litauen. Ebensowenig durften sie unbegrenzt höhere Schulen und Universitäten besuchen. Denn der Besuch dieser Schulen, auch der zahnärztlichen, verlieh größere Rechte, vor allem das den Juden so wichtige der Freizügigkeit.
Daher die unausgesetzten Versuche, auf tausend Umwegen in den Besitz dieser Rechte zu gelangen. Geradezu klassisch hat in dieser Hinsicht unser Simanowitsch gearbeitet, s. u. S. 100 ff.
Auch die Verbindungen zum Adel und zu Hofkreisen, die der westeuropäische Jude im letzten Jahrhundert meisterhaft ausbauen konnte, fehlten dem russischen Juden fast völlig: der Zarenstaat war in allen Schichten streng kirchlich, die orthodoxe (griechisch-katholische) Staatskirche aber sah im Juden ein verächtliches Wesen. Sie war von der Aufklärung unberührt geblieben, ist auch viel stärker durch geschichtliche Erinnerungen bestimmt als der Westen. Näheres bei P. Seraphim „Das Judentum im osteuropäischen Raum". 1938.
Nur so versteht man den Triumph des Verfassers in unserem Kapitel über das gelungene Eindringen in die höhere russische Gesellschaft. Parallelen hierzu aus älterer Zeit in Frankreich und England vgl. bei H. Ballensiefen „Juden in Frankreich", 1939, und P. Aldag „Juden beherrschen England", 1939 (mit reichem Literaturverzeichnis).

Zu S. 34 ff.: Die Judenprogrome in Rußland stellten spontane oder von der Polizei geleitete Ausbrüche der Volkswut dar, die vielfach furchtbare Gestalt gewannen. Bei dem auch hier erwähnten Pogrom in Odessa wurden Kinder und Säuglinge aus dem vierten Stock auf die Straße geworfen, Mobiliar und Menschen mit Petroleum begossen und angezündet.

Ebenda: „Jüdische Gottesdienste" gibt es heute, genau genommen, gar nicht. Es war einer der gröbsten Fehler der internationalen Religionsgeschichte, zugleich ein Beweis ihrer Unkenntnis des wahren Wesens der Religion, wenn Islam, Judentum, Shintoismus usw. ohne Unterschied als Religionen bezeichnet wurden. Vollends verheerend war, daß auch die christlichen Kirchen diese Anschauungen unter dem Einfluß des alles beherrschenden Aufklärungsgeistes übernommen hatten.
A. Rosenberg hat recht: wer den Talmud studiert und nur ein wenig von Religion versteht, kann ihn unmöglich als religiöse Urkunde gelten lassen. Im Gegenteil: er stellt ein sehr irdisches Machwerk schlimmster Sorte dar, ist das Gegenbild aller Religion, müßte daher als „Gegenreligion" (vgl. Schickedanz: „Gegenrasse"!) bezeichnet werden. Selbst die einzige gottlose Religion, die wir besitzen, der Buddhismus, steht in ethischer Hinsicht unendlich hoch über dieser Karikatur aller Religion.
M. Luther hat dies mit voller Schärfe gesehen und daher die Synagogen „Teufelshäuser", nicht Gotteshäuser genannt („Von den Jüden ...", Weimarer Ausgabe 53, S. 446). In der Kirche ist das leider vergessen worden. Deutschen kann dies heute nicht nachdrücklich genug in Erinnerung gebracht werden, vor allem auch der evangelischen Kirche.
Hierbei handelt es sich um sehr weitreichende Zusammenhänge, die an dieser Stelle nicht ausführlicher begründet werden können. Man lasse sich jedoch nicht dadurch irreführen, daß der Jude vielfach Ausdrücke für Frömmigkeit und Glauben benutzt wie wir auch: er versteht darunter etwas völlig anderes und paßt sich bloß der Sprache der Umwelt an.
Sehr deutlich ist das an unserem Verfasser zu beobachten. Näheres bei Th. Pauls „Luther und die Juden: 1. In der Frühzeit der Reformation 1513—1524". 1939. Daselbst wichtige Literaturangaben. Kurz und übersichtlich: M. Sasse „Martin Luther über die Juden". Freiburg 1938.

Zu S. 35: Die wahrhaft ▓▓▓▓▓ Methode, menschliche Schwächen dazu auszunutzen, um über sie Macht zu erlangen, hat das ▓▓▓▓ zum System erhoben. Also nicht Befreiung, Steigerung, Entfaltung der menschlichen Fähigkeiten ist hier das Ziel, wie es der klassische deutsche Idealismus und das Dritte Reich anstreben, sondern Fesselung, Knebelung, Ausnutzung bis zur Vernichtung. Der aufmerksame Leser findet auf den folgenden Seiten zahlreiche Belege für dieses Verfahren. Höchste Vollkommenheit erlangte es im Bolschewismus.

▓▓

losen Null herab; im Kapitalismus hatte er wenigstens noch den Wert einer Ziffer.

Zu S. 38: Die Bildung der oberen russischen Gesellschaftsschichten befand sich fast durchweg auf einem niederen Niveau. Der Russe fand kein rechtes Verhältnis zur westeuropäischen Kultur. Sein Instinkt, seine Kirche, seine großen Schriftsteller (Tolstoi, Dostojewskij u. a.) lehnten die westliche Bildung als Gift ab, der Staat aber verlangte ein gewisses Maß an Kenntnissen. Zu einer kraftvollen Synthese von Kultur und Innerlichkeit hat es der Russe, abgesehen von Ausnahmen, nie bringen können. Und daran starb der alte Staat.

Hierzu trat das Versagen der **griechisch-katholischen Kirche**, die weithin einer Verbindung mit Kultur und Wissenschaft abgeneigt war, den Blick unverwandt rückwärts — auf den Anfang unserer Zeitrechnung — gerichtet hielt und darum einseitig historisch und dogmatisch interessiert blieb.

Infolgedessen war ein wesentlicher Teil der **russischen Intelligenz** radikal atheistisch und liberalistisch eingestellt, das Beamtentum und Militär aber folgten den Hofkreisen und pflegten die Frömmelei, ähnlich wie in England: offiziell hielt man streng an Kirche und Dogma fest, glaubte alles, was zu glauben vorgeschrieben war, ignorierte aber bewußt alle Gegensätze zwischen Glauben und Wissen.

Eine sympathische und sehr verständnisvolle Darstellung der Situation der griechisch-katholischen Kirche der letzten Jahre verdanken wir E. H. Schaper „Die sterbende Kirche". Roman, Insel-Verlag. 1935. Meine Einstellung dürfte bekannt sein, vgl. W. Gruehn „Rußland ruft", Riga 1934, u. a. Beiträge zur Baltischen Rußlandarbeit.

Zu S. 39 ff.: **Der magische Zauberglauben** konnte auf solchem Boden zu üppigster Blüte gelangen.

Es handelt sich hierbei um eine besondere, im ganzen recht tief stehende Form der Frömmigkeit (vgl. W. Gruehn „Religionspsychologie", Leipzig 1926. Auch griechisch, 1936): Gott und alles Göttliche werden ganz massiv, körperhaft aufgefaßt, vor allem der Zauber und das Wunder werden betont, die sittlichen und geistigen Seiten der Religion treten völlig zurück. Der kirchliche Raum wird als wirklich heilig betrachtet, auch die Altardecke, der Weihrauch, ja selbst jede Berührung mit einem Geistlichen. Wunderbare Kräfte gehen nicht nur vom Segen des Priester aus, sondern auch vom Wasser, mit dem er sich wusch, vom Brot, das er berührte.

„Das ist die berühmte Generalin L., früher eine Verehrerin des Mönchs Iliodor. Jetzt verehrt sie den Vater (d. h. Rasputin) wie einen Heiligen! Eine gottgefällige Frau. Lebt wie eine Märtyrerin. Sie schläft auf bloßen Brettern, unter den Kopf legt sie ein Holzscheit, ihre nächsten Anverwandten flehten den Vater an, ihr sein Kissen zu schicken, damit sie sich nicht so quält. Auf seinem Kissen hat sie sich bereit erklärt, zu schlafen. Eine heilige Frau!"

„Als ich draußen war, glaubte ich im Irrenhause gewesen zu sein. Ich verstehe nichts. Der Kopf wirbelt mir." (Aus A. Markow „Rasputin und die um ihn", 1928, S. 38 f.)

Man sieht hier ohne weiteres: es sind völlig andere Begriffe von Heiligkeit, Martyrium usw. als die bei uns üblichen. Für den Westeuropäer bedarf es daher erst eines sorgfältigen Studiums, um diese Formen der Frömmigkeit überhaupt auch nur zu begreifen. Sehr nahe stehen ihnen der Aberglaube, aber auch Spiritismus, Astrologie usw. Einige Klärung erhoffe ich an dieser überaus schwierigen Stelle durch eine große Untersuchung eines meiner

Schüler: O. Kietzig „Latenter Katholizismus in der evangelischen Kirche heute". Im Erscheinen.

Hier liegt auch der tiefere Grund, warum die bisherigen Rasputin-Biographen diesen Mann immer wieder schief sehen. Nahe stehen diesem Frömmigkeitstypus die verschiedenen Formen primitiver Religion bei wilden Völkern. Vgl. W. Wundt, Völkerpsychologie Band II—III: „Mythus und Religion", 1905, ff.; K. K. Graß „Die russischen Sekten", I—II, 1905—1914; H. Bächthold-Stäubli „Handwörterbuch des deutschen Aberglaubens", 1927 ff.; Ernst Tröltsch, Ges. Schriften. I. Band: „Die Soziallehren der christlichen Kirchen und Gruppen", Tübingen 1912, S. 681 ff.; Haase „Die religiöse Psyche des russischen Volkes", 1921; P. Bokowneff „Das Wesen des Russentums", 1930.

Die Vertraute des Zarenpaares, Anna Wyrubowa, vor allem aber die „Montenegrinerinnen" (vgl. S. 38 ff.), Töchter eines ganz primitiven slawischen Hirtenfürsten, des „Königs von Montenegro", aber auch zahlreiche Hofdamen um Rasputin bewegen sich auf diesem Niveau. Doch auch der Zar selbst und vor allem die Zarin Alexandra standen diesem Frömmigkeitstypus sehr nahe. Weiß man dies nicht, so fehlt einem einfach der Schlüssel zu jener unheimlichen Rolle, die Rasputin, ja nach seinem Tode sogar noch sein Geist, am Kaiserhofe gespielt haben.

Welche Rolle das Magische selbst bei modernen Menschen spielen kann, zeigt sehr anschaulich die Schilderung des tapferen Fliegers Hans Bertram „Flug in die Hölle", 1938.

Zu S. 40: Der Starez. Die östlichen Verhältnisse werden immer falsch beurteilt, wo man sie an westeuropäischen Vorbildern mißt. Nach dem bekannten Wort eines gebildeten zaristischen Russen „kennt der Deutsche die Psychologie der Papuas besser als die Psychologie der Reußen". Mönchtum bedeutet hier etwas ganz anderes (ebenso Mystik, wie auch kirchliches Leben) als im Westen.

Ohne Parallele ist der russische Starez, ein Weiser, ein Heiliger, der sich wie Johannes der Täufer ausschließlich dem Gottesdienste geweiht hat. Er braucht nicht Mönch zu sein, lebt oft im Kloster, öfter in völliger Einsamkeit, im Urwalde oder in der Wüste. Oft ganz niederen geistlichen Ranges, genießt er doch eine Autorität in geistlichen Dingen, die ihn hoch über einen Abt, ja über einen Bischof stellt.

Wer sein inneres Leben der Leitung eines Starez anvertraut, der gibt die Verfügung über die eigene weitere Zukunft auf, hat sich ihm in allen Dingen unterzuordnen, selbst wenn der Starez den Verzicht auf Weib und Kind, Haus und Hof fordert. Dafür übernimmt der Starez gewissermaßen die Garantie für die ewige Seligkeit seines Schützlings. Wenn die Zarin sich wirklich Rasputin als Starez erwählt hatte, so ist dadurch ihr Verhalten ihm gegenüber restlos erklärt.

Zu S. 41: Russische Wundertäter. Im alten Zarenreiche fehlte es an Wundertätern ebensowenig wie im Altertum oder heute im Orient: sie gehören zu den Selbstverständlichkeiten des Lebens.

Es ist bereits erwähnt, daß Rasputins Aufstieg sehr erleichtert wurde durch seinen bedeutenden Vorgänger Johann von Kronstadt, der beim Zaren Alexander III. (und nicht mit Unrecht) in hoher Gunst stand. Viele Einzelheiten aus dem Leben Rasputins erscheinen einfach als Kopien von dessen Gebaren. Auch er nahm sich der Unterdrückten an, öffnete nicht einmal die Geldbriefe reicher Spender, sondern übergab sie wahllos den Hilfesuchenden, um solcherart der Vorsehung einen weiteren Spielraum zu lassen. Auch dies ist typisch für die russische Frömmigkeit. Denn diese planlose Art zu helfen gilt als besonders gottgefällig, vgl. u. S. 62.

Zu S. 47: Der Zar und Rasputin. Hier war die persönliche Bindung etwas anders gestaltet als bei der Zarin. Die wichtigsten Motive haben wir in unserer Einführung herausgestellt: der völlig einsame Zar hatte endlich einen „ehrlichen" Menschen, einen unbedingt Treuen, dazu einen „Mann aus dem Volke" gefunden, wahrscheinlich aber auch eine geistig und charakterlich stärkere Persönlichkeit. Es liegt kein Anlaß vor, an jenen Schilderungen unseres Verfassers zu zweifeln, in denen Rasputin überaus geschickt, aber auch brutal seine Überlegenheit dem Zaren beweist. Man kann geradezu von einer Hörigkeit sprechen, in der sich der Zar Rasputin gegenüber befindet.

Zu S. 48: Jüdische Freundschaft. Die Wertarmut der jüdischen Seele verrät sich drastisch auch in ihrem Freundschaftsbegriff. Sobald der Jude sich irgendeinem Höhergestellten unentbehrlich gemacht oder mit einer nützlichen Persönlichkeit geschäftliche Beziehungen angeknüpft hat, spricht er von Freundschaft. Daß er diesen „Freund" zugleich nach Möglichkeit ausnützt, ja, ihm das Fell über die Ohren zieht, stört ihn nicht weiter. Ähnlich ist ja auch die englische Freundschaft dem Zaren gegenüber gewesen, abgesehen von neueren Parallelen.

Zu S. 49: Intellektualismus des Juden. Ganz besonders stolz ist jeder Jude auf seinen Verstand, genauer: auf seine Ratio, seinen Intellekt. Ja, er verachtet den Nichtjuden wegen seines Mangels an Scharfsinn. Ganz deutlich ist dies in den „Protokollen der Weisen von Zion" ausgesprochen, aber auch bei uns zwischen den Zeilen zu lesen.
Es ist zuzugestehen, daß der jüdische Verstand das Produkt einer tausendjährigen sorgfältigen Züchtung durch den Talmud ist, also etwas ganz Einzigartiges darstellt. An Gerissenheit in finanziellen Dingen wird es niemand einem Juden gleichtun.
Bei näherem Zusehen jedoch erkennen wir, daß dem jüdischen Verstand eine Schranke gezogen ist: die Wirklichkeit ist nämlich nicht restlos rationalisierbar, wie der Jude meint und der Rationalismus lehrte. Sie ist z. T. irrational, z. T. überrational. D. h. bestimmte Dinge können nicht durch den Verstand allein begriffen werden, sondern bedürfen des Glaubens, des Vertrauens. Diese Dinge sind aber keine Nebensachen, sondern die entscheidensten Dinge: alle Werte der Menschheit — Kunst, Sittlichkeit, Religion, Freundschaft, Treue, Vaterlandsliebe, Ehrfurcht, Gemeinschaft usw. — gehören zu ihnen.

Das hatten bereits die großen deutschen Denker vor hundert Jahren (Kant, Fichte, Goethe, Schiller u. a.), ja bereits der Deutsche Luther, entdeckt und unterschieden darum zwischen Verstand und Vernunft. Nur hatte der englisch-französische Materialismus des 19. Jahrhunderts diese tiefe Erkenntnis verschüttet — zum Unheil der Menschheit. Es ist geistesgeschichtlich wohl die größte Tat des Führers, daß er ganz bewußt und mit größtem Nachdruck dem Glauben wieder zu seinem Recht als Erkenntnisorgan verholfen hat.

2. Rasputin als Mensch

Die Persönlichkeit Rasputins

Seinem Äußeren nach war Rasputin ein richtiger russischer Bauer. Er war stämmig, kräftig, von mittlerem Wuchs. Seine hellgrauen scharfen Augen saßen tief. Sein Blick war durchdringend. Nur wenige hielten ihn aus. Er enthielt eine suggestive Kraft, der nur vereinzelte Menschen widerstehen konnten. Er trug langes, auf die Schultern herabfallendes Haar, das ihn einem russischen Priester oder Mönch ähnlich machte. Dieses kastanienbraune Haar war dicht und schwer.
Die Geistlichen schätzte Rasputin nicht hoch ein. Er war ein gläubiger, aber kein scheinheiliger Mensch, betete wenig und nicht gern, liebte es jedoch, von Gott zu sprechen, lange Diskussionen über religiöse Fragen zu führen, und hatte trotz seiner Unbildung eine große Neigung zum Philosophieren. Das seelische Leben der Menschen interessierte ihn stark. Er war ein Kenner der menschlichen Psyche, was ihm außerordentlich half. Regelmäßige Arbeit sagte ihm nicht zu, da er ein Faulpelz war, im Notfall aber konnte er körperlich angestrengt arbeiten. Zuweilen war ihm körperliche Arbeit unentbehrlich.
Unzählige Legenden haben sich um die Persönlichkeit Rasputins gebildet. Ich will mit den Urhebern von allerlei Skandalgeschichten nicht wetteifern, sondern möchte bloß meine Beobachtungen über den wirklichen Rasputin, wie ich ihn kennenlernte, niederlegen.
Rasputin trug eine Beule an der Stirn. Er verdeckte sie sorgfältig mit seinem langen Haar. Immer trug er einen Kamm bei sich und kämmte damit oft dieses lange, glänzende, immer geölte Haar. Sein Bart dagegen war meistens in Unordnung, Rasputin pflegte ihn nur selten mit der Bürste.
Er war im übrigen ziemlich reinlich und badete oft, aber beim Essen benahm er sich wenig kultiviert. Er benutzte äußerst selten Messer und Gabel und zog es vor, die Speisen mit seinen

knorrigen, trockenen Fingern vom Teller zu nehmen. Große Stücke zerriß er wie ein Tier. Nur wenige konnten dies ohne Ekel mitansehn. Sein Mund war sehr groß, aber statt der Zähne sah man darin nur schwärzliche Zahnstummel. Die Speisen blieben ihm beim Essen oft im Bart hängen. Er aß nie Fleisch, keine Süßigkeiten und keinen Kuchen. Seine Lieblingsspeisen waren Kartoffeln und Obst, das ihm seine Verehrerinnen lieferten.

Rasputin war kein Antialkoholiker, machte sich aber nichts aus Schnaps. Anderen Weinen zog er Madeira und Portwein vor. An die Südweine hatte er sich in den Klöstern gewöhnt und konnte unglaubliche Mengen davon vertragen. In seiner Kleidung blieb Rasputin seiner Bauernkleidung treu. Er trug ein russisches Hemd, das mit einer Seidenschnur umgürtet war, weite Hosen, hohe Stiefel und über dem Hemd einen Bauernrock. In Petersburg zog er gern Seidenhemden an, die ihm von der Zarin und seinen Verehrerinnen gestickt und geschenkt wurden. Dazu legte er meist hohe Lackstiefel an.

Rasputin liebte es, die Menschen zu belehren. Er sprach aber nicht viel und beschränkte sich meistens auf kurze, abgerissene, oft sogar unverständliche Sätze. Alle mußten ihm aufmerksam zuhören, da er eine sehr hohe Meinung von der Bedeutung seiner Worte hatte.

Die Verehrerinnen Rasputins kann man in zwei Kategorien einteilen: Die einen glaubten an seine übernatürlichen Kräfte und an seine Heiligkeit, seine göttliche Sendung; die anderen folgten der Mode seiner allgemeinen Verehrung oder hofften, durch seine Vermittlung Vorteile für sich oder ihre Angehörigen zu erlangen. Wenn man Rasputin seine Schwäche für das weibliche Geschlecht vorwarf, pflegte er zu antworten, seine Schuld sei gar nicht so groß, da eine Menge hochgestellter Leute ihm, um seine Gunst zu gewinnen, ihre Geliebten und Mätressen oder sogar ihre Frauen einfach auf den Hals schickten. Die Mehrzahl dieser Frauen trat im Einverständnis mit ihren Ehemännern oder sonstigen Angehörigen in intime Beziehungen zu ihm.

Rasputin hatte Verehrerinnen, die ihn an hohen Feiertagen aufsuchten, um ihre Glückwünsche darzubringen, und dabei seine geteerten Stiefel umarmten. Rasputin erzählte lachend, daß er an solchen Tagen seine Stiefel absichtlich dick mit Teer einreibe, damit die eleganten Damen, die sich zu seinen Füßen wälzten, ihre seidenen Kleider erst recht beschmutzten. Der fabelhafte Erfolg Rasputins beim Zarenpaar hatte ihn in den Augen der meisten zu einer Art Gottheit gemacht. Die ganze Petersburger Beamtenwelt geriet in Erregung. Ein Wort Rasputins genügte, um Staatsbeamten einen Orden oder sonstige Auszeichnungen zu verschaffen. Alle suchten sich seinen Beistand zu sichern. Rasputin war mächtiger als jeder amtliche Würdenträger. Man brauchte keine Kenntnisse, kein Talent, um mit seiner Hilfe eine glänzende Karriere zu machen. Eine Laune Rasputins genügte dazu vollkommen.

Ernennungen, die sonst nur nach jahrelangem Dienst erreichbar waren, wurden durch Rasputin in einigen Stunden durchgesetzt. Er verschaffte den Leuten Stellungen, von denen sie früher nicht einmal zu träumen gewagt hätten. Er war ein allmächtiger Zauberer und dabei zugänglicher und verläßlicher als irgendein hochgestellter Würdenträger oder General.

Nie hat ein Zarengünstling jemals in Rußland solche Macht erreicht wie er.

Rasputin versuchte nicht, sich die Manieren und Gepflogenheiten der wohlerzogenen Petersburger Gesellschaft anzueignen. Er benahm sich in den aristokratischen Salons mit unglaublicher Flegelei.

Anscheinend absichtlich hob er seine bäuerische Derbheit und Unerzogenheit hervor.

Es war ein seltsames Bild, wenn russische Fürstinnen, Gräfinnen, berühmte Schauspielerinnen, allmächtige Minister und Würdenträger den betrunkenen Bauern umschwärmten. Er behandelte sie schlimmer als Lakaien und Dienstmädchen. Beim geringsten Anlaß beschimpfte er diese aristokratischen Damen in der unflätigsten Weise und mit Worten, bei denen selbst Stallknechte erröteten wären. Seine Unverschämtheit war geradezu unbeschreiblich.

Gegen die Damen und Mädchen aus der Gesellschaft benahm er sich mit der äußersten Hemmungslosigkeit, und die Anwesenheit der Ehemänner oder Mütter störte ihn nicht im geringsten. Sein Gebaren hätte selbst die verdorbenste Dirne beleidigt; es kam aber trotzdem kaum vor, daß jemand sich verletzt zeigte. Alle fürchteten ihn und umschmeichelten ihn deshalb. Die Frauen küßten seine schmutzigen, mit Speiseresten bedeckten Hände und stießen sich nicht an seinen schwarzen Fingernägeln. Ohne ein Besteck zu benutzen, pflegte er beim Essen mit den Händen Bissen an seine Verehrerinnen zu verteilen, und diese suchten ihn zu überzeugen, daß sie solche Gaben als eine Art Gnade empfänden. Es war abstoßend, derartige Szenen mitanzusehen. Aber Rasputins Gäste gewöhnten sich daran und nahmen alles mit beispielloser Geduld hin.

Ich bezweifle nicht, daß sich Rasputin häufig mit Absicht frech und ungezogen zeigte, um seinem Haß gegen den Adel Ausdruck zu geben. Mit besonderer Vorliebe beschimpfte und verhöhnte er die Adligen, nannte sie Hunde und erklärte, kein russischer Edelmann habe in Wahrheit auch nur einen Tropfen russischen Blutes. Sprach er aber mit Bauern oder mit seinen Töchtern, so hörte man nie ein unflätiges Schimpfwort von ihm. Seine Töchter hatten ein besonderes Zimmer und kamen nie in die Räume, in denen sich seine Gäste aufhielten. Das Zimmer der Töchter war gut möbliert und durch eine Tür mit der Küche verbunden, in der Rasputins Nichten, Njura und Katja, wohnten, die die Mädchen beaufsichtigten. Rasputins eigene Zimmer waren fast ganz leer; sie enthielten nur wenige Möbelstücke billigster Sorte. Der Tisch, auf dem die Mahlzeiten serviert wurden, hatte nie eine Tischdecke. Nur im Arbeitszimmer standen einige lederne Sessel; es war das einzige Zimmer in der ganzen Wohnung, das einigermaßen anständig aussah. Dieses Zimmer diente als Schauplatz für unzählige intime Begegnungen Rasputins mit Vertreterinnen der

höchsten Petersburger Gesellschaft. Solche Szenen verliefen gewöhnlich denkbar einfach, und die betreffende Dame wurde zum Schluß von Rasputin mit den Worten aus dem Zimmer geleitet: „Nun, nun, Mütterchen, es ist alles in Ordnung!"
Nach einem solchen Damenbesuch begab sich Rasputin gewöhnlich in das seiner Wohnung gegenüberliegende öffentliche Bad. Doch wurde das den Damen für ihre Gefälligkeit geleistete Versprechen von ihm immer erfüllt.
Bei den Liebesabenteuern Rasputins fiel es auf, daß er zudringliche Frauen nicht leiden mochte. Dagegen verfolgte er Damen, die von seinen Intimitäten nichts wissen wollten, mit Zudringlichkeiten. Er griff dabei zuweilen sogar zur Erpressung und versagte der Bittstellerin jede Unterstützung, wenn sie sich weigerte, ihm zu Willen zu sein. Es kam sogar vor, daß Damen, die mit einer dringenden Bitte zu Rasputin kamen, sich ihm geradezu anboten in dem Glauben, daß ohne diese Einleitung bei Rasputin nichts zu erreichen wäre. In solchen Fällen spielte Rasputin den Empörten und erteilte der Betreffenden eine scharfe Sittenbelehrung. Ihre Bitten wurden aber doch erfüllt.

Rasputin zu Hause

Im Speisezimmer versammelte sich meist eine höchst bunt zusammengewürfelte Gesellschaft. Jeder Besucher hielt es für seine Pflicht, irgend etwas Eßbares mitzubringen. Fleischspeisen fanden keinen Anklang; es gab viel Kaviar, teure Fische, Obst und frisches Brot. Außerdem standen auf dem Tisch immer Kartoffeln, Sauerkohl und Schwarzbrot, stets auch ein großer kochender Samowar. Die Speisekammer Rasputins war immer vollgepfropft mit allen möglichen Vorräten. Jeder, der zu ihm kam, durfte nach Herzenslust essen und trinken.
Manchmal konnte man eigenartige Szenen beobachten: Rasputin warf in eine Schüssel mit Fischsuppe Schwarzbrotstücke, holte sie mit der Hand wieder heraus und verteilte sie unter seine Gäste. Diese nahmen die Brocken begeistert entgegen und

verzehrten sie mit Entzücken. Auf dem Tisch fehlte auch nie ein Haufen Schwarzbrotzwieback mit Salz. Rasputin liebte diese Zwiebacke, bot sie auch seinen Gästen an, unter denen sich stets Anwärter auf Minister- und hohe Verwaltungsposten befanden. Seine Zwiebacke erlangten in Petersburg eine große Berühmtheit. Den Haushalt besorgten ihm seine Nichten Njura und Katja. Dienstboten hielt er nicht.
Die Lebensmittel lieferte ich Rasputin ins Haus. Ich trug Sorge dafür, daß er und seine Familie alles bekamen, was sie brauchten; darüber bestand zwischen uns ein schweigendes Einverständnis. Nikolaus II. wußte, daß sein Günstling, solange ich ihn betreute, von keiner materiellen Not berührt werden würde. Rasputin nahm meine Dienste an, erkundigte sich aber nie nach meinen Motiven. Er interessierte sich nicht einmal dafür, wo ich das Geld hernähme. Brauchte er etwas, so wandte er sich ohne weiteres an mich.
Das Leben Rasputins verschlang enorme Summen, ich trieb aber immer die nötigen Mittel auf. In der letzten Zeit wurden auf Befehl des Zaren aus dem Ministerium des Innern monatlich 5000 Rubel überwiesen: jedoch bei Rasputins ungezügelter Lebensweise und seinen Gelagen reichten diese Summen bei weitem nicht aus. Auch meine eigenen Mittel genügten nicht, um alle Ausgaben zu decken. Deshalb verschaffte ich Rasputin Geld aus besonderen Quellen, die ich aber niemals verraten werde, um meine Glaubensgenossen nicht zu schädigen.
Wäre Rasputin ein eigennütziger Mensch gewesen, so hätte er ein großes Vermögen ansammeln können. Es wäre ihm nicht schwergefallen, von den Leuten, denen er Posten und allerhand andere Vergünstigungen vermittelte, Geldentschädigungen zu erhalten. Er forderte aber nie Geld. Er erhielt Geschenke, aber sie waren nicht von großem Wert. Man schenkte ihm z. B. Kleidungsstücke oder bezahlte die Rechnungen für seine Zechgelage.
Geld nahm er nur dann an, wenn er damit jemandem helfen konnte. Es kam vor, daß ein reicher Mann bei ihm war und zur selben Zeit ein armer, der ihn um Unterstützung bat. Dann

forderte Rasputin den Reichen auf, dem Armen ein paar hundert Rubel zu geben. Besonders gern half er Bauern, die sich an ihn wandten.

Es kam vor, daß er Bittsteller zu jüdischen Millionären wie etwa Ginzburg, Soloweitschik, Manus, Kaminka und anderen mit einem Zettel schickte, der diese oder jene Summe anforderte. Diese Bitten fanden immer Erfüllung. Wenn M. Ginzburg Rasputin besuchte, nahm dieser ihm gewöhnlich das ganze Bargeld ab und verteilte es unter die armen Leute, die immer in seinem Hause herumlungerten. Er liebte in solchen Fällen zu sagen: „Es ist ein reicher Mann da, der sein Geld unter die Armen verteilen will."

Für sich selbst forderte er aber nie etwas. Ich versuchte, ihn an meinen Geschäften zu interessieren, er lehnte jedoch stets ab. Wollte man ihm danken, so mußte man besondere Wege suchen. Er war von Natur gutherzig. Es kam nur selten vor, daß die Erfüllung einer Bitte von ihm abgewiesen wurde. In ernsten Fällen zeigte er immer große Feinfühligkeit und Hilfsbereitschaft. Er fragte die Bittsteller sehr ausführlich über ihre Lage aus, und es war ihm immer sehr peinlich, wenn er nicht helfen konnte. Er trat gern für die Beleidigten und Bedrückten ein und nahm Beschwerden gegen alle Machthaber entgegen.

Zwischen 10 und 1 Uhr fand bei Rasputin ein Empfang statt, um den ihn jeder Minister beneiden konnte. Die Zahl der Bittsteller erreichte zuweilen zweihundert, und Vertreter aller möglichen Berufe weilten unter ihnen. Man konnte hier einen General treffen, der vom Großfürsten Nikolai Nikolajewitsch eigenhändig durchgeprügelt, oder einen Staatsbeamten, der wegen Mißbrauchs der Amtsgewalt von seinem Posten entfernt worden war. Viele kamen zu Rasputin, um eine Beförderung im Dienst oder andere Vorteile zu erwirken; wieder andere brachten Beschwerden oder auch Denunziationen vor. Juden suchten bei Rasputin Schutz gegen Polizei- oder Militärbehörden. Die Männer aber verloren sich in der Menge der Frauen, die mit allen möglichen Anliegen und unter den verschiedensten Vorwänden zu Rasputin kamen.

Wenn er nicht gerade nach einem nächtlichen Gelage schlief, so trat er gewöhnlich zu dieser bunt zusammengewürfelten Schar der Bittsteller heraus, die alle Winkel seiner Wohnung füllte. Er machte eine tiefe Verbeugung, sah sich die Versammelten an und sagte:

„Ihr seid alle zu mir gekommen, um Hilfe zu erbitten. Ich werde euch allen helfen."

So gut wie nie verweigerte Rasputin seine Hilfe. Er warf nie die Frage auf, ob der Bittsteller seiner Unterstützung wert wäre oder für den angestrebten Posten taugte. Von den gerichtlich Verurteilten pflegte er zu sagen: „Die Verurteilung und die überstandene Angst sind Strafe genug."

Für Rasputin war die Tatsache entscheidend, daß der Bittsteller seine Hilfe brauchte. Er half immer, wenn es ihm irgend möglich war, und er liebte es, die Reichen und Mächtigen zu demütigen, um so seine Sympathien mit den Armen und Bauern zum Ausdruck zu bringen. Waren Generäle unter den Bittstellern, so erklärte er ihnen lachend:

„Meine teuren Generäle, ihr seid gewöhnt, überall als erste empfangen zu werden. Hier aber stehen rechtlose Juden, ich werde zuerst erledigen, was für sie nötig ist. Juden, kommt. Ich will alles für euch tun."

Dann wurden die Juden mir übergeben, und ich sollte im Namen Rasputins die erforderlichen Schritte für sie unternehmen.

Nach den Juden wandte sich Rasputin den anderen Bittstellern zu, und erst ganz zum Schluß fragte er die Generäle nach ihrem Anliegen. „Jeder Mensch, der zu mir kommt," pflegte er bei seinen Empfängen zu wiederholen, „ist mir teuer. Alle Menschen müssen brüderlich leben und einander helfen."

Rasputins Frau kam nur einmal im Jahre nach Petersburg, um ihren Mann und ihre Kinder zu sehen, blieb aber nur ganz kurze Zeit. Rasputin auferlegte sich vor ihr keinen Zwang, behandelte aber die gutmütige, bescheidene Bäuerin sehr freundlich und liebte sie auf seine Art. Aus den Liebesabenteuern

ihres Mannes machte sie sich nichts und pflegte in solchen Fällen zu sagen:
„Er kann tun, was er will. Es reicht bei ihm für alle aus."
Rasputin küßte in Gegenwart seiner Frau auch seine aristokratischen Verehrerinnen, was ihr sogar zu schmeicheln schien. Für gewöhnlich außerordentlich starrköpfig und leicht aufbrausend, keine Widersprüche duldend und schnell bereit, sich mit seinen Gegnern zu raufen, zeigte sich Rasputin seiner Frau gegenüber sehr nachgiebig. Sie lebten in herzlicher Freundschaft und hatten nie Zwistigkeiten.

Einmal kam auch Rasputins Vater nach Petersburg, um aus der Nähe die Erfolge seines Sohnes zu betrachten. Er blieb aber nur kurze Zeit in der Hauptstadt, reiste nach Hause zurück und starb bald darauf. Rasputins Sohn Dimitrij war ein sehr stiller und gutmütiger Junge. Er war wenig begabt und lernte schlecht. Nach zweijährigem Besuch der geistlichen Schule ließ er sich als Bauer in Pokrowskoje nieder und lebt dort mit seiner Mutter und seiner Frau noch heute. Während des Krieges erreichte er das militärpflichtige Alter. Der Vater wollte ihn aber nicht an die Front lassen und besorgte ihm eine Stellung als Sanitätsgehilfe beim kaiserlichen Sanitätszug.

Rasputin zecht

Rasputin, selbst ein leidenschaftlicher Lebemann, stand in besten Beziehungen zu allen bekannten Lebedamen der Hauptstadt. Die Mätressen der Großfürsten, der Minister und der Finanzleute standen ihm nahe. Er kannte daher alle Skandalgeschichten, die Verhältnisse hochgestellter Persönlichkeiten, die nächtlichen Geheimnisse der großen Welt, und er wußte all dieses zur Erweiterung seines Einflusses in den Regierungskreisen zu verwerten. Die Petersburger Damen der großen Welt, die Kokotten, berühmte Schauspielerinnen und lebenslustige Aristokratinnen, alle waren stolz auf ihre Beziehungen zu dem Liebling des Zarenpaares. Alle waren geblendet von seinen unerhörten Erfolgen. Die Freundschaft mit Rasputin gab ihnen die Möglichkeit, manche Geheimnisse zu kennen, ihre dunklen Geschäfte zu machen, die eigene Karriere oder die ihrer Schützlinge zu fördern. Verschiedene Lebedamen hatten zu jener Zeit einen besonders großen Einfluß, und sie nahmen im vorrevolutionären Petersburg eine besondere Stellung ein.

Es kam häufig vor, daß Rasputin plötzlich eine seiner Freundinnen aus der Lebewelt telephonisch anrief und sie in irgendein vornehmes Restaurant einlud. Sie leistete der Aufforderung sofort Folge, und es begannen wahre Orgien. Jene Frauen nahmen dann die günstige Gelegenheit wahr, um sich bei Rasputin für ihre Freunde, Geliebten oder Verwandten zu verwenden. Viele dieser Damen bereicherten sich solcherart, denn Rasputin war bei solcher Gelegenheit sehr freigebig.

Der Besitzer des weit draußen auf dem rechten Newa-Ufer gelegenen vornehmen Restaurants „Villa Rode" erbaute für Rasputins nächtliche Orgien ein besonderes Haus. Man konnte dort oft Herren und Damen mit hochklingenden Namen und Titeln antreffen: dabei suchten die Damen der Gesellschaft die Chansonetten und Choristinnen mit ihren Einfällen zu überbieten. Gewöhnlich wurde ein Zigeunerchor herbeigeholt, denn Rasputin liebte leidenschaftlich Zigeunerlieder. Er war auch ein passionierter Tänzer, der die russischen Tänze ausgezeichnet tanzte. In dieser Hinsicht war es schwer, es mit ihm aufzunehmen, selbst für Berufstänzer.

Begab sich Rasputin zu einem Zechgelage, so füllte er immer seine Taschen mit allerhand Geschenken: mit Bonbons, bunten Schals, seidenen Bändern, Parfüms, Puderdosen und dergleichen mehr. Nach der Ankunft im Restaurant freute er sich, wenn diese Sachen aus seinen Rocktaschen geplündert wurden. Er schrie vergnügt: „Zigeunerinnen haben mich bestohlen!"

Nicht selten kam es vor, daß bei solchen Gelagen ein Minister oder ein Ministerkandidat zugegen war.

Einmal wurde bei einem solchen Zechgelage der Versuch gemacht, Rasputin zu ermorden. Einige vornehme junge Leute

und ein paar Offiziere hatten sich Zutritt zum Lokal zu verschaffen gewußt. Anfangs war alles ruhig; im Moment aber, als Rasputin in die Mitte des Zimmers trat und eine Partnerin zum Tanz aufforderte, sprangen die Offiziere auf und entblößten die Säbel. Die Zivilisten zogen Revolver aus der Tasche. Rasputin sprang zur Seite, richtete einen furchtbaren Blick auf die Verschwörer und schrie:
„Ihr wollt mich umbringen!"
Die Verschwörer standen versteinert, wie gelähmt. Sie konnten ihre Augen nicht von Rasputin abwenden. Alle verstummten. Der Zwischenfall machte auf sämtliche Anwesenden einen ungeheuren Eindruck. Rasputin erklärte:
„Ihr waret meine Feinde. Jetzt seid ihr keine Feinde mehr. Ihr habt gesehen, daß meine Kraft gesiegt hat. Bedauert nicht, daß ihr hierhergekommen seid; freut euch aber auch nicht, daß ihr jetzt gehen könnt. Es gibt keine Macht mehr, die euch wieder gegen mich zu richten vermöchte. Geht nach Hause; ich will mit den Meinen hierbleiben und mich erholen."
Die jungen Leute fielen vor Rasputin auf die Knie nieder und baten ihn flehentlich um Verzeihung.
„Ich werde euch nicht verzeihen", sagte Rasputin, „da ich euch nicht hierher eingeladen habe. Ich freute mich nicht, als ihr kamt, und traure nicht, wenn ihr geht. Fort jetzt! Ihr seid geheilt! Eure bösen Absichten sind verschwunden!"
Die Verschwörer verließen das Lokal.

Rasputin und die Familie des Zaren

In Petersburg wurde immer wieder das Gerücht verbreitet, Rasputin stände in intimen Beziehungen zur Zarin, benähme sich auch ungebührlich gegen die Töchter des Zaren. Dieses Gerücht hatte nicht die geringste Berechtigung.
Rasputin kam nie ins Zarenpalais, wenn der Zar nicht zugegen war. Ich weiß nicht, ob er aus eigener Initiative oder auf Wunsch des Zaren so handelte. Ab und zu traf sich Rasputin

mit der Zarin in ihrem Militärlazarett, aber immer in Anwesenheit des Gefolges.

Auch an den Gerüchten über die Zarentöchter ist nicht ein Wort wahr. Den Kindern des Zarenpaares gegenüber zeigte sich Rasputin immer aufmerksam und wohlwollend. Er war gegen die Ehe des Großfürsten Dimitrij Pawlowitsch mit einer der Zarentöchter, ja, warnte sie vor ihm und gab ihnen sogar den Rat, ihm nicht die Hand zu reichen, da er an einer Krankheit litt, die beim Händedruck übertragen werden konnte. Ließe sich aber ein Händedruck nicht vermeiden, so empfahl ihnen Rasputin, sich gleich darauf mit einem Aufguß von sibirischen Kräutern die Hände zu waschen.

Die Ratschläge und Anweisungen Rasputins erwiesen sich immer als zweckmäßig, und er genoß das volle Vertrauen der Zarenfamilie. Die Zarenkinder hatten an ihm einen treuen Freund und Berater. Erregten sie seine Unzufriedenheit, dann tadelte er sie. Seine Beziehungen zu ihnen waren ausschließlich väterlicher Art. Die ganze Zarenfamilie glaubte an die göttliche Sendung Rasputins.

Es kam oft vor, daß er der Zarin ihres Geizes wegen Vorwürfe machte. Er war äußerst unzufrieden, daß die Zarentöchter aus Sparsamkeit schlecht angezogen gingen. Der Geiz der Zarin war bei Hofe sprichwörtlich geworden. Sie suchte sogar an Kleinigkeiten zu sparen. Es fiel ihr so schwer, sich vom Gelde zu trennen, daß sie selbst Kleider auf Abzahlung kaufte.

Die schmutzigen Gerüchte gaben mir Gelegenheit, mit Rasputin über seine Beziehungen zur Zarin und zu den Zarentöchtern zu sprechen. Diese verleumderischen Intrigen machten mir viel Sorge, und ich hielt die Verbreitung von derartigen grundlosen Anschuldigungen gegen die Zarin und ihre Töchter, deren Benehmen tadellos war, für gewissenlos. Die reinen und braven Mädchen verdienten nicht im geringsten die schändlichen Anschuldigungen, die von sensationslustigen Aufschneidern gegen sie erhoben wurden. Trotz ihrer hohen Stellung waren sie ganz wehrlos gegen diese Art Gerüchte.

Es war eine Schande, daß selbst Verwandte des Zaren und hohe Würdenträger sich an der Verbreitung dieses Klatsches beteiligten. Ihr Benehmen muß um so nichtswürdiger genannt werden, als ihnen die Haltlosigkeit der Gerüchte allzu gut bekannt war. Rasputin entrüstete sich über derartige Verleumdungen, nahm sie aber doch im Bewußtsein seiner Unschuld verhältnismäßig leicht. Ich beurteilte die Lage anders und war überzeugt, daß er den empörenden Gerüchten entgegentreten müßte; ich machte ihm oft Vorwürfe wegen seiner Indolenz in dieser Sache.

„Was willst du von mir?" schrie mich Rasputin bei solchen Unterhaltungen an. „Was kann ich machen? Bin ich denn schuld, daß so was über mich geschwatzt wird?"

„Es geht aber nicht an, daß deinetwegen die Großfürstinnen verleumdet werden", antwortete ich. „Du mußt einsehen, daß die armen Mädel allen leid tun. Sogar die Zarin wird verdächtigt."

„Scher dich zum Teufel!" schrie Rasputin. „Ich habe nichts verbrochen. Die Leute müssen verstehen, daß niemand den Platz beschmutzt, wo er ißt. Ich diene dem Zaren und werde mir nie etwas Derartiges erlauben. Ich bin unfähig zu so schnödem Undank! Und was, glaubst du, würde der Zar in einem solchen Falle mit mir tun?"

„Alles kommt daher", sagte ich, „daß du ein solcher Schürzenjäger bist. Laß doch diese Weiber! Du kannst doch an dir keine einzige Frau vorbeilassen."

„Bin ich denn schuld daran?" entgegnete Rasputin. „Ich nehme sie nicht mit Gewalt. Sie kommen von selber zu mir, damit ich mich beim Zaren für sie verwende. Was soll ich tun? Ich bin ein gesunder Mann und kann nicht widerstehen, wenn ein hübsches Weib zu mir kommt. Warum soll ich sie nicht nehmen? Ich suche sie nicht, sie kommen von selber zu mir."

„Aber du bringst damit die ganze Zarenfamilie in schlechten Ruf. Du hast ganz Rußland dadurch gegen dich aufgebracht, den Adel und sogar das Ausland. Es ist Zeit, Schluß zu machen. Mir schadest du nicht, aber in deinem eigenen Interesse mußt du Schluß machen damit, ehe es zu spät ist. Sonst rennst du ins Verderben."

Rasputin legte meinen Warnungen wenig Gewicht bei. Wenn ich jedoch, von besonders schlimmen Ahnungen geplagt, ihn bestürmte, pflegte er zu sagen:

„Warte nur! Erst muß ich mit (Kaiser) Wilhelm Frieden schließen. Dann werde ich eine Wallfahrt nach Jerusalem unternehmen."

Ein derartiges Gespräch fand zufällig einmal in Gegenwart der Wyrubowa, der Schwestern Woskoboinikow, der Frau v. Dehn, des Fräuleins Nikitina und anderer Hofdamen statt. Ich sah, daß sie alle meine Ansicht teilten. Keine aber hatte den Mut und die Kraft, klar ihre Meinung zu sagen.

Erläuterungen

Zu S. 58 ff.:

Man beachte die von Behagen strotzende Schilderung der verächtlichen Behandlung der Minister, der Hofgesellschaft an dieser Stelle (auch S. 60), aber auch die Verachtung gegenüber der unkultivierten Art, zu essen, des „Freundes" Rasputin. Der Jude liebt eben nicht einmal seine Freunde. Hier und S. 84 bricht auch der Haß gegenüber dem Zaren deutlich hervor. Vgl. auch S. 97.

Uns nahe steht Max Wundt in seinem gehaltvollen Schriftchen „Der ewige Jude", München 1926. Reiches anschauliches Material (das nicht immer richtig gedeutet ist) bringt W. Sombart „Der Jude und das Wirtschaftsleben", 1922 ff. Eine verbesserte Neuauflage verdiente G. v. Glasenapp „Der Charakter der Israeliten und die Art ihres Wirkens", Riga 1912, die beste p s y c h o l o g i s c h e Analyse des modernen Judentums. Sehr bedeutsam ist das zitierte Werk von Fleischhauer, das tiefer in die politischen Probleme einführt. Auch P. H. Seraphim „Das Judentum im osteuropäischen Raum", 1938, mit grundlegendem Material. Zusammenfassend: H. Seifert „Der Jude an der Ostgrenze", Berlin 1940. Eine umfassende Orientierung in den „Mitteilungen über die Judenfrage", herausgegeben vom Institut zum Studium der Judenfrage, Berlin 1937 ff. (bisher 5 Bände).

Zu S. 60 ff.: Die hier geschilderten Szenen sind nur von dem oben (S. 52) erwähnten magischen Zauberglauben aus zu verstehen, ebenso wie die e k s t a t i s c h e n G e s i c h t e r auf dem Bilde: Rasputin im Kreise seiner Freundinnen. Zur Ekstase und Mystik vgl. W. Gruehn „Religionspsychologie", Leipzig 1926. Literatur der neueren Zeit: W. Gruehn „Archiv für Religionspsychologie und Seelenführung", Band IV 1929, Band V 1930, Band VI 1936.
Auch die nicht magisch, sondern rein geschäftlich interessierten Minister, Beamten und Bankleute machten den Spuk dieser Rasputin-Szenen mit, weil sie dadurch ihre Frömmigkeit, d. h. für den Zarenstaat: ihre politische Zuverlässigkeit dokumentierten. Beachtet man diese Zusammenhänge nicht (wie es Rasputins Biographen meist tun), so bleibt als einzig mögliche Er-

klärung dieses merkwürdigen Verhaltens eine perverse Veranlagung. Damit würde man aber diesen fast durchweg primitiven, dem Bauerntum noch sehr nahestehenden Männern und Frauen bestimmt unrecht tun.

Zu S. 61: **Die jüdischen Drahtzieher hinter Rasputin** werden an dieser Stelle besonders deutlich sichtbar. Dies hätte R. Kummer in seinem speziell dieser Frage gewidmeten Buch beachten sollen. Auch der gemeine Versuch, Rasputin in jüdische Geschäfte zu verwickeln und dadurch zu binden (S. 62), ist typisch.

Zu S. 64 ff.: **Rasputins Lebensart** ist in den meisten Darstellungen mißverstanden worden. Man vergißt, daß er ein sibirischer Bauer, also ein ganz anderes Wesen ist als ein westeuropäischer Intellektueller. Seine Freude an Essen, Trinken und Weibern ist eine ungebrochen natürliche. Tausend andere Bauern hätten es genau so gehalten wie er, wenn sie gleiche uneingeschränkte Möglichkeiten eines völlig zügellosen Lebens gehabt hätten.
Daß der Wüstling den Heiligen Rasputin nicht störte, verwundert nicht angesichts des magischen Charakters dieser Frömmigkeit (S. 52): die magische Frömmigkeit hat nichts mit Geist und Ethik zu tun, beeinflußt darum auch nicht den Charakter eines Menschen. Ob jemand „gut" oder „schlecht" ist, spielt für sie keine Rolle. Am verständlichsten wird das, wenn man an die ähnliche Rolle des Aberglaubens im Geistesleben denkt. Aberglaube und magische Frömmigkeit stehen einander tatsächlich sehr nahe. Dazu kommt der nie überwundene **Dualismus der russischen Seele** — im Gegensatz zur angestrebten inneren Ausgeglichenheit des deutschen Menschen.
Anläßlich einer großen staatlichen Feier im Zarenreich, die dem Empfang der „heiligen Mutter zu Kasan" galt, zechte die Geistlichkeit ausgiebig. Einer der Priester wurde dazwischen zum Dienst am Heiligenbilde abberufen, kehrte nach einer Stunde zurück und zechte weiter.
Sein Tischnachbar, ein offiziell anwesender Vertreter des Deutschtums, fragte ihn darauf, ob das Trinken ihn nicht bei der heiligen Handlung störe. Der Russe antwortete gleichmütig: „Greschitj to moschno, toljko kajatsja nuschno", d. h. Sündigen darf man, nur muß man dazwischen bereuen.
Rasputin ging bekanntlich noch weiter. Wenn er die Frau eines Ministers oder Fürsten zum Ehebruch verleitete, so meinte er sie dadurch vom Hochmut zu heilen. Sie aber fühlte sich durch die Berührung mit dem Heiligen geheiligt.

3. Der Hof des Zaren

Der Zar Nikolaus II.

Eigentlich tat mir Nikolaus II. immer leid. Er war zweifellos ein tief unglücklicher Mensch. Er konnte niemandem imponieren, seine Persönlichkeit flößte weder Ehrfurcht noch Achtung ein. Er war ein Durchschnittsmensch. Die Gerechtigkeit muß indessen anerkennen, daß er bei der ersten Begegnung einen sehr gewinnenden Eindruck machte.

Er war schlicht und leicht zugänglich, man vergaß in seiner Gegenwart völlig den Zaren an ihm. In seinem Privatleben war er äußerst anspruchslos. Sein Charakter war jedoch widerspruchsvoll. Er litt unter zwei Fehlern, die ihm schließlich zum Verhängnis wurden: sein Wille war äußerst schwach, auch war er unbeständig. Er traute niemandem und verdächtigte alle. Rasputin übergab mir einmal folgende Äußerung des Zaren: „Ehrliche Menschen gibt es für mich nur bei Kindern unter zwei Jahren. Sobald sie das dritte Lebensjahr erreichen, freuen sich bereits die Eltern, daß sie schon lügen können. Alle Menschen sind Lügner." Rasputin widersprach, aber ohne Erfolg.

Die Folge war, daß auch dem Zaren niemand traute. Nikolaus II. schien im Gespräch sehr aufmerksam und gefällig, aber man war nie sicher, ob er sein Wort halten würde. Es kam oft vor, daß die dem Zaren Nahestehenden für die Erfüllung seiner Versprechen sorgen mußten, da er selbst sich nicht darum kümmerte. Nikolaus lebte in der Überzeugung, er werde von allen betrogen, übervorteilt und hintergangen. Das war die Tragik seines Lebens. Daher war es sehr schwer, etwas bei ihm durchzusetzen. Im Bewußtsein, von der eigenen Mutter und der ganzen Verwandtschaft gehaßt zu werden, lebte er in ständiger Angst vor dem Hofe der Kaiserin-Mutter, dem sogenannten Alten Hof, über dessen Beziehungen zum Zaren noch die Rede sein wird.

Er fühlte sich sogar in seinem Leben bedroht. Das Gespenst einer Palastrevolution stand immer vor seinen Augen. Oft sprach er die Befürchtung aus, ihm sei vielleicht das Schicksal des serbischen Königs Alexander beschieden, den man mit seiner Frau zusammen umgebracht, wobei ihre Leichen aus dem Fenster auf die Straße geworfen wurden. Man ersah hieraus, daß der serbische Königsmord auf ihn einen besonders tiefen Eindruck gemacht hatte und seine Seele mit Grauen vor dem eigenen Schicksal erfüllte.

Der Zar bekundete ein besonderes Interesse für den Spiritismus und alles Übernatürliche. Darin lag eine große Gefahr. Hörte er von irgendeinem Wahrsager, Spiritisten oder Hypnotiseur, so hatte er sofort den Wunsch, den Betreffenden kennenzulernen.

So ist es zu erklären, daß so viele Schwindler und zweifelhafte Persönlichkeiten, die sonst nie entfernt gewagt hätten, in die Nähe eines Kaiserhofes zu gelangen, relativ leicht Zutritt zu ihm erhielten. Es genügt, den berüchtigten Philippe zu erwähnen, der einen großen Einfluß auf Nikolaus ausübte.

Auch Rasputin verdankte ja seinen beispiellosen Erfolg in erster Linie der Neigung des Zaren zum Übernatürlichen. Viele Leute beschäftigten sich damit, dunkle Persönlichkeiten ausfindig zu machen, um sie dem Zaren wegen ihrer angeblich übernatürlichen Kraft zuzuführen. Nur wenige dieser Bekanntschaften des Zaren, die nach Hunderten zählten, wurden der Öffentlichkeit bekannt.

Unter den Personen, die den Zaren für übernatürliche Erscheinungen noch vor Auftreten Rasputins zu interessieren wußten, nahm die Gräfin Nina Sarnekau, die morganatische Tochter des Prinzen von Oldenburg, einen besonderen Platz ein. Nikolaus II. pflegte ständig mit ihr spiritistische Sitzungen abzuhalten und befragte durch sie Geister nach seiner Zukunft. Ich versuchte einmal — allerdings erfolglos —, diese seine Neigung für meine Zwecke auszunutzen, und zwar bei folgender Gelegenheit: Mein guter Freund, der rumänische Geiger Gulesko, ein Liebling der Petersburger Welt, veranstaltete aus

irgendeinem Anlaß ein Fest. Er lud seine Bekannten zu einem Teller „rumänischer Suppe" ein. Unter den Gästen befanden sich die kaukasischen Fürsten Nikolaus Nisheradze, der Kammerherr des Zaren, Iwan Nakaschidze, das Mitglied des Direktionsrates des Roten Kreuzes, Fürst Utscha Dadiani, ferner der Flügeladjutant des Kaisers, Fürst Alexander Eristow, der Fürst Orbeliani, Generalgouverneur von Kutais und Vater der bekannten Hofdame, und andere. Nach einem ausgiebigen Zechgelage fühlten wir das Bedürfnis, anderswo weiterzufeiern. Wir riefen die Gräfin Sarnekau an und wurden von ihr in ihre Wohnung eingeladen. Hier fing das Gelage erst richtig an. Wir waren mit Einschluß unserer Gastgeberin alle ziemlich bezecht, als plötzlich von Zarskoje Selo Fürst Alek Amilachwari, der Günstling des Zaren, im Hofauto vorfuhr und die Gräfin im Auftrage Seiner Majestät aufforderte, sofort nach Zarskoje Selo zu kommen. Die Gräfin wagte nicht, die Aufforderung des Zaren abzulehnen, konnte sich aber nur sehr ungern zum Aufbrechen entschließen. Wir machten unterdes Späße über die spiritistischen Fähigkeiten der Gräfin. Plötzlich hatte ich den Einfall, sie zu bitten, sich bei den Geistern zugunsten der russischen Juden zu verwenden.
Die Geister sollten den Zaren veranlassen, die judenfeindlichen Gesetze abzuschaffen.
Mein Einfall wurde von den Offizieren Grusiniens mit Wärme unterstützt. Die Gräfin wagte jedoch zu meinem großen Bedauern nicht, eine politische Geisterbeschwörung vorzunehmen. Vielleicht wünschte sie überhaupt die Verwirklichung meiner Anregung nicht, gehörte sie doch der höchsten Petersburger Gesellschaft an, die den Juden immer feindlich gesinnt war. Der Antisemitismus der Petersburger Hofkreise war im übrigen gar nicht so unausrottbar, wie man gewöhnlich glaubt. Die judenfeindliche Einstellung Nikolaus II. erklärte sich aus seiner Erziehung . . .
Rasputin sagte wiederholt, der Zar würde von seinen Verwandten und den Ministern gegen die Juden aufgehetzt. Der Zar selbst erzählte ihm, daß die Minister bei ihren Vorträgen

immer gegen die Juden zu sprechen pflegten, um ihn dadurch gegen sie aufzubringen. Er wurde ständig mit Märchen über die sogenannte „jüdische Vergewaltigung" überschüttet. Kein Wunder, daß diese Hetze nicht ohne Erfolg blieb. Die Zarin hatte keine Ahnung von der Judenfrage, sie erfuhr erst später, was überhaupt Antisemitismus ist. Beim Zarenhofe war immer eine beträchtliche Anzahl Juden beschäftigt, und niemand fand daran etwas auszusetzen. Es ist bekannt, daß der Zar sofort nach Übernahme des Oberbefehls über die Truppen die unmenschlichen Judenverfolgungen, die von Nikolai Nikolajewitsch durchgeführt wurden, einstellen ließ. Rasputin erzählte mir, der Zar habe dieses aus eigener Initiative getan, und ließ die Möglichkeit zu, daß Nikolaus II. den Juden nicht ungern Gehör gewährte, wenn er darum gebeten wurde.
Die jungen Hofdamen waren völlig frei von Antisemitismus, oder wenigstens machte er sich bei ihnen nicht bemerkbar. Sogar die Wyrubowa kannte kaum diese Frage, und sie zuckte nur mit den Achseln, wenn darüber gesprochen wurde.
Nikolaus II. hielt zwar an einem starren Absolutismus fest, empfand aber die Hofetikette, an die er als Monarch gebunden war, als lästig.
Gern umging er die Etikette. Es machte ihm zum Beispiel Vergnügen, sich mit den Stammgästen der Petersburger Vergnügungslokale zu unterhalten, die sich dabei oft recht ungeziemend benahmen. Ich will einzelne Fälle dieser Art hier nicht erzählen, möchte aber nur erwähnen, daß der Zar großen Gefallen an dem Rumänen Gulesko fand.
Der Hauptgrund dafür war, daß Gulesko ein lustiges Lied gedichtet hatte, das von den Offizieren des Zarengefolges handelte, die in einem Freudenhaus die Bezahlung vergessen hatten. Das Lied schloß mit dem Refrain: „Gib mir meine drei Rubel!" und der Zar lachte viel darüber.
Der jüngere Bruder des Zaren, Georg, der bis zur Geburt Alexejs Thronfolger war, starb in Abbastuman (im Kaukasus) an der Tuberkulose. Die unmittelbare Todesursache war eine

Überanstrengung durch eine Wettfahrt zu Rade, an der teilzunehmen er von seinem Begleiter Hellström überredet worden war. Hellström, der es in der russischen Marine zum Kapitän 2. Ranges gebracht hatte, galt als illegitimer Sohn (des Kaisers) Alexander III. von einer Hofdame und war ihm auffallend ähnlich. Die verwitwete Kaiserin-Mutter Maria konnte ihn nie ohne Erregung sehen. Er erhielt vom Hofministerium eine kaiserliche Pension und außerdem noch oft Geldzuschüsse von der Kaiserin-Witwe und vom Großfürsten Michael. Die Kaiserin-Mutter Maria war auf ihn wegen seiner Schuld am Tode des Großfürsten sehr schlecht zu sprechen, empfing ihn aber trotzdem häufig. Er pflegte stets auf seine illegitime Geburt zu schimpfen, die ihn des Anrechts auf den Zarenthron beraubte, und führte ein überaus leichtsinniges Leben.

Zwei kaiserliche Höfe

Zwischen dem Hofstaat des Zaren Nikolaus II. und dem seiner Mutter — der alten Kaiserin — bestand eine heftige, unerbittliche Feindschaft, deren Folgen sich als verhängnisvoll erwiesen haben. Fast die ganze Verwandtschaft des Zaren befand sich auf seiten des alten Hofes.
Die Feindschaft zwischen den beiden Kaiserhöfen stammte nicht erst aus der Zeit Rasputins, sondern war bedeutend älter. Die Anfänge dieser Feindschaft erklärten Kenner der Verhältnisse damit, daß die alte Zarin ihren ältesten Sohn nicht auf dem Thron gewünscht hatte. Man erzählte sogar, daß in der Krim eine Verschwörung angezettelt gewesen wäre mit dem Ziel, den zweiten Sohn Alexanders III., Georg, den Liebling seiner Mutter, auf den Thron zu bringen. An der Verschwörung sollten sogar gewisse Gardetruppen sich beteiligen. Der Plan wurde jedoch aus irgendwelchen Gründen nicht durchgeführt.
Es war kein Geheimnis, daß die ganze Verwandtschaft des Zaren dagegen war, dem Volke das Recht der Teilnahme an

Abb. 1. Die Zarin mit dem Thronfolger

Abb. 2. Simanowitsch

Abb. 1. Die Zarin mit dem Thronfolger

Abb. 2. Simanowitsch

Abb. 3. Die Montenegrinerinnen

Abb. 4. Ein russischer Starez

Abb. 5. Grigorij Rasputin

Abb. 6. Der Zesarewitsch

Abb. 7. Demonstration jüdischer Schankwirte aus Galizien vor dem Wiener Parlament gegen den Verlust ihrer Konzessionen

Abb. 8. Die Töchter des Zaren

der Regierung zu gewähren. Als Nikolaus II. trotzdem im Jahre 1905 die neue Verfassung unterzeichnete, rief das einen Entrüstungssturm hervor. Dieses Verhalten seiner Verwandten war zweifellos sehr schuld an der schwankenden Politik des Zaren in den nachfolgenden Jahren. Das bestätigte mir auch wiederholt der Schöpfer der Verfassung von 1905, Graf Witte, der selber die Rache des alten Hofes fürchtete. Jedermann in Zarskoje Selo wußte, daß die Kaiserin-Mutter und die Verwandten vom Zaren unter Hinweis auf das Versprechen, das er seinem Vater gegeben hatte, unbedingte Aufrechterhaltung der absoluten Selbstherrschaft verlangten. Man deutete ihm sogar recht offen an, die Sache könne andernfalls ein sehr schlechtes Ende für ihn nehmen. Diese Verhältnisse veranlaßten einige Freunde, dem Zaren nahezulegen, eine zweite Eidesleistung auf den Kaiser von seiner Verwandtschaft zu fordern.

Alle Anhänger des Zaren, die ihm in seinem Kampfe gegen den Alten Hof treu zur Seite standen, tadelten ihn wegen seiner Nachsicht gegenüber seinen erklärten Feinden. Auch Rasputin war in dieser Beziehung mit dem Zaren wenig einverstanden. Er wußte, daß seine nahen Beziehungen zu Nikolaus als eine gefährliche Waffe gegen diesen benutzt wurden, und war überzeugt, daß die Verwandten des Zaren ihn nicht weniger haßten als den Zaren selber. Das machte Rasputin zum erbittertsten Feinde des alten Hofes und der ganzen Zarenverwandtschaft. Er nahm jede Gelegenheit wahr, den Zaren gegen die Großfürsten aufzustacheln, aber Nikolaus wagte es nicht, ernste Maßnahmen gegen seine Verwandten zu ergreifen. Er fürchtete sie und suchte alle Mißverständnisse und Streitigkeiten friedlich beizulegen. Rasputin verbarg seine Unzufriedenheit hierüber nicht und machte dem Zaren scharfe Vorwürfe.

„Warum handelst du nicht, wie ein Zar handeln soll? Du bist doch der Zar. Wäre ich der Zar, so würde ich zeigen, wie ein Zar zu handeln hat und wie man's macht. Niemand denkt an dich, niemand braucht dich. Alle suchen dich einzuschüchtern. Deine Verwandten werden dich umbringen. Du verstehst es

nicht, die Leute für dich zu gewinnen. Alle sind mit dir verfeindet. Du aber schweigst nur . . ."
So ungefähr sprach Rasputin mit dem Zaren. Er wollte ihn zum Widerstand bewegen. Der Zar konnte sich aber nicht zum Kampf mit seinen Feinden entschließen. Wenn ein Mitglied des Zarenhauses sich schon ein erhebliches Vergehen zuschulden kommen ließ, so wurde eine Strafe verhängt, doch diese Strafe fiel so außerordentlich milde aus, daß alle sich über die Sanftmut des Zaren wunderten. Seine Schwäche wird am besten durch sein Verhalten nach Rasputins Ermordung gekennzeichnet: er hat nicht einmal den Mut gefunden, die Mörder zur Verantwortung zu ziehen.
Nikolaus II. hatte selbst nicht zu seiner Leibwache Vertrauen. Er witterte immer eine Verschwörung zugunsten des alten Hofes. Daher zog er zum Bewachungsdienst auch Tataren und Georgier heran. Ihn persönlich bewachten immer kaukasische Fürsten. Er liebte sie, und er war ruhiger, seitdem sie am Hofe Dienst taten.
Die Anregung zur Heranziehung der Kaukasier zum Wachtdienst ging von der Kaiserin-Mutter aus. Sie hoffte, sie würden ihr helfen, ihren zweiten Sohn Georg auf den Thron zu bringen. Nikolaus II. kam ihr jedoch zuvor und brachte die Georgier auf seine Seite.
Der Zar kannte die Schwächen seiner Getreuen. Er beobachtete, daß sie nicht besonders kultiviert waren und eine Neigung zu Zechgelagen und Ausschweifungen hatten. Doch dafür durfte er sicher sein, daß jeder von ihnen ohne Zögern sein Leben für ihn opfern und auf seinen Befehl jeden ohne Unterschied niederschießen würde. Er rühmte sich dessen, und die Kaukasier standen hoch in seiner Gunst. Sie führten ein herrliches Leben bei ihm, mißbrauchten aber auch oft seine Nachsicht. Er bezahlte häufig ihre Spielschulden, und ihre Streiche amüsierten ihn sogar. Der Liebling des Zaren, Fürst Dadiani, überraschte den Zaren nach irgendeiner Zecherei mit der Mitteilung, er habe seine Achselstücke versetzt, das bedeutete, daß er sein Ehrenwort verpfändet hätte, eine Spielschuld zu begleichen.

Nikolaus drückte oft wohlwollend ein Auge zu gegenüber solchen Affären seiner Lieblinge.

Es kam vor, daß Offiziere aus dem Gefolge des Zaren Skandalgeschichten in allerhand Vergnügungslokalen provozierten; doch waren sie dem Zaren mit Leib und Seele ergeben. Es war ein Glück für den General Rußkij und die Abgeordneten Schulgin und Gutschkow, daß kein Kaukasier zugegen war, als sie an den Zaren die Forderung der Abdankung vom Zarenthron stellten. Ohne Zweifel wäre keiner dieser Herren mit dem Leben davongekommen. Man erzählt sich, General Rußkij habe den Zaren sogar mit seinem Revolver bedroht. So etwas konnte nur der immer betrunkene Palastkommandant Wojeikow dulden.

Ich unterhielt zu allen Offizieren des Zarengefolges die allerbesten freundschaftlichen Beziehungen.

Eines Tages übermittelten mir die wachhabenden Offiziere eine Einladung in die Wachtstube des Zarenpalais, wo ein Kartenspiel zustande kommen sollte. Ich folgte dieser Einladung, und wir spielten Makao. Da erschien plötzlich der Zar im Nachtanzug. Er war anfangs unwillig und tadelte uns wegen des Hasardspieles, händigte uns aber gleich darauf Rollen mit neuen Zwanzigkopekenstücken zu je zehn Rubeln ein und setzte sich mit an den Spieltisch.

Das Geheimnis um die Geburt des Thronfolgers

Der Bericht über die Geburt des Zesarewitsch, den ich erhielt, ist so phantastisch, daß es tatsächlich nicht leicht fällt, ihn zu glauben. Ich habe ihn aber von Personen gehört, die unbedingtes Vertrauen verdienen.

Bekanntlich brachte die Zarin in den ersten Jahren ihrer Ehe nur Töchter zur Welt. Dies war Anlaß zu vielen spöttischen Bemerkungen. Schließlich gab das Zarenpaar die Hoffnung auf die Möglichkeit der Geburt eines Sohnes fast ganz auf. Der Zar schob die Schuld daran, daß seine Gattin nur Mädchen gebar, sich selber zu, ein Gedanke, der ihm wahrscheinlich von irgendeinem Geisterseher beigebracht worden war. Er soll daher zu dem unglaublichen Entschluß gekommen sein, für einige Zeit auf seine ehelichen Ansprüche zu verzichten und die Gattin einem anderen Manne zu überlassen. Die Hoffnung, er könnte durch die Geburt eines Sohnes die Pläne seiner Verwandten, die bereits die Möglichkeit seiner Absetzung vom Throne erwogen, durchkreuzen, konnte wohl bestimmend für ihn gewesen sein.

Die Wahl der Zarin fiel auf den Kommandeur des Ulanenregiments der Kaiserin, General von Orlow, einen bildschönen Mann, der zu dieser Zeit überdies Witwer war. Die Zarin trat, so wurde behauptet, mit Einwilligung ihres Gemahls in intime Beziehungen zu Orlow. Der Zweck dieser Verbindung wurde erreicht, und die Zarin gebar einen Sohn, der bei der Taufe den Namen Alexej erhielt.

Nun aber faßte sie, so hieß es weiter, zu dem ihr aufgezwungenen Liebhaber eine leidenschaftliche Zuneigung; der Vater ihres Sohnes, an dem sie mit krankhafter Mutterliebe hing, hatte auch ihr Frauenherz erobert.

Nikolaus II. aber war auf einen derartigen Ausgang des Versuchs, einen Thronfolger zu bekommen, nicht vorbereitet gewesen.

Die Entbindung verlief schwer und machte eine Operation notwendig, da das Kind nicht die normale Lage hatte. Da die Zarin aber mit ihrem Leibarzt, Professor Ott, sehr unzufrieden war, wurde auch der Leibarzt Timofejew, obwohl er kein Frauenarzt war, zu Rate gezogen. Er unterrichtete Nikolaus II. über die gefährliche Situation und fragte ihn, ob im Notfalle die Mutter oder das Kind gerettet werden sollte.

Der Zar antwortete: „Ist es ein Knabe, so retten sie ihn, und opfern sie die Mutter!" Dank der Operation jedoch gelang es, sowohl das Kind als auch die Mutter am Leben zu erhalten. Die Operation wurde jedoch mit Ungeschick ausgeführt, und dies hatte zur Folge, daß sie aufhörte, eine Frau zu sein. Daß sie im Notfalle bei der Geburt hätte geopfert werden sollen, wurde der Zarin bekannt und machte einen niederschmetternden Eindruck auf sie. Ihre Beziehungen zu Orlow dauerten fort. Es drohte ein offener Skandal, und der Zar entschloß sich, Orlow nach Ägypten zu schicken. Vor der Abreise lud er ihn zum Abendessen ein. Was sich dabei zwischen dem Zaren und Orlow abspielte, habe ich nicht ermitteln können. Es wurde mir aber erzählt, daß Orlow nach dem Essen aus dem Palast im bewußtlosen Zustand hinausgetragen wurde. Er wurde daraufhin beschleunigt nach Nordafrika abgefertigt, erreichte aber nicht sein Ziel, sondern starb unterwegs. Seine Leiche wurde nach Petersburg zurückgebracht und sehr feierlich in Zarskoje Selo beerdigt. Die Zarin war überzeugt, daß Nikolaus die Schuld am Tode Orlows trug, und konnte das nie vergessen.

Der Schmerz der Zarin ging über ihre Kräfte, und sie blieb ihrem Manne für lange Zeit fremd. Später freilich stellten sich allmählich die guten Beziehungen wieder her, aber es kam immerhin vor, daß sie gelegentlich nicht mit ihrem Gatten sprach.

An solchen Tagen sandten sie einander Briefe durch nahestehende Personen. Der Flügeladjutant Sablin, Kommandant der Zarenjacht „Standard", war in solchen Fällen der Friedensstifter, und der Zar und die Zarin machten dann wieder den Eindruck innerlich verbundener Menschen. Sie hatte von jeher einen starken Einfluß auf ihn. Aber freilich, wer hatte den nicht?

Nach dem tragischen Tode Orlows besuchte die Zarin ein ganzes Jahr hindurch sein Grab und schmückte es mit prachtvollen Blumen. Auf dem Grabhügel weinte sie viel und betete dort. Der Zar hinderte sie nicht daran.

Seit jener Zeit litt sie oft an heftigen hysterischen Anfällen.

Das Attentat auf den Thronfolger

Man kann ein schreckliches Ereignis, das sich in Zarskoje Selo ereignete, nicht mit Stillschweigen übergehen, zumal es den

Ausgangspunkt der späteren Verwicklungen bildet. In diesem Zusammenhang denke man an die Krankheit des Thronfolgers, die Absonderlichkeiten der Zarin und an andere ungesunde Erscheinungen, zu denen man die Geschichte mit Rasputin, die Schwärmerei für spiritistische Phänomene und das Interesse für Menschen mit übernatürlichen Fähigkeiten zählen kann.
Es ist möglich, daß die krankhafte Spannung, die am Zarenhof herrschte, noch andere Ursachen hatte; jedenfalls aber spielte das Ereignis, von dem jetzt die Rede ist, dabei eine hervorragende Rolle.
Ich kenne die Einzelheiten des furchtbaren Vorgangs aus erster Quelle. In Rußland ist, soviel ich weiß, nie etwas darüber in die Öffentlichkeit gedrungen. Ich will und werde darum keine Anschuldigungen gegen bestimmte Personen erheben. Die Richtigkeit meiner Informationen wurde mir aber wie von anderen selbst von Rasputin bestätigt, für den es sogar beim Hofe des Zaren keine Geheimnisse gab.
Viele meiner Leser kennen wahrscheinlich die Photographie des Zesarewitsch, auf welcher man ihn auf den Armen seines Wärters, eines stämmigen Matrosen, sieht. Seinerzeit wurde erzählt, der Zesarewitsch sei auf der kaiserlichen Jacht „Standard" zu Fall gekommen und habe sich dabei den Fuß verletzt. Bald darauf teilten die Zeitungen mit, daß der Kapitän der „Standard", Konteradmiral Tschagin — er war der Vorgänger Sablins —, sich durch einen Gewehrschuß das Leben genommen hätte. Den Selbstmord Tschagins brachte man in Zusammenhang mit dem Unfall des Zesarewitsch. Man erzählte sich damals, Admiral Tschagin wäre dadurch in den Tod getrieben, daß dem Zesarewitsch auf dem von ihm befehligten Schiff ein Unfall zugestoßen wäre.
Trotzdem konnte dies kein ausreichender Grund für einen Selbstmord sein. Nach meinen Informationen hat sich auf der kaiserlichen Jacht überhaupt kein Unfall des Zesarewitsch ereignet; der Knabe war vielmehr das Opfer eines Anschlags in Zarskoje Selo. Man erzählte mir, Verwandte des Zaren hätten sich an den Admiral Tschagin mit der Bitte gewandt, er

möchte zwei Matrosen für den Dienst im kaiserlichen Schloß in Zarskoje Selo empfehlen. Sie sollten als gewöhnliche Schwarzarbeiter eingestellt werden. Es war beim Zarenhof üblich, selbst für die einfachsten Arbeiten nur Leute zu wählen, die bereits in einem der anderen Paläste oder in bekannten Häusern beschäftigt worden waren; das war in der Tat die beste Methode, um ein zuverlässiges Hofpersonal auszulesen.

Die beiden von Admiral Tschagin empfohlenen Matrosen waren denn auch vorher im Anitschkow-Palais als Gartenarbeiter tätig gewesen. In Zarskoje Selo stellte man sie ebenfalls als Gartenarbeiter an. Niemand konnte auch nur auf die Idee kommen, daß beide Matrosen den Auftrag hätten, den Zesarewitsch umzubringen. Der Knabe spielte eines Tages in Begleitung eines kaiserlichen Kammerdieners im Garten des Schlosses, wo gerade die beiden Matrosen mit dem Beschneiden der Sträucher beschäftigt waren. Da warf sich der eine von ihnen mit einem großen Messer auf den kleinen Alexej und stieß es ihm ins Bein. Der Zesarewitsch schrie auf. Der Matrose floh. Der Kammerdiener, der sich in der Nähe befand, erreichte den Fliehenden und erwürgte ihn auf der Stelle.
Der andere Matrose wurde ebenfalls ergriffen und auf Befehl des Zaren ohne jedes Gerichtsverfahren erhängt.
Man stellte fest, daß die Matrosen durch Vermittlung des Admirals Tschagin ins Zarenpalais geraten waren. Der Fall erschütterte den Admiral derart, daß er sich das Leben nahm; denn der Gedanke, er könnte einer Beteiligung an dem Anschlag auf den Zesarewitsch verdächtigt werden, war ihm unerträglich. Er füllte den Gewehrlauf mit Wasser und schoß sich in den Mund. Sein Kopf wurde buchstäblich in Stücke zerrissen. Tschagin hinterließ einen Brief an den Zaren, in dem er den ganzen Zusammenhang darlegte.
Nach dem Attentat machte das Zarenpaar eine furchtbare Zeit durch. Der Zustand Alexejs war gefahrdrohend, die Besserung schritt nur langsam fort. Die Eltern bangten von nun an immer um das Leben des Sohnes. Sie befürchteten weitere Anschläge

von ihren Verwandten und wagten ihren Sohn niemandem anzuvertrauen. Die Mutter ließ ihn fast nie von ihrer Seite. Ihre Mutterliebe wurde nahezu krankhaft. Auch der Zar war tief erschüttert und fand keinen Ausweg. Dadurch erklärt sich vieles in seinen sonderbaren Handlungen.

Die gesamte Regierungszeit Nikolaus II. war voller Ereignisse, wie sie in einen Sensationsroman passen. Der Kaiser übertraf in dieser Hinsicht alle seine Vorgänger. An vielem war er selber schuld, und manches liegt auf seinem Gewissen.

Eine ganze Lawine an Bluttaten und Verbrechen hat sich unter seiner Beteiligung zusammengeballt und harrt zum Teil noch der Aufklärung. Ich muß diese Aufgabe dem künftigen Geschichtsschreiber überlassen und will mich darauf beschränken, meine Eindrücke und Beobachtungen aus dem letzten Jahrzehnt vor der Revolution zu erzählen. Es ist sehr schwer, die Tatsachen von den Legenden zu trennen, von denen sie umwoben sind. So steht es auch mit den Ereignissen um die Geburt des Zesarewitsch.

4. „Judenemanzipation"

Das jüdische Problem

Ich hatte damals eine umfassende Organisation zur Sammlung von Informationen über die Lage der Juden in allen Teilen Rußlands geschaffen. In den letzten Jahren vor der Revolution war diese Arbeit beendet. Ich sparte dabei nicht mit Mitteln. Bei mir wurden alle Rabbiner, alle jüdischen Politiker, alle Kaufleute, ja selbst die jüdischen Studenten registriert. Ich war orientiert nicht nur über die politische Lage und das gesellschaftliche Leben der Juden, sondern wußte auch viel über das Privatleben bekannter jüdischer Persönlichkeiten. Damit imponierte ich am meisten meinen Klienten, wenn sie sich an mich wandten. Meistens wußte ich schon im voraus, welche Angelegenheit sie zu mir führte, was um so größeren Eindruck machte. Täglich kamen Juden aus allen Enden Rußlands zu mir. Sie erwarteten von mir Hilfe und Beistand in allen möglichen Angelegenheiten. Um helfen zu können, knüpfte ich mit allen zuständigen Behörden gute Beziehungen an, und ich muß sagen, daß es in Rußland wohl keine Behörde gegeben hat, in der ich nicht meine Ziele durchsetzen konnte.

Die meiste Arbeit machte mir die jüdische Jugend. Juden wurden bekanntlich in höhere Schulen und Universitäten Rußlands nur in sehr beschränkter Zahl aufgenommen. Die Überwindung dieser Schranken war sehr schwer und kostete eine Menge Geld. Täglich wurde ich telegraphisch, brieflich und mündlich mit Bitten bestürmt, mich für die jüdische Jugend zu verwenden, die sich in ihrem Bildungsdrang durch die geltenden Gesetze gelähmt sah. Es kam häufig vor, daß Leute Tausende von Kilometern zurücklegten, nur um mit mir beraten zu können. Die meisten unter ihnen waren nicht reich, gaben aber ihr letztes Geld hin, nur um ihren Kindern den Zutritt zu den entsprechenden Lehranstalten zu verschaffen.

Allen, die an mich herantraten, erteilte ich genaue Auskunft darüber, an wen sie sich wenden und was sie unternehmen sollten. Damit war es aber noch nicht genug. In der Mehrzahl der Fälle mußte ich noch persönlich vorstellig werden. Zu diesem Zweck versorgte ich mich mit Empfehlungsbriefen von Rasputin an einflußreiche Personen, an bekannte Petersburger Professoren, Hofdamen, hohe Geistliche usw. Die Bitten um Aufnahme eines oder mehrerer Juden in die höchsten Lehranstalten wurden vielfach sogar im Namen der Kaiserin vorgetragen.

Vor Beginn des Semesters suchten mich alljährlich ganze Gruppen junger Juden auf, die an der Petersburger Universität oder an anderen Hochschulen zugelassen werden wollten. Ich versah sie mit Briefen Rasputins, führte sie zu den Ministern und teilte ihnen mit, die Zarin befürworte diese Gesuche. Gewöhnlich wurden dann die jungen Leute ohne Rücksicht auf die festgesetzte Norm in die Anstalten aufgenommen. Ich selbst diktierte die Briefe Rasputins, und sie lauteten ungefähr folgendermaßen:

„Lieber, teurer Minister, Mama (d. h. die Zarin) wünscht, daß diese jüdischen Schüler in ihrer Heimat studieren und daß sie nicht ins Ausland zu reisen brauchen, wo sie Revolutionäre werden. Sie sollen zu Hause bleiben. Grigorij."

Auch die Beschränkung des Wohnrechts der Juden machte mir viel zu schaffen. Ich bekam täglich Telegramme aus der Provinz mit dem Ersuchen, den Absendern die Erlaubnis zu erwirken, sich z. B. in Petersburg oder in Moskau niederzulassen oder eine Geschäftsreise außerhalb des erlaubten Bezirks zu unternehmen. Zur Erledigung dieser Gesuche hatte ich ein besonderes Büro und baute eine große Spezialorganisation aus. Unter diesen Umständen konnte ich, solange ich in Petersburg Einfluß hatte, durchsetzen, daß alle meine Schützlinge ruhig in Petersburg leben konnten. Die Aufenthaltserlaubnis verschaffte ich ausnahmslos allen Juden, die sich an mich wandten.

Die jüdischen Handwerker hatten das Recht, überall zu wohnen, wo sie ihr Handwerk ausüben wollten. Alle Juden, die von diesem Recht Gebrauch machen wollten, wurden einer Prüfung unterzogen, die keine besonderen Schwierigkeiten aufwies. Darum gab ich mir viel Mühe, in der Petersburger Handwerkskammer festen Fuß zu fassen, die in dieser Frage zuständig war. Schließlich erreichte ich es, daß ich bei den Wahlen des Vorstandes der Kammer einen entscheidenden Einfluß hatte. Meine Kandidaten wurden immer gewählt und waren dann meine treuen Mitarbeiter.

Ich besorgte das Wohnrecht nicht nur Leuten, die wirklich ein Handwerk betreiben wollten, sondern auch solchen, die gar keine Vorstellung von dem Handwerk hatten, in dem man sie prüfte. Sie trugen sich in die Register als Untermieter (Gesellen) ein. Als Juwelier konnte ich selbst auch Gesellen halten und machte davon sehr weitgehend Gebrauch, obgleich ich in Petersburg keine Werkstatt hatte. In meiner Wohnung befanden sich mehrere Arbeitsbänke, aber nie wurde hier gearbeitet. Meine „Gesellen" betrieben alle möglichen Geschäfte, nur nicht das Juwelierhandwerk. Unter ihnen waren Schauspieler, Schriftsteller, Lehrer und andere. Als der Innenminister Chwostow mich, wie ich später noch erzählen werde, nach dem (nordsibirischen) Narymgebiet verbannte, rief dies unter meinen erwähnten Schützlingen eine wahre Panik hervor. Alle fürchteten, man würde sie ebenfalls ausweisen. Aber ich kehrte in kürzester Zeit zurück und wurde bei meiner Ankunft von einer ganzen Schar mich stürmisch begrüßender Juden empfangen. Sie freuten sich nicht nur um meinet- und ihretwillen, sondern auch über die Tatsache, daß ein einfacher Jude aus dem Kampf mit dem allmächtigen Innenminister als Sieger hervorgehen konnte.

Meine Rückkehr aus der Verbannung lieferte den sprechendsten Beweis dafür, daß ich beim Zaren in hoher Gunst stand. Aus diesem Anlaß bekam ich viele Glückwunschtelegramme aus allen Teilen Rußlands.

Der Grund meines Einflusses war nur sehr wenigen bekannt. Abenteuerliche Legenden bildeten sich um meine Person. Die einen vermuteten, ich sei eine Art Minister für jüdische Angelegenheiten, die anderen hielten mich für einen Vertreter der amerikanischen Juden.
Drohte in irgendeiner Gegend ein Judenpogrom, so wurde ich durch meinen dortigen Korrespondenten davon benachrichtigt. Der Text des vorher verabredeten Telegramms lautete: „**Wir beunruhigen uns über Ihr Befinden. Telegraphieren Sie!**"
Nach Empfang eines solchen Telegramms machte ich meinen Einfluß bei den Zentralen geltend, um die Lokalbehörden zur Abstellung der judenfeindlichen Propaganda zu veranlassen. Es gelang mir auf diese Weise, Pogrome in Minsk, wo Giers, und in Wilna, wo Lubimow Gouverneur war, abzuwenden. Sobald ich Resultate erzielt hatte, schickte ich an den Rabbiner oder einen anderen bekannten Juden in der bedrohten Stadt das wieder vereinbarte Telegramm:
„**Hoffe morgen gesund zu sein. Gebe sofort Nachricht, sobald Haus verlassen kann.**" Das bedeutete, daß dem Gouverneur und den Polizeibehörden durch dringende Depeschen vorgeschrieben worden war, gegen die Pogromhetze einzuschreiten. In solchen Fällen wies auf mein Betreiben der Direktor des Polizeidepartements den betreffenden Gouverneur an, die bedrohte Gegend persönlich in Augenschein zu nehmen und persönlich die jüdische Bevölkerung zu beruhigen. Das geschah gewöhnlich in der Form, daß der Gouverneur den Rabbiner und einige Vertreter der jüdischen Bevölkerung zu sich bitten ließ und sie versicherte, er werde keinen Pogrom dulden.
Außer den Handwerkern hatten auch jüdische Kaufleute das Recht, außerhalb des Ansiedlungsbezirks zu wohnen oder Geschäftsreisen zu unternehmen. Es war mir ein leichtes, ihnen die Einreiseerlaubnis nach Petersburg zu erwirken. Zuweilen kam es aber auch vor, daß der Bittsteller gar kein formales Recht zur Übersiedlung nach Petersburg hatte. Dann

ließ ich ihn telegraphisch zwei Gesuche einreichen, das eine an mich, das andere an das Petersburger Stadthaupt. Ich telegraphierte darauf dem Bittsteller zurück:
„**Sie werden benachrichtigt werden, daß Sie bis auf weiteres der Kanzlei des Stadthauptes zugeteilt sind.**"
Dieses Verfahren wurde vom Stadthaupt besonders dann in Anwendung gebracht, wenn es nicht möglich war, auf anderem Wege die Gesetze über die Beschränkung des jüdischen Wohnrechts zu umgehen. Die angeblich der Kanzlei des Stadthauptes zugeteilten Juden konnten mit ihren Familien ungehindert in Petersburg leben.

Rasputin und die Juden

Selbstverständlich war mir meine Freundschaft mit Rasputin bei der Erledigung jüdischer Bittgesuche, die bald den größten Teil meiner Zeit in Anspruch nahm und zu meiner Hauptbeschäftigung wurde, von größtem Wert. Er versagte mir nie seine Unterstützung.
Gewiß, in der ersten Zeit legte er den jüdischen Angelegenheiten gegenüber eine gewisse Zurückhaltung an den Tag. Ich fand bei ihm leichter Gehör, wenn es sich um andere Dinge handelte, und ich hatte den Eindruck, er sei mit der jüdischen Frage wenig vertraut.
Er erzählte mir auch oft, der Zar beschwere sich über die Juden. Da die Minister immer von einer jüdischen Bedrohung sprachen und von der Teilnahme der Juden an der revolutionären Bewegung, machte sich der Zar hierüber schwere Sorgen und wußte nicht, was er mit den Juden anfangen sollte.
Das war eine kurze, aber für die Juden sehr gefährliche Zeit. Schon fürchtete ich, daß Rasputin Antisemit werden würde, und spannte alle geistigen Kräfte und meine ganze Energie an, um seine Gedanken auf eine andere Bahn zu lenken.
Ich mußte gewissermaßen einen Kampf gegen den Einfluß des Zaren auf Rasputin führen, denn Nikolaus weihte ihn in alle

seine Sorgen ein und schalt stets auf die Juden. Es ging nun darum, ob Rasputin meiner Erklärung der jüdischen Frage oder den Beschwerden des Zaren mehr Gehör leihen würde. Die Vertreter der jüdischen Gesellschaft, die ich in diese gefährliche Situation einweihen zu müssen glaubte, hatten die schwersten Befürchtungen und machten es mir zur Pflicht, alles zu tun, um den Anschluß Rasputins an den Antisemitismus zu verhindern.

Wir waren uns alle vollkommen klar, daß eine derartige Wendung entsetzliche Folgen haben mußte.

Damals stand Rasputin schon auf der Höhe seines Ruhmes, und der Zar befand sich ganz unter seinem Einfluß. Nikolaus begeisterte sich damals für die Schaffung reaktionärer Organisationen und wurde selbst Mitglied des Verbandes des russischen Volkes, der Judenpogrome veranstaltete. Hätte sich Rasputin den reaktionären Führern angeschlossen, die ihn sehr umwarben, so wäre für die Juden die letzte Zeit angebrochen. Sein gesunder Menschenverstand aber gewann die Oberhand. Er wurde ein Freund und Gönner der Juden und unterstützte rückhaltlos mein Bestreben, ihre Lage zu erleichtern.

Die leitenden jüdischen Kreise wurden von großem Vertrauen zu mir und meiner Wirksamkeit durchdrungen. Sie begriffen, daß ich mit meinen Beziehungen und mit meiner Begabung die führenden Regierungskreise beeinflussen könnte, die jüdische Frage in einem positiven Sinne zu lösen.

Ich hatte mit hervorragenden Vertretern der Judenschaft viele Konferenzen, und man wies mir die Aufgabe zu, die Gleichberechtigung der jüdischen Bevölkerung anzustreben und, wenn möglich, durchzusetzen. Das bedeutete zugleich eine Anerkennung der Mittel und Wege, die ich einschlug, um dieses Ziel zu erreichen.

Ich übernahm den Auftrag, konnte ihn aber nicht mehr ausführen, da die Revolution mir zuvorkam. In jedem Falle bin ich stolz darauf, daß es mir vergönnt war, den Juden in einer so schweren Zeit zu helfen und ihr hartes Los etwas zu erleichtern.

Der wärmste und energischste Verteidiger des Judentums war Moses Ginzburg, der in Port Arthur ein großes Vermögen erworben hatte und sich in Petersburg mit jüdischen Fragen und Angelegenheiten befaßte.

Ginzburg ersuchte mich gelegentlich während des Krieges telephonisch, zu ihm zu kommen, da er eine wichtige Sache mit mir zu besprechen habe. Ich traf ihn sehr besorgt an. Er erklärte mir, die Lage der Judenfrage gebe zu den äußersten Befürchtungen Anlaß, und man müsse sofort Schritte unternehmen, um die drohende Gefahr abzuwenden. Vor allem müsse den furchtbaren Judenverfolgungen im Gebiet der Kriegsoperationen ein Ende gemacht werden.

Ginzburg unterstrich, daß der Krieg eine wesentliche Verschlimmerung der Judenfrage herbeigeführt habe. Man gewinne den Eindruck, der Oberbefehlshaber Nikolai Nikolajewitsch wolle die Gelegenheit benutzen, die Juden vollkommen auszurotten. Die Lage werde mit jedem Tage schlimmer. Die ganze Judenschaft habe begriffen, daß die Stunde gekommen sei, da man endlich energisch den Verfolgern des Judentums entgegentreten müsse. Der Moment sei sehr günstig, da in Petersburg ausgezeichnete Beziehungen vorhanden wären. Man müsse diese Beziehungen nicht nur zur Hilfe für einzelne Juden, sondern im Interesse des ganzen jüdischen Volkes ausnutzen. Die jüdische Gesellschaft habe beschlossen, alle ihre Beziehungen, Mittel und Kräfte in Bewegung zu setzen, um die Gleichberechtigung der Juden durchzuführen. An Geld werde es nicht fehlen. Die Juden wären entschlossen, in dieser Sache enorme Geldsummen zu spenden. Ich könne, falls ich die jüdische Gleichberechtigung durchsetze, der reichste Mann Rußlands werden, außerdem würde mein Name in die jüdischen Gedenkbücher („Pinkes") eingetragen werden.

„Du hast ausgezeichnete Beziehungen", so sprach Ginzburg, „und hast Zutritt zu solchen Stellen, die bisher noch nie ein jüdischer Fuß betreten hat. Nimm Rasputin zu Hilfe, mit dem du dich so gut und intim stehst. Es wäre eine Sünde, sich eine so gute Gelegenheit entgehen zu lassen. Ich bin zu der Überzeugung gekommen, daß Rasputin alles durchsetzen kann, was er will. Er ist imstande, alle Minister umzustimmen. Wir können nicht dulden, daß Nikolai Nikolajewitsch und seine Helfershelfer die unglücklichen Juden im Gebiet der Kriegsoperationen morden und ausplündern, und daß die Juden in ganz Rußland so hart bedrängt werden. Du bekommst von uns alles, was du für deine Zwecke brauchst. Mach dich sofort an die Arbeit, und wenn du ein Opfer deiner Bemühungen wirst, dann wird das ganze jüdische Volk mit dir zugrunde gehen."

Die Unterredung mit Ginzburg hat auf mich einen tiefen Eindruck gemacht. Ich versprach ihm, mich ganz dem Kampfe für das Recht und die Interessen meines Volkes zu widmen, und wir hielten Rat über die zu unternehmenden Schritte. Die Lage war ernst und erforderte äußerste Vorsicht. Wir sahen ein, daß wir erst die Minister auf unsere Seite bringen mußten, um die erforderlichen Maßnahmen beim Zaren durchzusetzen.

Ich schlug vor, eine Konferenz der jüdischen Vertreter mit Rasputin zusammenzuberufen, damit sie persönlich die Stellung Rasputins zur Judenfrage kennenlernen. Ginzburg billigte meinen Vorschlag. Daraufhin suchte ich Rasputin auf und teilte ihm mit, daß wir alle auf seinen Beistand im Kampfe um die Gleichberechtigung der Juden hofften. Er äußerte sein volles Einverständnis, erklärte sich auch bereit, an der Konferenz mit den Vertretern der Juden teilzunehmen. Diese fand im Hause Ginzburgs statt, und ich brachte zu festgesetzter Stunde Rasputin dahin.

Viele hervorragende Vertreter des Judentums versammelten sich dort, darunter der durch seine Wohltätigkeit bekannte Baron Ginzburg, der Vereidigte Rechtsanwalt Sliosberg, Leo Brodski, Gerassim Schalit, Samuel Gurewitsch, Bankdirektor Mandel, Warschawski, Poljakow und andere.

Absichtlich wurden außer Sliosberg keine Rechtsanwälte zu der Konferenz hinzugezogen, da Rasputin erklärt hatte, er wolle mit Rechtsanwälten und Sozialisten nicht verhandeln. Mit Sliosberg machte ich eine Ausnahme, weil Rasputin gegen ihn nichts einzuwenden hatte. Er hielt ihn für einen guten Juden, bei dem es auf seine Betätigung als Rechtsanwalt nicht weiter ankomme.

Die Anwesenden bereiteten Rasputin bei seinem Erscheinen im Salon Ginzburg einen besonders feierlichen Empfang. Viele der ihn Begrüßenden weinten.

Rasputin war durch diesen Empfang sehr gerührt. Er hörte unsere Klagen über die Verfolgungen der Juden sehr aufmerksam an und versprach, alles daranzusetzen, daß die Gleichberechtigung der Juden noch zu seinen Lebzeiten erreicht werde. Er fügte hinzu:

„Ihr alle müßt Simanowitsch helfen, damit er die Leute bestechen kann, auf die es ankommt. Macht es so, wie es eure Väter taten, die sogar Finanzgeschäfte mit den Zaren abzuschließen verstanden. Was ist aus euch geworden! Ihr handelt schon jetzt nicht mehr so, wie es eure Großväter zu tun pflegten. Die jüdische Frage muß durch Bestechung oder List gelöst werden. Was mich angeht, so könnt ihr ganz beruhigt sein. Ich werde euch jede Hilfe gewähren."

Diese Begegnung mit dem beim Zaren allmächtigen Rasputin machte auf alle anwesenden Juden einen ungeheuren Eindruck. Sie begannen zu hoffen, daß unser Unternehmen Erfolg haben müsse.

An die Konferenz schloß sich ein Abendessen. Rasputin schickte sich an, neben der jungen hübschen Frau Ginzburgs Platz zu nehmen. Der Hausherr, dem der Ruf Rasputins als Weiberfreund bekannt war, bat mich, mich zwischen Rasputin und seine Frau zu setzen. Ich erfüllte seinen Wunsch, wodurch sich seine Eifersucht legte. Diese kleine Szene wurde von den anderen Gästen bemerkt, die köstlich darüber lachten.

Rasputin machte nach der Begegnung mit den jüdischen Vertretern schon kein Hehl mehr aus seiner Judenfreundlichkeit und erfüllte den Juden gern ihre Bitten. Ich suchte diese Gesinnung nach Möglichkeit auszunutzen. Oft beklagte er sich über die Gegenwirkung der judenfeindlichen Minister und anderer einflußreicher Personen. Im Zusammenhang damit bat er mich, ihm die Bekanntschaft mit Leuten zu vermitteln, die ihm interessante Informationen über die Judenfrage geben könnten.

Rasputin erzählte bei dieser Gelegenheit, daß der Zar im allgemeinen nicht so judenfeindlich wäre, wie man glaube. Das Wort „J u d e" wirke allerdings unangenehm auf die Zarenfamilie. Die Antipathie gegen die Juden würde den Zarenkindern schon von früher Jugend an durch Kindermädchen und andere Dienstboten eingeimpft. Rasputin erzählte mir, der Innenminister Maklakow pflege den Zesarewitsch beim Spiel mit Worten einzuschüchtern wie: „Warte nur, die Juden werden dich holen!" Der kleine Thronfolger schrie sogar bei solchen Worten vor Angst.

Als wir eine uns zusagende Ministerliste zustande gebracht hatten, begann Rasputin beim Zaren immer häufiger die Judenfrage anzuregen, wobei dieser allerdings eine große Vorsicht äußerte, nicht so sehr wegen seines Antisemitismus wie aus anderen Gründen.

Ich fand selber Gelegenheit, mich beim Zaren für meine Volksgenossen zu verwenden. Es handelte sich um folgendes: Zweihundert jüdische Zahnärzte waren zu Zuchthausstrafen verurteilt, weil sie das zahnärztliche Diplom nur zu dem Zwecke erworben hätten, um die Gesetze der jüdischen Ansiedlungsgrenze zu umgehen. Alle waren sie ehrliche friedliche Menschen; viele von ihnen hatten Familie. Ich beschloß, mich ihrer anzunehmen. Ich lud Vertreter der verurteilten Ärzte zu mir ein und schlug ihnen vor, sie mit Rasputin zusammenzuführen. Als Rasputin kam, flehten alle ihn um Hilfe gegen den Justizminister Schtscheglowitow an. Rasputin war gerührt. Er erwiderte: „Wie soll man euch helfen? Schtscheglowitow ist so starrköpfig, daß er nicht einmal Zarenbefehle ausführt, wenn sie zugunsten der Juden lauten. Ihr müßt

Simanowitsch mit der Sache beauftragen. Er wird Schtescheglowitow überlisten. Reicht ein Gesuch ein!"
Wir beschlossen, das Gnadengesuch am nächsten Sonntag einzureichen. Diesen Tag gedachte Rasputin in Zarskoje Selo zu verbringen, und zwar wollte er morgens dem Frühgottesdienst zusammen mit der Zarenfamilie beiwohnen und dann bei der Wyrubowa frühstücken. Ich fuhr mit. Alles verlief programmmäßig. Zum Frühstück erschien auch der Zar mit seiner ganzen Familie. Er war ausgezeichnet gelaunt. Die Wyrubowa war in unseren Plan eingeweiht und wollte uns helfen. Nach dem Frühstück sagte sie zum Zaren: "Simanowitsch ist auch hier."
Der Zar sprang scherzend vom Tisch auf und rief:
"Er will mich wohl übers Ohr hauen!!"
Er kam zu mir heraus und fragte: "Was willst du?"
Meine Aufregung verbergend sagte ich, daß ich einen Diamanten von hundert Karat habe und ihn verkaufen wolle. Ich hätte diesen Diamanten der Zarin angeboten. Sie finde aber den Preis zu hoch.
"Ich kann während des Krieges keine Brillanten kaufen", sagte der Zar. "Aber du willst offenbar etwas anderes von mir, sprich!"
In diesem Augenblick trat Rasputin zu uns.
Er hörte die letzten Worte des Zaren.
"Du hast es erraten", sagte er zu ihm.
Der Zar hatte anscheinend keine Lust, auf Einzelheiten näher einzugehen. Er ahnte wohl schon, wohin die Sache führte.
"Wieviel Juden?" fragte er nur.
"Zweihundert", antwortete Rasputin.
"Na — ja, ich wußte es ja schon. Gebt das Gesuch her!"
Ich überreichte dem Zaren das Gesuch, das er durchsah. "Ach, diese Zahnzieher!" sagte er. "Aber der Justizminister will von ihrer Begnadigung überhaupt nichts hören."
"Eure Majestät", erwiderte ich, "was soll das heißen: der Minister will nicht? Der Minister darf nicht widersprechen, wenn Eure Majestät befehlen."

Rasputin schlug mit der Faust auf den Tisch und schrie: „Wie kann er sich unterstehen, deine Befehle nicht auszuführen!"
Der Zar wurde sichtlich verlegen.
„Eure Majestät", sagte ich, „ich würde wagen, folgendes vorzuschlagen: Eure Majestät unterzeichnen das Gesuch. Nach Abreise Eurer Majestät werde ich das Gesuch Tanejew (Kanzleichef des Zaren) übergeben, und er wird dann schon das Weitere veranlassen."
Der Zar folgte meinem Rat. Die Zahnärzte wurden begnadigt. Sie veranstalteten eine Geldsammlung, brachten achthundert Rubel zusammen und schenkten Rasputin für dieses Geld einen Zobelpelz.
Ich aber bekam einen jüdischen Honigkuchen, eine Flasche Rotwein und einen silbernen jüdischen Becher.
Mein wachsender Einfluß veranlaßte meine reaktionären Gegner, mich zu beobachten. Sie hofften, auf diese Weise belastendes Material gegen mich zu beschaffen und meinen Bekanntenkreis feststellen zu können.
Um dieser Bespitzelung auszuweichen, empfing ich Personen, die sich in jüdischen Angelegenheiten an mich wandten, nicht in meiner Wohnung. Ich traf sie gewöhnlich in einem der von mir gegründeten Spielklubs, wo ich leichter den Augen meiner Spitzel entgehen konnte. Sehr eigenartig war die Stellung der politischen Polizei in dieser Sache. Auch sie hielt es für erforderlich, mich zu beobachten; zu gleicher Zeit aber wurden auf meine Veranlassung auch die Agenten meiner Gegner von den Agenten der politischen Polizei beobachtet.
Ich muß bemerken, daß ich für meine Tätigkeit zugunsten der Juden nicht eine Kopeke Geld erhielt. Ich lehnte jedes Honorar ab, weil ich nicht meinen Ruf bei den Ministern verderben und meinen Einfluß vermindern wollte; ich zog es daher vor, mir Geld auf andere Weise zu verdienen.

Der Großfürst Nikolai Nikolajewitsch

Für den blutigen Sonntag, den 9. Januar 1905, erhielt Nikolaus II. den Beinamen „der Blutige".

Er hat ihn nicht verdient. Er war ein schwacher, charakterloser Mensch, sein ganzes Leben war verworren und planlos. Es kam immer nur darauf an, wer sich zur Zeit in seiner Nähe befand und ihn beeinflußte. Wenn kein gegenteiliger Einfluß vorhanden war, konnte man ihn zu jeder beliebigen Tat überreden und in jede Richtung lenken.

Seine Handlungen waren widerspruchsvoll, sinnlos, lächerlich, und daher hatten sie verheerende Wirkungen. Er schien meist teilnahmslos und gleichgültig. Seine Teilnahmlosigkeit in entscheidenden Augenblicken des Lebens versetzte viele in Erstaunen und Enttäuschung. Er handelte, wie er als Zar, Ehemann, Vater, Kamerad, Offizier und Christ nicht hätte handeln sollen.

Der wahre „blutige Nikolaus" war der Oberbefehlshaber (des Heeres im Weltkriege) Großfürst Nikolai Nikolajewitsch. Es ist nur wenigen bekannt, daß die seelische Verfassung des Großfürsten schwer pathologische Züge aufwies (?). Er litt an krankhaftem Blutdurst.

Man erzählt, diese seine Krankheit sei zuerst im russisch-türkischen Kriege aufgetreten, an dem er als junger Offizier teilnahm.

In Friedenszeiten sättigte er seinen Blutdurst an Tieren.

Er ließ sich keine Gelegenheit entgehen, ein Tier zu töten, und war daher auch ein leidenschaftlicher Jäger.

Rasputin versuchte ihn zu heilen, und das war der Grund ihrer Annäherung.

Der Weltkrieg gab Nikolai Nikolajewitsch unbegrenzte Möglichkeiten zur Befriedigung seines furchtbaren Triebes.

Auf den Schlachtfeldern, bei der blutigen Arbeit der Feldgerichte und bei den grausamen Verfolgungen der friedlichen Bevölkerung konnte der Großfürst seiner krankhaften Veranlagung alle Zügel schießen lassen. Ohne die geringste Spur von

Verantwortung durfte er sich alles erlauben. Seine Macht war unbeschränkt. Seine Opfer waren die Fremdstämmigen: Juden, Galizier, Polen, Deutsche. Man beschuldigte sie der Spionage, der Fahnenflucht und anderer Verbrechen, und deshalb wurden sie in Massen gehängt und erschossen.
Am Beweise ihrer Schuld lag dem Großfürsten weniger als an der grausamen Sühne. Seine Untergebenen schlug er eigenhändig blutig; er verschonte nicht einmal die Generäle. Vor diesen mußte er zuweilen Abbitte leisten, aber für die Hunderttausende hingerichteter und getöteter Juden trägt er allein vor Gott die volle Verantwortung.
Wenn von den Bluttaten des Großfürsten Nikolai Nikolajewitsch die Rede ist, darf nicht die traurige Rolle seines Mitarbeiters verschwiegen werden, des Generalstabschefs General Januschkewitsch. Im Gegensatz zum Großfürsten war er ein ganz normaler Mensch, aber an Grausamkeit übertraf er ihn sogar. Er verfolgte aufs hartnäckigste die Juden und hatte nach dieser Richtung geheime Vollmachten des Großfürsten. Die Lage verschlimmerte sich besonders von der Zeit an, als Januschkewitsch sich bei Unterhandlungen mit Juden einen Korb holte.
Die Sache trug sich so zu: Januschkewitsch hatte ein Gut, das mit vierhunderttausend Rubeln verpfändet war. Ein Verwandter von Januschkewitsch wandte sich an mich mit dem Ersuchen, bei jüdischen Banken anzufragen, ob sie bereit wären, diese Schuld von der Bodenkreditbank in Tula zu übernehmen. Ich verhandelte mit den Banken, erhielt aber leider eine ablehnende Antwort. Die Folge war, daß Januschkewitsch ein furchtbarer Feind der Juden wurde. Hunderttausende (!!) von jüdischen Menschenleben liegen auf seinem Gewissen.
Januschkewitsch bediente sich bei seinem Kampf gegen die Juden der Unterstützung seines Freundes, des Generals Rußki, des Kommandierenden der Nordwestfront. Bei seinem Rückzuge von den Karpaten unternahm Rußki die furchtbarsten Judenverfolgungen, die an Grausamkeit kein Beispiel in der Vergangenheit besitzen. Die Greuel der Soldaten und Kosaken

spotten jeder Beschreibung. Die jüdische Bevölkerung wurde dort einfach ausgerottet. Ein mir bekannter Regimentskommandeur erzählte mir folgenden bezeichnenden Fall:

Mehrere Kosaken wurden unter Führung eines Unteroffiziers auf einen Erkundungsritt gesandt. Die kleine Abteilung kam erst nach drei Tagen zurück. Alle dachten schon, sie sei vernichtet oder gefangengenommen worden. Der Unteroffizier berichtete aber, sie wären die ganze Zeit mit der Ausrottung der Juden beschäftigt gewesen. Er war überzeugt, dadurch die jüdische Spionage ausgerottet zu haben. Dies ereignete sich in Galizien.

Der Stabschef an der Pleskauer Front, der mir persönlich bekannte General Bontsch Brujewitsch, erzählte mir, daß General Rußki bei seiner Ernennung zum Kommandierenden an dieser Front versichert habe, alle Juden seien Spione. Nach seiner Ansicht war die jüdische Spionage an allen russischen Niederlagen schuld, und dieses Verbrechen müsse durch Ausrottung des ganzen Judentums gesühnt werden.

Die von General Rußki eingeleitete Judenverfolgung nahm an Umfang immer mehr zu. Ich flehte Rasputin fast täglich an, dem Treiben des grausamen Generals ein Ende zu bereiten. Rasputin übernahm es auch, auf den General einzuwirken, aber Rußki erfuhr es und begann, gegen Rasputin zu intrigieren. Es gelang ihm, Nikolai Nikolajewitsch gegen Rasputin aufzuhetzen. Das geschah noch zu jener Zeit, als General Rußki die südwestliche Front befehligte. Bald kam es zwischen Rußki und Rasputin zu einem offenen Bruch, und zwar aus folgendem Anlaß:

Eine Dame, Fürstin Tarchanowa, suchte bei Rußki um die Begnadigung von Juden nach, die häßlicher Vergehen bei Kriegslieferungen überführt worden waren. Sie wies einen Brief Rasputins vor, in dem dieser ebenfalls für diese Juden eintrat. Der Stabschef Rußkis erklärte, der General könne die Bitte Rasputins nicht erfüllen; er sei darüber empört, daß Rasputin sich erdreiste, ihn mit Bitten zu belästigen.

Der Kampf zwischen Rasputin und Rußki endete mit einem Sieg des ersteren. Der General sah sich genötigt, seinen Abschied einzureichen; als Grund nannte er Gesundheitsrücksichten. Da er sich aber überzeugt hatte, daß Rasputin stärker war als er, beschloß er, sich mit ihm auszusöhnen. Aus diesem Grunde kam er in voller Paradeuniform mit seinen Orden zu ihm, fand aber einen sehr kühlen Empfang.

„Hör mal, General!" sagte Rasputin zu ihm, „Du bist ein Dieb. Du hast dem Zaren die Orden gestohlen. Man sollte dich aufhängen, aber nicht dir deine alten Posten zurückgeben. Ich will nicht dein Blut. Wie aber wagst du es, zu mir zu kommen? Du bist ein Feind des Zaren." Rußki erblaßte und entfernte sich.

Hierauf wandte sich Rasputin an den Untersuchungsrichter des Kriegsgerichts, Logwinski, der ihm Rußki zugeführt hatte, und sagte ihm:

„Wenn du mir auch nur einmal noch solchen Räuber bringst, werde ich auch dich nie mehr empfangen."

Erst nach dem Tode Rasputins glückte es Rußki, wieder Kommandierender an der Pleskauer Front zu werden. Er ging auf die Seite der Revolutionäre über und half ihnen, als sie den Zaren zur Abdankung zwangen.

Die Leiden der Fremdstämmigen

Während des Krieges flehten mich sehr viele junge Juden an, ihre Befreiung vom Militärdienst zu erwirken. Hierfür gab es viele Wege, aber ich wählte immer den günstigsten für den jeweils vorliegenden Fall. Oft fehlte es aber gänzlich an jeder gesetzlichen Handhabe, und ich mußte zu besonderen Mitteln greifen.

Die Juden, die das Reifezeugnis (Abiturium) hatten, konnten an den Hochschulen immatrikuliert werden; dann wurden sie bis auf weiteres vom Militärdienst befreit. Es gab aber sehr viele Juden ohne mittlere Schulbildung. Für sie wurde eine besondere Lehranstalt gegründet mit dem Namen „L a n d w i r t -

schaftliches und hydrotechnisches Institut".
Zum Schein (wörtlich: um die Augen irrezuführen) trug man mit Hilfe Rasputins Tausende von Zöglingen geistlicher Schulen, die vom Militärdienst befreit waren, in die Hörerlisten dieses Instituts ein, tatsächlich aber hatte es nur zirka sechshundert Hörer, von denen siebzig Prozent Juden waren. Zum Rektor des Instituts wurde der Kanzleichef des Staatssekretärs Kryshanowski, Balitzki, ernannt, der außerdem auch Vorsitzender des reaktionären „Akademischen Verbandes" war.
Unser Institut war als Übergangsstufe zwischen einer Mittel- und Hochschule gedacht. Nach einem Jahr konnten seine Hörer unter erleichterten Bedingungen Aufnahme in die (sonst sehr schwer zugänglichen) Hochschulen finden. Zum Dank für seine Wirksamkeit führte ich Balitzki bei Rasputin ein. Balitzki war beauftragt, sich bei Rasputin für die Ernennung seines Chefs (Kryshanowski) zum Ministerpräsidenten einzusetzen, und erreichte auch, daß eine Begegnung zwischen ihnen zustande kam. Kryshanowski beging aber den Fehler, sich gegen die Fremdstämmigen auszusprechen, woraus Rasputin den Schluß zog, daß er für den vorgesehenen Posten ungeeignet wäre.
Die Juden zeigten überhaupt wenig Neigung zum Militärdienst, was durch ihre rechtlose Stellung und die Unterdrückung zu erklären ist. Um ihnen bei der Befreiung vom Militärdienst zu helfen, setzte ich mich ferner mit der Einberufungskommission der unweit von Petersburg liegenden Stadt Luga in Verbindung. Alle Mitglieder dieser Kommission waren auf Veranlassung Rasputins ernannt, und wenn bei ihnen ein Rekrut erschien, dessen Papiere mein verabredetes Zeichen aufwiesen, so kam er unweigerlich vom Militärdienst frei.
Doch genug davon. Ich will ein paar andere Episoden aus meiner damaligen Tätigkeit erzählen.
Der jüdische Unternehmer Fischsohn wandte sich mit der Bitte an mich, für ihn die Erlaubnis zu Gastspielen der jüdischen Operette in Petersburg zu erwirken. Das war durchaus keine leichte Aufgabe. Selbst im Gebiet der jüdischen Ansässigkeit

wurden damals keine jüdischen Theateraufführungen geduldet. Ich nahm mich dennoch der Sache an.
Auf meine Aufforderung, mir eine Mitgliederliste der Truppe zu schicken, nannte mir Fischsohn vierzig Namen. Bei meinem nächsten Besuch in Zarskoje Selo unterbreitete ich der Zarin die Bitte, in meinem Hause eine jüdische Theateraufführung zu gestatten. Um jeden Verdacht zu zerstreuen, erklärte ich, der Bischof Isidor, der das Jüdische beherrschte, werde bei der ersten Vorstellung als eine Art Zensor zugegen sein.
Mein Antrag hatte Erfolg, denn der Hinweis auf den Bischof verfehlte seine Wirkung nicht. Angesichts ihrer englischen Erziehung vermochte sich die Zarin nicht vorzustellen, daß jüdische Theateraufführungen bedenklich sein könnten. Ich fügte noch hinzu, daß einer der in Aussicht genommenen Aufführungen auch Rasputin, Ministerpräsident Stürmer und andere bekannte Persönlichkeiten beiwohnen würden.
Die Zarin hörte mir aufmerksam zu und fragte dann nach ihrer Gewohnheit: „Was soll ich denn tun?" Ich überreichte ihr das Gesuch, und sie schrieb darauf: „Genehmigt. Alexandra."
Ich begab mich sofort zum Stadthaupt, das sehr erstaunt war, mir aber wegen unserer Freundschaft keine Schwierigkeiten bereitete. Die polizeiliche Erlaubnis wurde mir sofort erteilt.
Nach Ankunft der Truppe Fischsohns in Petersburg veranstaltete ich sofort einen großen Empfang in meiner Wohnung. Der damalige Ministerpräsident Stürmer, Bischof Isidor, der Innenminister Protopopow, Rasputin, der Chef der Politischen Polizei, General Globatschew, der Gehilfe des Innenministers, Beletzki, und andere hochgestellte Personen waren meine Gäste. Auch die ganze Truppe Fischsohns hatte ich eingeladen. Man kann sich das Erstaunen der jüdischen Schauspieler vorstellen beim Anblick der bei mir versammelten Würdenträger. Die begabte Primadonna der Truppe, Klara Jung, sang und tanzte unter großem Beifall.
Die Vorstellungen der Truppe fanden im deutschen Katharinenklub statt, zu dessen Vorstandsmitgliedern ich gehörte. Das

Petersburger Gastspiel verlief glänzend, sowohl in finanzieller als auch in künstlerischer Beziehung. Schließlich erhielt Fischsohn die Erlaubnis, in ganz Rußland zu spielen.

Ein anderer Fall: Ein jüdischer Arzt namens Lippert war in deutsche Gefangenschaft geraten. Seine Frau, eine Verwandte der Gräfin Witte, wandte sich mit der Bitte an mich, den Austausch ihres Mannes gegen einen deutschen Kriegsgefangenen zu erwirken. Ich riet ihr, sich deswegen an Rasputin zu wenden.

Es wirkte auf mich direkt lächerlich, wie sehr diese Dame sich wegen der bevorstehenden Audienz bei Rasputin aufregte.

Eine Audienz beim Zaren erregte die Leute nicht so sehr wie eine Zusammenkunft mit Rasputin.

Frau Lippert bat also Rasputin, ihren Mann aus der deutschen Gefangenschaft zu befreien. Das war in unserer Praxis der erste Fall dieser Art. Wir beratschlagten, wer uns in dieser Sache aushelfen könnte. Als ich vorschlug, man sollte sich an den Minister des Äußeren Sassonow wenden, antwortete Rasputin in sichtlicher Verlegenheit:

„Der wird uns vor die Tür setzen."

Wir waren alle erstaunt. „Warum?" fragte ich Rasputin.

„Er ist für den Krieg, und ich bin gegen den Krieg", lautete die Antwort.

Rasputin wußte, daß Sassonow, wie viele andere Persönlichkeiten, gegen ihn waren. Der Minister hatte sogar versucht, den Zaren gegen Rasputin aufzuhetzen, doch vergeblich. Er gab seine Bemühungen nach dieser Richtung hin auf, als er sah, daß er damit nur seine eigene Stellung beim Zaren verschlechterte. Rasputin liebte es nicht, sich mit Bitten an seine Feinde zu wenden, und tat das nur in äußersten Fällen. Da Sassonow aber in diesem Falle nicht umgangen werden konnte, suchten wir Rasputin zu bewegen, hier eine Ausnahme zu machen.

Endlich entschloß er sich dazu und sagte zu der Bittstellerin: „Na, dann geh' zu Sassonow!"

Rasputin konnte nur sehr schlecht schreiben, verfaßte aber trotzdem oft kurze, verworrene, inhaltlose Zettel und setzte

sich zu dem Zweck mit sehr wichtiger Miene an seinen Schreibtisch. Seine Handschrift war entsetzlich, und die Zusammenstellung der Zettel kostete ihn viel Zeit. Frau Lippert wartete in großer Erregung. Endlich händigte ihr Rasputin einen großen Fetzen Papier ein, mit folgenden aufgekritzelten Worten:
„**Lieber, Teurer, hilf einem in deutscher Gefangenschaft Verschmachtenden! Verlange einen Russen gegen zwei Deutsche! Gott wird bei der Rettung der Unseren helfen. Nowych-Rasputin.**"
Frau Lippert begab sich am nächsten Tage zu Sassonow. Sie war völlig gewiß, daß ihr Mann nun aus der Gefangenschaft befreit werden würde.
Sassonow empfing sie, las den Brief Rasputins und sagte nach kurzem Nachdenken:
„Als Außenminister kann ich diese Sache wohl durchsetzen, auch ohne diesen Brief. Heben Sie ihn auf und sagen Sie Rasputin, ich hätte Ihre Bitte auch ohne seinen Brief erfüllt."
Ein Beamter, den Sassonow kommen ließ, teilte mit, daß bereits sechs russische Kriegsgefangene auf den Austausch warteten; Lippert könnte erst nach ihnen an die Reihe kommen. Darüber war Frau Lippert wenig erbaut, sie verlangte die sofortige Rückkehr ihres Mannes, da er schon alt und krank sei. Sassonow versprach: „Gut, ich werde es durch das Rote Kreuz machen."
Als Frau Lippert Rasputin über ihren Empfang bei Sassonow Bericht erstattete, war er sehr unzufrieden, sagte aber kein Wort, da Sassonows Bescheid nicht ablehnend war.
Wir warteten acht Tage. Von Sassonow kam keine Antwort. Frau Lippert kam wieder zu Rasputin um Rat. Er litt es nicht, wenn sein Prestige zu wanken drohte. Holte er sich einmal eine Absage, wurde er wütend; so war es auch diesmal. Rasputin lief an seinen Schreibtisch und schrieb:
„**Hör mal, Minister. Ich habe ein Weib zu dir geschickt. Gott weiß, was du ihr eingeredet hast.**

Laß das! Mach's, dann wird alles gut. Wenn nicht, werde ich dir den Hintern vollhauen. Ich erzähle es dem Liebenden, und du fliegst. Rasputin."

Die Worte: „ich werde es dem Liebenden erzählen" bedeuten, daß Rasputin über die Angelegenheit dem Zaren berichten wollte.

Frau Lippert wagte anfangs nicht, mit einem so herausfordernden Brief zu Sassonow zu gehen. Der grobe Ton des Schreibens war ihr selbst unangenehm. Ich überredete sie aber, trotzdem Sassonow noch einmal aufzusuchen. Sie ging und übergab ihm den Brief.

„Eure Exzellenz!" sagte sie. „Ich habe noch einen Brief von Rasputin. Machen Sie damit, was Sie wollen!"

„Wie?" rief er aus. „Ich muß solchem Vagabunden wie Rasputin gestatten, mir solche Briefe zu schreiben! Wenn Sie nicht eine Dame wären, würde ich einfach befehlen, Sie hinauszuwerfen."

Darauf bat Frau Lippert, ihr den Brief zurückzugeben; doch zu ihrem Erstaunen lehnte es Sassonow ab, und auch seine Wut ließ anscheinend nach.

„Wenn Sie mir den Brief Rasputins nicht gleich zurückgeben", sagte Frau Lippert, „gehe ich sofort zu Rasputin und erzähle ihm unser Gespräch."

„Lassen wir's", sagte Sassonow nach einigem Schwanken. „Ich war außer mir. Beachten Sie bitte das nicht! Sagen Sie Vater Grigorij, daß es nur ein Scherz war."

„Meiner Ansicht nach", bemerkte Frau Lippert, „müßten Sie jetzt Rasputin anrufen." Der Umschlag in Sassonows Stimmung war ihr nicht entgangen. „Sie wissen doch, daß er die Minister wechselt wie Handschuhe."

Sie hob das Telephon ab, rief in der Wohnung Rasputins an und bat ihn an den Apparat. Dann übergab sie Sassonow den Hörer.

„Sie sandten mir einen sonderbaren Brief, Grigorij Jefimowitsch", sagte Sassonow. „Zürnen Sie mir denn?"

„Wieso?" antwortete Rasputin. „Nicht an mir liegt es. Du hast mich beleidigt. Nur rate ich dir, nicht zu intrigieren, wir wollen lieber Freunde bleiben."
Die Unterredung schloß mit einigen aufklärenden Phrasen, wobei Rasputin hinzufügte:
„Ich werde mich gut mit dir einleben; habe noch niemandem solche Briefe geschrieben."
Nach vierzehn Tagen war Dr. Lippert in Petersburg.

Sehr glatt endeten unsere Unternehmungen zugunsten polnischer Gutsbesitzer, die nach Sibirien verbannt waren, weil sie nach Angabe des Generals Brussilow von ihren Gütern an der galizischen Front dem Feind telephonische Nachrichten über Truppenverschiebungen übermittelt hatten.

Ich lebte mit dem Dekan der katholischen Newski-Gemeinde in Petersburg, Pater Kasimir, in ausgezeichneten Beziehungen. Den Pater hatte ein galizischer (katholischer) Priester ersucht, sich bei den zuständigen Behörden für die verbannten Polen zu verwenden. Während der Priester es für das beste hielt, die ganze Angelegenheit dem Papst zu übergeben, schien es Pater Kasimir richtiger, sich an mich zu wenden. Rasputin war ihm schon von einem Zechgelage her bekannt.

Ich riet ihm, Rasputin aufzusuchen. Kasimir wollte nicht als Privatperson bei ihm erscheinen, sondern machte ihm einen offiziellen Besuch in Amtskleidung. Rasputin fühlte sich dadurch sehr geschmeichelt. Die gegen die Polen erhobene Anklage auf Spionage hielt er für grundlos. Er schlug Pater Kasimir vor, die Frauen und Kinder der Verbannten zu ihm zu schicken.

„Ich werde ihnen erläutern", erklärte er, „auf welche Weise sie die Befreiung ihrer Ernährer erreichen können."

Nach zwei Wochen traf in Petersburg eine Delegation polnischer Großgrundbesitzer ein, unter denen sich auch Frauen und Kinder der Verbannten befanden. Kasimir brachte sie zu mir. Rasputin, der telephonisch herbeigerufen wurde, war zu den Polen sehr freundlich.

„Wir sind alle Slawen", sagte er, „und ich will euch helfen. Ich bitte die Nachfolgerin der Bourbonen, die sich unter euch befindet, und einen der Delegierten, mich zu begleiten. Ich stelle euch der Zarin vor, und ihr werdet ihr erzählen, daß ihr trotz allem dem Throne treu bleibt, aber ohne Beschützer seid."
„Und was dann?" fragte einer der Polen.
„Das übrige werde ich schon selber tun", antwortete Rasputin.
Am nächsten Morgen, schon um acht Uhr früh, brachte ich die Polen zu Rasputin, wo bereits ein Auto der Politischen Polizei wartete. Rasputin fuhr mit ihnen nach Zarskoje Selo. Der Zar befand sich damals an der Front. Die Zarin empfing die Polen sehr gnädig in ihrem Lazarett und fragte Rasputin: „Was soll ich tun?"
„Schreibe einen Brief an Papa (den Kaiser) und schicke ihn mit den Polen ins Hauptquartier. Außerdem telegraphiere an Wojeikow, damit er den Empfang beim Zaren besorgt."
„Gut", sagte die Zarin. „Ich schreibe Wojeikow, daß man die Polen bei Papa vorlassen soll. Die Polen reichen bei mir ein Gesuch ein, das ich mit ‚einverstanden' zeichne und durch den Kurier an Papa schicke. So kommt es noch vor ihrer Ankunft im Hauptquartier an."
Mein Sohn Semjon verfaßte das Gesuch, und ich brachte es der Zarin, die es ins Hauptquartier weiterleitete.
Die Polen reisten nach Mogilew. Eine Stunde nach ihrer Ankunft wurden sie vom Zaren empfangen, der ihnen erklärte, alle Andersgläubigen seien für ihn gleichgestellt.
„Ich glaube euch", sagte der Kaiser. „In acht bis zehn Tagen werden die Verbannten zurückkehren, wenn nur nicht die Witterung sie daran hindert."
Der Zar erkundigte sich noch nach verschiedenen polnischen Angelegenheiten und lobte die Polen für ihr Zusammenhalten. Elf Tage später kamen die verbannten Polen zurück.
Doch nicht immer endeten unsere Unternehmungen so günstig. Inmitten der vom Großfürsten Nikolai Nikolajewitsch eingeleiteten Judenverfolgungen bildet die dunkelste Episode sein

grausames Vorgehen gegen die jüdischen Zaddiken, von der jüdischen Bevölkerung besonders geachtete Priester, die eine solche Verfolgung am allerwenigsten verdient und wohl auch nicht erwartet hatten. Nach der Einnahme Lembergs und der Besetzung der Karpaten erging in Galizien der Befehl zur Stillegung aller jüdischen Windmühlen. Die Heeresleitung befürchtete, daß durch die Bewegungen der Mühlenflügel militärische Nachrichten dem Feinde übermittelt werden könnten. Da aber gerade das jüdische Osterfest vor der Tür stand, setzten die Juden alles in Bewegung, um das Mehl für die Matzen mahlen zu können. Die militärischen Behörden gaben nur sehr ungern nach. Der Zufall wollte es, daß die Russen gerade in dieser Zeit eine kleine Niederlage erlitten.
Nikolai Nikolajewitsch erklärte sogleich die Juden für schuldig. Er behauptete, sie hätten durch die Drehung ihrer Mühlenflügel den Feind über die Stellungen der russischen Truppenteile unterrichtet, und ließ die in der Nähe wohnenden Zaddiken und eine Anzahl hervorragender Juden verhaften.
Die Zaddiken wurden nach Sibirien verbannt, die anderen Verhafteten als Geiseln nach Kiew gebracht. Man kann sich das Unglück und die Qualen dieser Leute vorstellen, als man sie in schmutzigen Lastwagen aus Galizien fortschaffte. Die verbannten Zaddiken durften sich nicht einmal von ihren Verwandten verabschieden. Mitnehmen durften sie auch nichts. Da man ihnen keine koscheren Speisen gab, ernährten sie sich nur von Brot. Man erlaubte ihnen nicht einmal, warme Kleidung mitzunehmen, und hatte ihnen alles abgenommen. Beten durften sie ebenfalls nicht. Die Vertreter der jüdischen Bevölkerung, die die Verbannten auf dem Wege nach Sibirien sehen wollten, ließ man nicht zu ihnen. Mit einem Wort, nichts wurde zugelassen, das ihre Leiden hätte erleichtern können.
Der Kantor der Choralsynagoge in Lemberg, Halperin, kam nach Petersburg, um eine Erleichterung der Lage der verbannten Juden zu erwirken. Er teilte mir entsetzliche Einzelheiten ihres Martyriums mit, und ich ergriff sofort Maßnahmen zur

Rettung der armen Zaddiken. Die Petersburger Zentralbehörden forderten zunächst genaue Angaben und Beweise von uns. Bevor wir sie aber vorweisen konnten, starben schon mehrere Zaddiken vor Hunger und Kälte. Die Übriggebliebenen sollten in Werchneudinsk, Omsk und Tomsk untergebracht werden, aber nur vier kamen in diesen Städten an, die anderen starben unterwegs.

Ich unterbreitete dem Zaren ein Gesuch um Begnadigung dieser vier. Es wurde zwar bewilligt, ehe aber das Telegramm in Sibirien ankam, waren auch diese vier gestorben.

Die Juden beschlossen darauf, vor der gesamten zivilisierten Menschheit gegen die unerhörten Spionagebeschuldigungen zu protestieren, die nicht gegen einzelne Personen, sondern gegen das ganze jüdische Volk erhoben wurden. Die Juden entsandten ihre Delegierten in andere Länder, um über die furchtbare Lage der Juden in Rußland aufzuklären und Hilfe zu erbitten.

Teilweise kam den Juden der Umstand zugute, daß auch die Zarin unter dem Verdacht der Spionage stand. Ihre Telephongespräche und ihr Verkehr wurden von den Agenten der Politischen Polizei überwacht. Das erleichterte den Kampf mit Nikolai Nikolajewitsch und seinen Anhängern.

Rasputin verspricht die Entlassung des Großfürsten Nikolai Nikolajewitsch

Ich hatte ständige Beratungen mit den Vertretern des Judentums. Wir besprachen, was wir im Kampf um die Gleichberechtigung der Juden noch unternehmen könnten. Ich tat alles, soweit es von mir abhing, aber die Lage der Juden blieb nach wie vor eine äußerst schwere. Trotz der Unterstützung Rasputins und meiner Beziehungen zu maßgebenden Regierungskreisen konnte noch immer keine Rede sein von einem Sieg der jüdischen Sache.

Ich bemühte mich für die jüdischen Vertreter um eine Audienz beim Zaren, damit sie ihm selbst ihre Lage klarlegen könnten. Auch in dieser Sache war mir Rasputin behilflich. Er überredete schließlich den Zaren, die Audienz zu bewilligen. Darüber war ich sehr erfreut. Wir beschlossen, daß die Delegation sich aus den Rechtsanwälten Grusenberg, Sliosberg und dem Mitglied der Reichsduma Friedmann zusammensetzen sollte. Der Zar weigerte sich jedoch, diese Delegation zu empfangen, weil deren Mitglieder Advokaten und Revolutionäre seien.

Rasputin beriet darauf mit dem Zaren und schlug mir vor, Baron Ginzburg, M. A. Ginzburg und den Kiewer Zuckerfabrikanten L. I. Brodski als Delegierte zu entsenden. Als wir diese drei Personen benachrichtigten, waren sie sehr überrascht, weigerten sich aber, mit dem Zaren zu sprechen, da sie nicht die ganze Verantwortung für diese Unterredung tragen könnten. So fiel mein Vorschlag ins Wasser.

Unterdessen wurde die Politik des Großfürsten Nikolai Nikolajewitsch immer bedrohlicher und rief unter den Juden ungeheure Erregung hervor. Einige jüdische Führer wandten sich mit der Bitte an mich, eine neue Zusammenkunft mit Rasputin zu veranstalten. Sie setzten große Hoffnungen auf den fabelhaften Einfluß des Wundermannes, wollten aber zugleich wissen, was sie von ihm erwarten und erhoffen könnten. Ich widersprach nicht diesem Plane und teilte ihn Rasputin bei nächster Gelegenheit mit, wobei ich erklärte, daß die jüdischen Vertreter für ihre weiteren Schritte seinen Rat einholen wollten. Er hörte mir aufmerksam zu und erklärte sich bereit, die jüdischen Delegierten zu empfangen. Nachdem ich Moses Ginzburg über das Ergebnis meiner Unterhandlungen orientiert hatte, schlug er vor, ein prunkvolles Diner in der Wohnung des Rechtsanwalts Sliosberg zu veranstalten, den Rasputin für einen vertrauenswürdigen und zuverlässigen Führer des Judentums hielt. Sliosberg hatte in der Tat ohne geringste persönliche Vorteile sehr viel für die Juden getan.

Am festgesetzten Tage versammelten sich die jüdischen Vertreter bei Sliosberg, unter ihnen Baron Ginzburg, Moses Ginzburg, Blankenstein, Mandel, der Rabbiner Maso und viele andere, deren Namen mir jetzt schon entfallen sind. Nachdem sich alle eingefunden hatten, bat man mich telephonisch, mit Rasputin zu erscheinen. Wir fuhren hin.

Als Rasputin das Wohnzimmer Sliosbergs betrat, wurde er sehr feierlich und mit großer Ehrerbietung empfangen. Die jüdischen Delegierten, Greise mit langen grauen Vollbärten, erzählten Rasputin im Verlauf des Abends von den Verfolgungen der Juden durch Nikolai Nikolajewitsch und andere antisemitische Würdenträger. Ihre Schilderungen hinterließen einen tiefen Eindruck auf Rasputin, und er war tatsächlich erschüttert. Beim Versuch, die jüdischen Delegierten zu beruhigen, konnte er selber nur mit Mühe die Tränen zurückhalten.

Als die allgemeine Erregung sich einigermaßen gelegt hatte, erklärte Rasputin, er sei bereit, den Juden zu helfen, es erscheine ihm aber unmöglich, radikale Maßnahmen in kurzer Zeit durchzuführen, da die Regierungskreise vom Antisemitismus zu tief durchdrungen seien.

„Die Regierung und der Adel", sagte er, „sind boshaft wie die Hunde. Man muß sich auf einen harten und langen Kampf vorbereiten. Die Lage ist furchtbar, aber wie soll man sie ändern? Ich werde alles tun, was ich kann. Sagt mir nur, was ich tun soll."

„Hilf uns, Vater Grigorij!" antworteten die jüdischen Delegierten, durch Rasputins Worte ermutigt.

„Ihr seid Narren", erklärte Rasputin, „obwohl ihr reich und klug seid. Ihr versteht es nicht, euch an die Leute heranzumachen, die euch nützlich sein könnten. Ihr müßt alle Leute bestechen, die ihr braucht, und müßt alles mögliche tun, um eure Interessen mit den Interessen der einflußreichen Machthaber zu verbinden."

Die Delegierten erzählten Rasputin, daß die jüdischen Führer Winawer, Grusenberg, Kalmanowitsch, der Rabbiner Eisenstadt und Friedmann sich gegen eine derartige Taktik erklärt hätten, da nach ihrer Ansicht vor allem die Gleichberechti-

gung des jüdischen Volkes angestrebt werden müßte. Aber zur Durchführung einer derartigen Reform sei Zeit nötig.
„Ich verstehe euch wirklich nicht", erwiderte Rasputin. „In früherer Zeit hatten verschiedene Juden großen Einfluß, zum Beispiel Poljakow. Jetzt hat Simanowitsch Zutritt zum Zaren. Warum wollt ihr nicht auch Wege zu ihm suchen?"
Die Delegierten setzten ihre Beschwerden über den Großfürsten Nikolai Nikolajewitsch fort und baten Rasputin, die Juden vor seinen Verfolgungen zu schützen. Er hatte offenbar nicht erwartet, daß er so vieles zu hören bekommen würde. Einer nach dem anderen erstattete ihm Bericht über die Judenverfolgungen und den Judenhaß des Höchstkommandierenden der russischen Armee, und wir konnten unsere Tränen nicht unterdrücken, als wir von den unzähligen Hinrichtungen der Juden durch die Militärbehörden erzählten.
Rasputin stand auf und bekreuzigte sich. Das bedeutete, daß er sich selbst schwor, uns zu helfen. Mit tiefer Bewegung erklärte er, Nikolai Nikolajewitsch werde binnen zehn Tagen von seinem Posten als Höchstkommandierender des russischen Heeres entfernt werden, falls ihm selber nur nichts zustoße.
„Dann wird der Zar den Oberbefehl über die Armeen übernehmen, und wir können vielleicht etwas für die Juden tun", sagte er.
Alle Anwesenden waren durch dies Versprechen Rasputins erschüttert. Ich schlug vor, ihm eine Spende von hunderttausend Rubel für seine Familie darzubringen. Mein Vorschlag wurde angenommen. Rasputin äußerte, er würde hiervon dem Zaren Mitteilung machen.
Am nächsten Tage deponierte M. Ginzburg bei einer Bank für die Töchter Rasputins je fünfzigtausend Rubel.
Mit Staunen verfolgten wir, wie Rasputin sein Wort einlöste. Noch vor Ablauf der zehntägigen Frist wurde Nikolai Nikolajewitsch seines Postens enthoben und zum Kommandierenden der Kaukasischen Armee ernannt.

Erläuterungen

Zu S. 79: **Übertreibungen des Simanowitsch.** Manche Schilderung beruht auf Klatsch oder Gerüchten, wie sie seinerzeit am Kaiserhofe umgingen: so etwa die im vorhergehenden Kapitel dargestellten Liebesabenteuer der Kaiserin mit dem Grafen Orlow.
Auch die hier dargestellte Szene ist kaum möglich, wie eine einfache Rechnung ergibt. 4 Mann sollen à 10 Rubel in 20-Kopeken-Stücken erhalten haben, d. h. alo 4 mal 10 mal 5 = 200 Münzen. Jede wog 7 Gramm, alle also 1400 Gramm. Der Kaiser sollte also 1,4 Kilogramm silbernes Kleingeld im Nachtanzuge bei sich getragen haben?
Leider bringen alle Rasputin-Biographen eine Fülle schwer nachprüfbaren Klatsches.

Zu S. 85: **Die Schilderung der jüdischen Organisation** in Rußland, die hier nach eigenem Bekenntnis des Verfassers nur das weniger Geheime wiedergibt, ist insofern bemerkenswert, als sie unverkennbare Parallelen zu den in den „Weisen von Zion" entworfenen Organisationen aufweist.

Zu S. 91: Hier wird ganz „bescheiden" erwähnt, **Moses Ginzburg** sei „in Port Arthur reich geworden". Die Sache sieht völlig anders aus, wenn man weiß, daß er es verstanden hat, ein ungeheures Vermögen im unglücklichen russisch-japanischen Kriege zu ergaunern.
Nach Max Th. S. Behrmann „Hinter den Kulissen des Mandschurischen Kriegstheaters", Berlin 1905, ist Ginzburg ein Haupturheber des russisch-japanischen Krieges (Fleischhauer S. 406). Die große Begünstigung durch den Zaren hinderte ihn aber nicht daran, gemeinsam mit den Rothschilds und amerikanischen Banken die bolschewistische Revolution, ja wohl auch schon die Revolution 1905/06 zu finanzieren (F. O. H. Schulz, S. 39).
Zu weiteren in diesem Kriege reich gewordenen Juden vgl. A. Rosenberg „Die Protokolle usw.", s. o. S. 70.

Ebenda: **Das höchste Ideal des Juden** tritt hier hervor: a) reich zu werden, b) in den „Pinkes" eingetragen zu werden!
Lehrreich ist in dieser Hinsicht die uralte gotische Synagoge in Prag: sie bewahrt besondere Ehrenstühle für die bedeutendsten jüdischen Lehrer auf. Soweit ging der Ehrgeiz des S. nicht, da er „ungebildet", d. h. nicht im Gesetz ausgebildet war.
Beachte auch weiter: in jüdischen Augen ist es ein **Verbrechen**, ein **Geschäft nicht zu machen, das man machen könnte.** Die völlige **Skrupellosigkeit** dieser Geschäfte ist anschließend (S. 93), aber auch später unübertrefflich geschildert.

Zu S. 94: **Der asoziale, gemeinschaftsfeindliche Charakter** erhalten für Diplomfälschungen Zuchthausstrafen, entziehen sich mit allen Mitteln der Wehrpflicht, den Steuern usw., glauben aber trotzdem, „ehrliche, friedliche Menschen" zu sein, die darum vor Strafen zu

schützen sind. Ja, sie erstreben „Gleichberechtigung" mit allen Bürgern. Selbstverständlich erscheint es ihnen, daß der Staat, den sie mit allen Mitteln unterwühlen, sie schützt und ihnen Ausnahmerechte verleiht.
Solche Selbstbekenntnisse des Judentums sprechen **ein weit vernichtenderes** Urteil über die sozialen Traditionen des Judentums, als es jemals irgendein Nichtjude getan hat.
Tritt dieser asoziale Charakter besonders im Kollektivum hervor, so gewinnen die rein jüdischen Städte des Ostens ein besonderes Interesse: es entstehen hier wahrhaft bizarre Gemeinschaftsformen.
Zu S. 96: Die Behauptung des Verfassers, **nie Geld für seine Tätigkeit** zugunsten der Juden erhalten zu haben, ist eine Zwecklüge: durch diese „selbstlose" Tätigkeit wurde er tatsächlich unermeßlich reich. Außerdem gestand er es unmittelbar vorher selber zu, daß er für sein (wahrhaft grandioses) Bestechungswerk wertvolle Geschenke erhalten habe. Vgl. auch S. 100 ff. — ein Meisterstück in der Umgehung von Gesetzen und in der Zerstörung staatlicher Ordnung, das hier geschildert wird.
Zu S. 97: **Der „blutige Sonntag"** (9. Januar 1905) war durch den Juden Manassewitsch-Manuilow inszeniert worden (F. O. H. Schulz, S. 50), wurde aber im Volk dem Zaren zur Last gelegt.
Zu S. 102: Nicht uninteressant ist heute die Bemerkung des Verfassers, die Zarin hätte infolge ihrer **englischen Erziehung** sich gar nicht vorstellen können, daß **jüdische** Theatervorstellungen bedenklich sein könnten. Bei der Zarin fand der Jude daher nicht zufällig mehr Gehör als beim Zaren.
Ebenda: Die Behauptung des Verfassers, Vorstandsmitglied des Katharinenklubs gewesen zu sein, dürfte der Wahrheit kaum entsprechen. So instinktlos früher deutsche Kreise in Rußland oft zu sein pflegten, so waren die deutschbaltischen Organisationen in rassischer Hinsicht doch äußerst exklusiv. M. W. aber standen der genannte Klub wie auch die gleichnamigen berühmten Kirchenschulen Petersburgs völlig unter baltischem Einfluß. Vgl. A. v. Tobien „Die livländische Ritterschaft in ihrem Verhältnis zum Zarismus", Riga 1925.
Zu S. 108: „**Beten durften sie nicht**" — eine propagandistische Zwecklüge, die (wie viele andere Stellen auch) auf die Sentimentalität des Lesers spekuliert. Das Wort läßt sich aber auch tief hineinschauen in das, was S. unter Beten versteht: bestimmte rituelle Handlungen. Der Deutsche, unter Gebet innerlichste Regungen des Gemüts versteht, weiß, daß keine Macht der Welt jemand am Beten hindern könnte.
Im Alten Testament finden sich bekanntlich Niederschläge sehr verschiedener religionsgeschichtlicher Stufen, daher auch verschiedene Auffassungen des Betens. Zu wenig beachtet wird, daß der Deutsche Luther ganz andere Schichten des A. T. hervorhebt, als es das Judentum, etwa im synagogalen Gebet, tut. Vgl. Gerh. Kittel „Die Entstehung des Judentums und die Entstehung der Judenfrage". In „Forschungen zur Judenfrage", Band I, Hamburg 1937.

5. Rasputin der Zauberer

Die geheimnisvollen „Kräfte" Rasputins

Rasputin hat oft behauptet, er besitze eine besondere Kraft, mit deren Hilfe er alles erreichen und in gefährlichen Momenten sogar sein Leben retten könne. Die Skeptiker glaubten nicht daran.

In der Tat aber verfügte Rasputin über eine besondere Fähigkeit, die er seine „Kraft" nannte. Ich hatte Gelegenheit zu beobachten, wie diese Kraft bei ihm in Erscheinung trat und wie er sie anwandte. Ich beabsichtige nicht, eine Erklärung dieser „Kraft" zu geben, und kann nicht sagen, ob das Hypnose oder Magnetismus war. Darüber ist viel diskutiert und geschrieben worden. Ich will nur meine eigenen Beobachtungen und die mir bekannten Tatsachen mitteilen.

Ganz besonders vielsagend erscheinen mir meine Beobachtungen im Falle Nikolai Nikolajewitsch. Rasputin hatte selbst viel unter der Feindseligkeit des Höchstkommandierenden Nikolai Nikolajewitsch zu leiden. Die Beziehungen zwischen beiden waren nicht immer schlecht gewesen. Wie bekannt, hatte die Gemahlin des Großfürsten als erste Bekanntschaft mit Rasputin geschlossen und sein Kommen nach Petersburg veranlaßt. Auch Nikolai Nikolajewitsch zeigte anfangs Rasputin gegenüber ein wohlwollendes Verhalten. Er erfüllte sogar wiederholt seine Bitten, von der Verbannung deutscher Reichsangehöriger nach Sibirien abzusehen. Diese Bitten gingen von mir aus; ich benutzte Rasputin als Vermittler. Für die Deutschen, die aus der Verbannung zurückkamen, mußte ich dann Bürgschaft leisten. Hinter den meisten Gesuchen um Befreiung deutscher Reichsangehöriger von der Verbannung stand in Wahrheit die Zarin. Sie hielt es aber nicht für möglich, offen für die deutschen Staatsangehörigen einzutreten.

Plötzlich bekam ich auf ein solches Gesuch von dem Großfürsten folgende telegraphische Antwort:

„Bewilligt, aber zum letzten Male. Falls weitere Gesuche eintreffen, verbanne ich Dich nach Sibirien."
Ich eilte zu Rasputin, schlug großen Lärm und beschwerte mich bitter über die Drohung des Höchstkommandierenden. Rasputin lächelte. Er suchte mich zu beruhigen und erklärte alles als ein Mißverständnis. Er beschloß, persönlich in das Hauptquartier zu fahren und dort Rücksprache mit dem Höchstkommandierenden zu nehmen.
Er telegraphierte deswegen an Nikolai Nikolajewitsch, aber nach etwa drei Stunden traf die sehr deutliche Antwort ein: „Wenn Du kommst, laß ich Dich aufhängen."
Die Antwort des Großfürsten hat Rasputin außerordentlich getroffen. Seitdem trug er sich mit dem Gedanken, bei erster Gelegenheit an dem Großfürsten Rache zu nehmen.
Ich begann um meine Zukunft zu zittern und warf Rasputin vor, daß unsere Lage infolge seiner Haltung bedrohlich geworden wäre. Ich begann, ihm zu erklären, er habe nichts erreicht, weder den Friedensschluß noch die Gleichberechtigung der Fremdstämmigen, er habe nur Haß gegen sich heraufbeschworen, der nichts Gutes verheißt.
Darauf erfolgte die stolze Antwort Rasputins:
„Männer wie ich werden in einem Jahrhundert nur einmal geboren. Meine Macht aber kann sich nicht auf alles erstrecken. Was ich für mich nötig habe, erreiche ich."
Bald darauf fand die erwähnte Konferenz der jüdischen Delegierten statt, auf der Rasputin versprach, Nikolai Nikolajewitsch vom Posten des Höchstkommandierenden zu entfernen.
Als ich Rasputin an einem der folgenden Tage besuchte, fiel mir sein eigenartiges Benehmen auf. Er aß nichts, trank aber ohne Unterlaß Madeira. Dabei war er schweigsam, sprang häufig auf, als ob er jemanden mit scharfen Bewegungen der Hände angreifen wollte, drohte mit der Faust und rief: „Ich werde es ihm schon zeigen!"
Es war klar, daß er sich an jemandem rächen wollte.

Ein ähnliches Benehmen hatte ich auch schon früher bei ihm beobachtet. Böse wiederholte er immerfort:

„Ich werde mit ihm abrechnen. Ich werde es ihm schon zeigen."

Er befand sich dabei in irgendeinem ganz besonderen Zustand und war vollkommen in sich versunken. Ein solcher Zustand hielt den ganzen Tag über an.

Abends begab er sich in Begleitung eines Agenten der Politischen Polizei (so war es üblich) ins Bad und kehrte um zehn Uhr heim. Er sah sehr ermüdet aus und schwieg. Ich kannte diesen Zustand schon und belästigte ihn nicht mit Gesprächen, ordnete sogar an, daß an diesem Abend niemand empfangen werden sollte. Rasputin ging schweigend, ohne jemanden anzusehen, in sein Arbeitszimmer, schrieb etwas auf einen Zettel, faltete ihn zusammen und nahm ihn mit in sein Schlafzimmer. Hier steckte er den Zettel unter das Kopfkissen und legte sich nieder. Ich hatte, wie schon bemerkt, wiederholt Gelegenheit gehabt, ein solches Benehmen Rasputins zu beobachten, das an Zauberei erinnerte. Da er in derartigen Augenblicken von niemandem gestört sein wollte, störte ich ihn auch nicht mehr im Schlafzimmer. Er schlief sofort ein und schlief ohne Unterbrechung die ganze Nacht hindurch.

Einmal fragte ich Rasputin, was denn das für Zettel seien, die er unter sein Kissen lege. Er antwortete, er pflege auf diese Zettel seine Wünsche aufzuschreiben, die dann während des Schlafes in Erfüllung gingen. Das sagte er ganz im Ernst: er glaubte offenbar an die wundertätige Wirkung seiner Zettel, und dieser Glaube wirkte überaus ansteckend.

Rasputin erzählte aus der Zeit, als er noch nicht zu schreiben verstand: er habe damals seine Wünsche mit einem Messer in einen Stock einschneiden müssen und habe auf solche Weise viel Unglück abgewandt.

Als er aber schreiben gelernt hatte, brauchte er den Stock nicht mehr, sondern nahm seine Zuflucht zu den Zetteln.

Als ich am andern Tage nach jener Begebenheit zu ihm kam, schlief er noch. Er trat erst nach einiger Zeit zu mir heraus,

und ich bemerkte sofort, daß er ganz anders aussah als am Vortage. Er war munter, wohlwollend und liebenswürdig. In der Hand hielt er den Zettel, der in der Nacht unter seinem Kissen gelegen hatte. Diesen Zettel zerrieb er zwischen den Fingern, bis das Papier in kleine Fetzen zerriß. Er warf diese fort und sagte mit freundlichem Lächeln zu mir: „Du kannst dich freuen, Simanowitsch. Meine Kraft hat gesiegt."
„Ich verstehe dich nicht", antwortete ich.
„Na, dann wirst du sehen, was nach fünf oder sechs Tagen passiert. Ich fahre zu Papa und sage ihm die ganze Wahrheit."
„Und deine Wahrheit soll den Zaren besiegen?" fragte ich.
„Meine Macht und meine Wahrheit werden dem Zaren in drei Tagen bekannt sein", entgegnete Rasputin stolz. „Ich brauche ihm nur die Zukunft vorauszusagen."
Er bat mich, Zarskoje Selo telephonisch anzurufen. Ich bekam die Verbindung gleich, weil das Amt den Befehl hatte, Rasputin mit dem Zaren stets sofort zu verbinden. Ein gleicher Befehl war auch an die Telegraphenämter erteilt worden, so daß Rasputins Telegramme allen anderen vorgingen.
„Womit beschäftigt sich Papa?" fragte Rasputin.
„Er ist mit seinen Ministern beschäftigt", lautete die Antwort.
„Melde ihm, daß ich eine göttliche Botschaft für ihn habe."
Rasputin wurde mit dem Zaren verbunden.
„Wer ist dort?" fragte Rasputin.
„Papa. Was ist geschehen, Vater Grigorij?"
„Das kann ich telephonisch nicht sagen", erklärte Rasputin. „Darf ich kommen?"
„Jawohl. Ich will auch mit dir sprechen", antwortete der Zar.
Rasputin fuhr nach Zarskoje Selo und wurde vom Zaren sofort empfangen. Wie er mir nachher erzählte, spielte sich dabei folgende Szene ab:
Rasputin umarmte den Kaiser, wobei er dreimal seine Wange an die des Zaren drückte, wie er es gewöhnlich bei Leuten tat, die ihm sympathisch und angenehm waren. Dann erzählte er, daß er nachts eine göttliche Erscheinung gehabt habe. Diese

Erscheinung habe ihm verkündet, der Zar werde nach drei Tagen ein Telegramm vom Höchstkommandierenden bekommen mit der Nachricht, daß die Armee nur für drei Tage Verpflegung hätte.
Rasputin setzte sich an den Tisch, füllte zwei Gläser mit Madeira und befahl dem Zaren, den Wein aus seinem Glase zu trinken, während er selbst aus dem Glase des Zaren trank. Dann vermischte er den Wein beider Gläser im Glase des Zaren und gebot ihm, diesen Wein auszutrinken. Nachdem Nikolaus durch diese mystischen Handlungen genügend vorbereitet war, sagte ihm Rasputin, er glaube nicht dem Telegramm des Großfürsten, das nach drei Tagen eintreffen werde. Es gebe in der Armee Brot genug. Nikolai Nikolajewitsch wolle lediglich Panik und Unruhe in der Armee wie in der Heimat hervorrufen, dann unter dem Vorwand des Brotmangels den Rückzug antreten, schließlich Petersburg besetzen und den Zaren zur Abdankung vom Throne zwingen.
Nikolaus war bestürzt, denn er glaubte an Rasputins Weissagungen.
„Was soll ich tun?" fragte er ängstlich.
„Er will mich nach Sibirien verbannen", antwortete Rasputin, „ich aber werde ihn nach dem Kaukasus schicken."
Der Zar verstand die Andeutung. Man kann sich denken, wie erschüttert er war, als nach drei Tagen ein Telegramm des Höchstkommandierenden eintraf, in dem mitgeteilt wurde, die Armee habe nur noch für drei Tage Brot. Dies genügte, um über das Schicksal des Großfürsten zu entscheiden. Niemand konnte nun den Zaren mehr von dem Glauben abbringen, der Großfürst plane einen Anschlag auf die Hauptstadt und wolle ihn vom Throne stürzen. Nikolai Nikolajewitsch wurde zum Oberbefehlshaber der Armee im Kaukasus ernannt, während der Zar selbst den Posten des Höchstkommandierenden übernahm. Auch hierin folgte er Rasputins Rat.
Drei Tage blieb Nikolai Nikolajewitsch noch im Hauptquartier. Die Kaiserin-Mutter versuchte den Zaren zur Zurücknahme seiner Verfügung zu überreden. Er blieb jedoch fest und

gab den Befehl, für Nikolai Nikolajewitsch einen Extrazug bereitzustellen, der ihn in den Kaukasus bringen sollte.

Die Gabe des Fernsehens bei Rasputin

Ich besuchte Rasputin stets in den Morgenstunden, und wir trafen dann unsere Dispositionen für den ganzen Tag. Zugleich erfuhr ich, was am vorhergehenden Abend vorgefallen war. Wir tauschten immer gegenseitig unsere Nachrichten aus. Einmal fand ich Rasputin in großer Erregung und schloß daraus, daß mit ihm etwas Besonderes vorgehe und wieder seine „Kraft" in Wirksamkeit träte. Er überraschte mich in der Tat mit einer verblüffenden Mitteilung.

„Höre mal, Aron. In Kiew bereitet sich ein Judenpogrom vor. Du mußt Maßnahmen ergreifen."

Man kann sich vorstellen, wie sehr mich eine solche Mitteilung traf. Ich hatte in Kiew viele Verwandte, und die Überfälle auf die Juden machten mir ohnehin viel zu schaffen. Als ich Rasputin um nähere Mitteilungen bat, begnügte er sich mit einer noch dunkleren Andeutung.

„Mit dem Alten wird man Schluß machen müssen", sagte er. Die Benennung „der Alte" wurde von uns immer für den Ministerpräsidenten gebraucht. Damals nahm Stolypin diesen Posten ein. Rasputins Andeutung konnte ich nur so verstehen, daß Stolypin bald sterben würde. Die näheren Einzelheiten des bevorstehenden Unglücks wurden mir nicht mitgeteilt.

Ich versuchte nun, Rasputin auszufragen, warum Kiew ein Judenpogrom drohe und wie man ihn abwenden könnte. Ich wollte nötigenfalls nach Kiew eine Warnung schicken. Zu meinem Erstaunen erklärte mir Rasputin, ein Judenpogrom könne nur dann vermieden werden, wenn der Zar bei seiner Reise nach Kiew den Ministerpräsidenten Stolypin nicht mitnähme; Stolypin würde in Kiew umgebracht werden und nicht mehr nach Petersburg zurückkehren.

Ich muß gestehen, daß mir sogar bei meinem Glauben an die Prophetengabe Rasputins diese Eröffnung wenig wahrscheinlich vorkam.

Ungeachtet meiner geringen Bildung tauchten bei mir oft Zweifel auf, ob derartige Wunder möglich wären, und ob nicht dahinter ein Schwindel stecke. Freilich, vieles aus der Tätigkeit Rasputins erregte bei mir großes Erstaunen, wenn ich auch wußte, daß er recht geschickt war und aufs beste seine Stellung bei Hofe auszunützen verstand.

Was jedoch jene Prophezeiung angeht, so wußte ich nicht, was davon zu halten. Ein paar Tage später teilte Rasputin mir mit, er habe mit dem Zaren über dessen bevorstehende Reise nach Kiew gesprochen. Mit dem Resultat dieser Unterredung war er sehr unzufrieden. Er hatte den Zaren gewarnt und ihm geraten, Stolypin nicht nach Kiew mitzunehmen. Zwar habe er Stolypin vor der drohenden Gefahr nicht gewarnt, da er nicht sein Freund sei, aber da der Zar ihn nun einmal brauche, müsse man ihn schonen.

„Stolypin rührt mich ja nicht an", erklärte Rasputin, „und ich will ihm kein Bein stellen."

Auch der Zar schenkte dieser Prophezeiung Rasputins keine besondere Aufmerksamkeit. Er wollte nicht auf die Begleitung Stolypins verzichten.

Das war der Grund für Rasputins Unzufriedenheit, die nicht etwa verletzter Eitelkeit, sondern dem Bewußtsein entsprang, daß Stolypins Schicksal durch die Fahrt besiegelt sei.

Stolypin fuhr nach Kiew und wurde dort von dem Agenten der Kiewer Politischen Polizei, von dem Juden Bagrow, ermordet.

Als ich später diese Geschichte meinen Bekannten am Hofe erzählte, sprachen einige von ihnen die Vermutung aus, der Zar habe vielleicht Stolypin gerade deshalb nach Kiew mitgenommen, weil er an die Prophezeiungen Rasputins glaubte. Ich halte diese Vermutung für völlig unbegründet. Wenn auch Nikolaus der Prophetengabe Rasputins vertraute, mochte diese Prophezeiung auch ihm zu gewagt erschienen sein.

Nach dem Attentat auf Stolypin sandte der Zar an Rasputin ein Telegramm mit der Frage: „Was tun?"
Rasputin telegraphierte zurück: „Freude, Friede, Ruhe! Du Friedensstifter stehst niemandem im Wege. Das Blut der Fremdstämmigen ist auf der Erde des russischen Zaren ebenso kostbar wie das Blut der eigenen Brüder."
Der Zar ließ alle Maßnahmen gegen eine etwaige Judenhetze in Kiew ergreifen. Die Reaktionäre waren enttäuscht. Der Pogrom fand nicht statt.

Rasputin als Heilkünstler

Ich will einige Fälle erzählen, die ein Bild der wunderbaren Heilkraft Rasputins bieten.

Mein zweiter Sohn litt schon lange an einer Krankheit, die als unheilbar galt. Seine rechte Hand zitterte ständig, und die ganze rechte Seite war gelähmt. Er mußte jedes Jahr mehrere Monate im Bett verbringen. Als ich durch die Wyrubowa und andere Damen von der Fähigkeit Rasputins hörte, Krankheiten zu heilen, bat ich ihn mehrmals, meinem Sohne zu helfen. Er ging aber nicht auf meine Bitte ein und redete sich auf verschiedenen Wegen heraus. Während eines seiner geschäftlichen Besuche sah er meinen Sohn in seinem kläglichen Zustande und wurde anscheinend von Mitleid erfaßt. Ihn unverwandt anblickend, forderte er mich auf, meinen Sohn frühmorgens zu ihm zu bringen, und zwar bevor er das Bett verlassen habe. Mein Sohn sollte Rasputin im Nebenzimmer erwarten, ich aber Rasputin wecken, doch so, daß er mich nicht sehen konnte.

Ich brachte meinen kranken Sohn in die Wohnung Rasputins, setzte ihn im Speisezimmer in einen Lehnstuhl, klopfte selber an die Tür des Schlafzimmers und verließ schnell die Wohnung. Mein Sohn kehrte nach einer Stunde zurück. Er war geheilt und glücklich. Die Krankheit stellte sich auch nicht wieder ein. Er erzählte, daß seine Heilung durch Rasputin folgendermaßen zustande gekommen war:

Rasputin trat aus seinem Schlafzimmer zu ihm heraus, setzte sich ihm gegenüber in einen Stuhl, legte die Hände auf seine Schultern, blickte ihm scharf in die Augen und begann stark zu zittern.
Das Zittern ließ allmählich nach und Rasputin beruhigte sich. Dann sprang er auf und schrie ihn an:
„Pack dich weg, du Junge (Flegel)! Geh nach Hause, sonst werde ich dich verbläuen."
Der Junge sprang auf, lachte und lief nach Hause.
Ich habe die Kraft Rasputins auch an mir selber erfahren. Seit vielen Jahren war ich ein leidenschaftlicher Spieler und verbrachte viele Nächte hindurch am Kartentisch. Mehrere Spielklubs begründete ich selbst. Einmal riß mich das Spiel so sehr fort, daß ich drei Tage hintereinander im Klub verbrachte. Gerade zu dieser Zeit hatte Rasputin ein wichtiges Anliegen für mich. Er rief mich telephonisch an, kam auch selbst in den Klub, aber alles war vergeblich. Als wir endlich zusammentrafen, fragte er mich, was mit mir geschehen sei. Ich gestand ihm, daß ich viel verloren hatte und das Spiel nicht eher hatte unterbrechen wollen, bis ich den Verlust wieder eingebracht hätte. Rasputin hörte mir aufmerksam zu. Als ich zu Ende war, lächelte er irgendwie sonderbar und sagte:
„Ich gebe dir Geld. Geh spielen!"
Ich wunderte mich sehr über seinen Vorschlag und weigerte mich, für sein Geld zu spielen.
„Statt Geld zu verspielen", sagte Rasputin, „tätest du besser, dir ein neues Gehirn zu kaufen."
Er lud mich ein, am Tisch Platz zu nehmen, und rief befehlend:
„Setz dich! Jetzt wollen wir eins trinken."
Ich leistete seiner Einladung Folge. Rasputin brachte eine Flasche Wein und goß zwei Gläser ein. Ich wollte aus meinem Glas trinken, Rasputin reichte mir aber das seine, vermischte den Wein beider Gläser, und wir mußten ihn dann gleichzeitig austrinken. Nach dieser eigenartigen Handlung trat ein kurzes Schweigen ein. Endlich begann Rasputin zu sprechen:
„Weißt du was? Du wirst dein Leben lang nicht mehr spielen.

Schluß damit! Geh, wohin du willst. Ich möchte sehen, ob du noch einmal für drei Tage verschwindest!" Während er sprach, starrte er mir unverwandt in die Augen. Ich hatte ein unangenehmes, merkwürdiges Gefühl.

Danach stand Rasputin auf und ließ mich in Verwirrung allein zurück. Seit jenem Tage habe ich bis zum Tode Rasputins nicht mehr gespielt, obgleich ich Eigentümer verschiedener Spielklubs blieb. Auch bei den Pferderennen setzte ich nicht mehr und sparte dadurch viel Geld und Zeit. Nach dem Tode Rasputins hörte die Wirkung der merkwürdigen Hypnose auf, und ich begann wieder zu spielen.

Rasputin erzählte mir, daß er auf dieselbe Weise Nikolaus II. veranlaßt habe, das Trinken zu lassen. Der Zar liebte bekanntlich stark zu trinken. In der Regel war er nur am Morgen, etwa bis zehn Uhr, absolut nüchtern, nachher war er meist in einem gewissen Rauschzustand. Zuweilen trank er fast bis zur Bewußtlosigkeit, und nach den Regimentsfesten mußten ihn die Offiziere gewöhnlich zu seinem Auto hinaustragen. Überhaupt spielte Rasputin Nikolaus II. gegenüber die Rolle einer Amme. Er pflegte sich in das intime Leben der ganzen Zarenfamilie einzumischen. Zeitweilig, schon seit seiner Kindheit, machten sich beim Zaren Abweichungen vom normalen sexuellen Leben bemerkbar, was sein Nervensystem sehr ungünstig beeinflußte. Rasputin behandelte Nikolaus wie einen Knaben. Er schrie ihn an, schalt ihn und kommandierte, der Zar aber war bestrebt, seinen Anweisungen zu folgen, ohne im geringsten sich durch Rasputin beleidigt zu fühlen.

Ich fragte Rasputin wiederholt, warum er den Zaren nicht völlig von seiner Trunksucht heilen könne. Er beschränkte sich nämlich darauf, ihm den Alkohol auf zwei bis drei Wochen, niemals auf mehr als einen Monat, zu verbieten. Rasputin gab mir darauf nur sehr ungern Antwort oder drückte sich ganz um eine Erklärung, so daß ich den Eindruck gewann, es läge nicht in seinem Interesse, den Zaren ganz von seiner Unbill zu befreien. Die Schwächen Nikolaus II. verstand Rasputin auszunutzen. Sie gaben ihm die Möglichkeit, die ganze Zarenfamilie in der Hand zu halten.

Der Zar hat sehr oft mit Rasputin direkt gefeilscht, auf welche Frist ihm jener das Trinken verbieten würde. Gewöhnlich bat Nikolaus um Herabsetzung der Frist. Wenn Rasputin einen Monat bestimmte, suchte der Kaiser die Frist auf zwei Wochen herabzusetzen.

Das Trinkverbot wurde zuweilen schriftlich gegeben, in der Regel dann, wenn der Zar sich auf längere Zeit ins Hauptquartier begab. Rasputin verlangte vom Zaren während des Aufenthalts im Hauptquartier völlige Nüchternheit. Doch dem Zaren das Trinken und andere Schwächen ganz abzugewöhnen, lag nicht im Interesse Rasputins. Jedenfalls habe ich diesen Eindruck gewonnen.

Erläuterungen

Zu S. 117: **Rasputin der Zauberer**. Geradezu amüsant sind die ehrfurchtsvollen Berichte des Juden über die Zauberhandlungen Rasputins. Der auf seinen Verstand so stolze Jude haut hier gründlich vorbei, weil er (wie gezeigt) keinen Sinn für Werte hat: primitivste, ganz kindische Handlungen erfüllen ihn mit heiligem Schauder, und er ist überzeugt, daß in ihnen sich übernatürliche Kräfte manifestieren.

Eine ganz andere Frage ist es, ob Rasputin **prophetische Gaben** besessen hat. Sind die von ihm veröffentlichten Briefe echt, so muß man diese Frage bejahen. Erklären kann man diese Gabe z. T. durch die nicht geringen geistigen Fähigkeiten des Bauern wie auch durch den noch ungebrochenen Instinkt seines Gemüts; so sah er noch klarer in großen Zusammenhängen als der entartete Petersburger Hof.

Ein besonderes Problem stellt das **Testament** Rasputins dar (s. u. 9. Kap.). Schon in der äußeren Form erinnert es an den monumentalen Stil, in dem etwa die bekannte Inschrift Nebukadnezars, des Königs von Babylon, am Ischtar-Tor (jetzt im Pergamon-Museum zu Berlin) abgefaßt ist. Und dies trotz jüdischer Überarbeitung!

Noch auffallender ist der Inhalt. In erstaunlichster Weise wird er durch die gewaltigen Ereignisse **unseres Jahres 1941** bestätigt. Man könnte zwar die Angabe des 1. Januar als nachträgliche Fälschung ansehen. Unmöglich aber konnte es Rasputin oder auch Simanowitsch wissen, daß genau nach 25 Jahren, im Herbst 1941, der Bolschewismus erschüttert sein würde. Man steht hier vor einer der merkwürdigsten Prophezeiungen der gesamten Geschichte.

Zu S. 124: **Rasputin als Hypnotiseur**. In welchem Maße R. über suggestive Kräfte verfügte, ist umstritten. Ich möchte hierzu folgendes sagen: Ohne Zweifel besaß Rasputin das, was man suggestiven Einfluß zu nennen pflegt. Sein einsames Wanderleben, jahrelanges Fasten, eine ungeheure Konzentration verliehen ihm eine Geschlossenheit, der sich niemand leicht entziehen konnte. Selbst der französische Botschafter gesteht das.

Es ist aber auch möglich, ja auf Grund der Beziehungen Rasputins zu tibetanischen u. a. Zauberern wahrscheinlich, daß er sogar die Hauptregeln der hypnotischen Technik gekannt und immer wieder angewandt hat. Freilich war diese Technik damals noch recht unentwickelt.

Aus dieser Kenntnis heraus erteilte er dem Zaren Suggestionen nur auf zwei bis vier Wochen, nicht aber aus jenen niedrigen Motiven, die ihm der Jude unterschiebt.

Ein besonders interessantes Kapitel stellen die **Rauschzustände** resp. die „**Ekstasen**" Rasputins dar, die hier von einem Augenzeugen geschildert werden. Sie unterscheiden sich weithin von den ekstatischen Zuständen des Mittelalters oder der indischen Mystik.

Rasputin war überzeugt, in diesen ekstatischen Rauschzuständen göttliche Offenbarungen zu empfangen resp. mit ihrer Hilfe das Eintreffen solcher Offenbarungen beschleunigen zu können. Modernem Empfinden erscheint es unerträglich, daß Rasputin diese Zustände öfters durch überreichlichen

Alkoholgenuß vorbereitet. Doch kennt die Religionsgeschichte zahlreiche Analogien nicht nur bei primitiven Völkern, sondern auch im heutigen Sibirien sowie in abgelegenen Bauerndörfern West- und Mitteleuropas. Die vorübergehende B e w u ß t s e i n s s t e i g e r u n g d u r c h A l k o h o l wird hier einfach mit Bewußtseinssteigerungen durch Ekstasen verwechselt, so wie wilde Völker sexuelle, neurotische, ja geisteskranke Steigerungen mit ekstatischen Offenbarungszuständen verwechseln. Man kann ihnen diesen Irrtum ebensowenig wie einem Rasputin verargen, denn es handelt sich hierbei um äußerst schwierige, nur bei genauester Sachkenntnis unterscheidbare Erscheinungen des Geisteslebens.

Schlimmer ist es, wenn moderne Intellektuelle — in Auswirkung seelischer Verflachung zweier materialistischer Jahrhunderte — den gleichen Fehler begehen; etwa wenn ein Arzt meint, sein Operationsmesser allein dann vollkommen zu beherrschen, wenn er einen leichten Alkoholrausch hat. Daß schwere soziale Schäden in beiden Fällen erwachsen müssen, liegt auf der Hand.

Diese Fehler sind heute nicht mehr entschuldbar, denn die letzten Jahrzehnte haben uns recht genauen Einblick in die Organisation des höheren Seelenlebens ermöglicht. Literatur bei J. H. Schultz „Das autogene Training", 1932 ff. (ein bahnbrechendes Werk) und bei Aunapuu „Die ekstatischen Zustände der Therese Neumann" in W. Gruehn „Archiv für Religionspsychologie usw.", 1930.

Hinter all diesen Fragen steht natürlich das Geheimnis der schöpferischen Zustände, eines der tiefsten und wichtigsten Geheimnisse der Welt: unter welchen Bedingungen ist der Mensch höchster geistiger Leistungen fähig? Von der Existenz dieses Problems wissen heute freilich nur wenige Dutzend Menschen, über seine konkrete Gestalt kaum mehr als zwei.

6. Hohe Politik

Graf Witte sucht Rasputins Protektion

Einmal rief bei mir Graf Witte an und bat mich, in einer vertraulichen Angelegenheit zu ihm zu kommen. Ich war äußerst interessiert. Obwohl ich den Grafen schon lange kannte, hatte ich ihn aber die letzten Jahre nicht gesehen. Ich fuhr sofort zu ihm und wurde sehr liebenswürdig empfangen.
In vorsichtiger Form fragte mich der Graf, ob er ganz vertraulich sprechen und darauf rechnen könne, daß unser Gespräch geheim bleiben werde. Er habe einen Plan, der für das jüdische Volk von großem Interesse sein könnte; er wisse, daß das Schicksal der Juden mir besonders am Herzen liege. Diese Einleitung bestach mich, und ich versprach dem Grafen, den Inhalt unseres Gesprächs niemandem mitzuteilen.
„Ich halte es für unerläßlich", sagte Witte mit einem bezeichnenden Blick, „daß Sie mich mit Rasputin zusammenbringen."
Es entstand eine Pause, und er suchte festzustellen, welchen Eindruck sein Wunsch auf mich machte. Ich war es schon gewöhnt, daß hochgestellte Personen den Wunsch hatten, Rasputins Einfluß für sich auszunützen; daher verwunderte mich Wittes Ansinnen nicht im geringsten. Ich erklärte mich bereit, ihn mit Rasputin zusammenzuführen, und wir besprachen, auf welche Weise das am besten zu machen sei. Ich riet ihm, zunächst einmal die Gunst Rasputins zu gewinnen, womit der Graf einverstanden war.
Als Vermittlerin sollte dabei die Gräfin Witte benutzt werden; sie pflegte Anträge von Bittstellern zu bewilligen, die von Rasputin zu ihr geschickt wurden. Wir kamen überein, daß Rasputin seine Bittsteller einfach zu „Madame Mathilde" schicken sollte, ohne ihren Namen und Titel zu erwähnen, und rechneten damit, daß die erfreuten Bittsteller wieder zu Rasputin zurückkehren würden, um ihm zu danken. Das mußte

nach unserer Annahme einen günstigen Eindruck auf Rasputin machen und ihn für Witte einnehmen.
Ich hielt es für zweckmäßig, eine diskrete Wohnung zu suchen, in der Witte und Rasputin ganz unbemerkt zusammenkommen könnten. Witte war auch damit einverstanden. Er hatte denselben Gedanken gehabt, sich aber nicht entschließen können, ihn auszusprechen. Zu meiner Genugtuung kam er selbst auf den Gedanken, diese Wohnung in dem Hause zu suchen, in dem Rasputin wohnte.
Ich muß gestehen, daß der Gedanke, Rasputin mit Witte zusammenzuführen und so dem Grafen wieder zu einer führenden Stellung zu verhelfen, mir sehr verlockend war. Hierbei mußte Witte mir versprechen, an der Beseitigung der für die Juden geltenden Beschränkungen mitzuarbeiten, falls es uns gelänge, ihn wieder ans Ruder des Staatsschiffes zu bringen. Er sagte mir zu, die Judenfrage an die erste Stelle zu rücken, und das Abkommen zwischen uns war damit geschlossen.
Ich versprach meinerseits, seiner Frau nichts von der bevorstehenden Begegnung mit Rasputin zu erzählen. Witte sollte bei Zusammenkünften mit Rasputin sich „Iwan Fedorowitsch" nennen.
Ich begann vorsichtig die Annäherung zwischen Rasputin und Witte vorzubereiten. Der kluge Rasputin merkte bald, was ich von ihm wollte. Gelegentlich einer Unterhaltung, bei der ich die Möglichkeit einer Zusammenarbeit behutsam anzudeuten versuchte, ohne einen Namen zu nennen, erklärte Rasputin mit schlauem Blick:
„Ich weiß, von wem du sprichst. Das ist Graf Witte." Er war froh, daß Witte seine Protektion brauchte und eine Annäherung mit ihm anstrebte. Er fühlte sich geschmeichelt und erklärte sich gerne zu einer Zusammenkunft bereit.
Auf der Suche nach einer bequemen Wohnung in Rasputins Hause stieß ich auf meinen Bekannten Chait, der dort eine kleine Wohnung hatte. Ich schlug ihm vor, sie mir für den Sommer zu überlassen, wogegen ich ihm eine meiner Villen in dem in der Nähe von Petersburg gelegenen Sjestrorezk ab-

treten wollte. Er ging darauf ein, und ich schickte den Schlüssel der Wohnung Witte. Für kleine Dienstleistungen wurde ein verabschiedeter Soldat angestellt, der nicht einmal eine Ahnung hatte, wer Witte war.

Die erste Begegnung zwischen Witte und Rasputin fand im Frühjahr, an einem der Sonnabende, um vier Uhr nachmittags statt. Mit dem Ergebnis dieser ersten Besprechung waren beide sehr zufrieden. Rasputin erzählte mir nachher, er habe Witte zuerst gefragt, wie er ihn titulieren solle, sie hätten sich auf die Anrede „Gräflein" (resp. „Gräfchen" — im Deutschen nicht wiederzugeben) geeinigt. Das Gespräch kam schnell in Gang. Rasputin stellte gleich seine Forderungen, und eine Verständigung wurde mit Leichtigkeit erzielt. Rasputin erklärte:

„Die Lage ist sehr schwierig. Du bist ein kluger Mensch, mache deinen Vorschlag!"

Witte erklärte, er befinde sich in Ungnade, da er gegen den Krieg sei. Er könne sich aber nicht für den Krieg begeistern.

„Laß dich küssen!", rief Rasputin entzückt. „Ich will auch keinen Krieg. Darin bin ich mit dir vollkommen einig. Aber was tun? Papa ist gegen dich, er hat Angst vor dir. Ich werde jedenfalls nächstens mit ihm sprechen und ihm den Rat geben, dich mit der Beendigung des Krieges zu beauftragen. Ich vertraue dir."

Im Laufe der weiteren Unterhaltung erklärte Witte, die Zeitung „N o w o j e W r e m j a" stifte großen Schaden. Sie propagiere den Krieg. Man müsse sie auf irgendeine Weise unschädlich machen.

„Ganz recht", sagte Rasputin, „besorge das!"

„Man müßte die ‚Nowoje Wremja' kaufen und in der uns angenehmen Richtung weiterführen", schlug Witte vor.

„Gut, aber beachte, daß dies Ziel auch tatsächlich erreicht wird. Du weißt, daß General Wojeikow (der Palastkommandant) mit dem Fürsten Andronnikow Pech gehabt hat. Er hat dem Fürsten Geld für eine Zeitung gegeben, die aber über mich herfiel."

Nach zwölf Tagen teilte Rasputin Witte mit, daß er seinetwegen mit dem Zaren eine Unterredung gehabt hätte.
„Ich erzählte ihm", sagte Rasputin, „daß Mathilde alles tut, was meine Bittsteller wünschen, daß ich mich mit dir treffe und daß er sich auf dich verlassen kann."
Der Zar konnte sich jedoch nicht entschließen, Witte aufs neue (als Ministerpräsidenten) einzusetzen, und begründete das mit den Worten:
„Du mußt wissen, daß ich mich in große Gefahr begebe, falls ich den Grafen Witte wieder berufe. Meine Verwandten werden mit mir ebenso verfahren, wie es seinerzeit mit dem serbischen König Alexander geschah. Man würde mich mit meiner Frau zusammen ermorden. Wenn ich Witte zum Ministerpräsidenten berufe, so wird das bedeuten, daß ich Frieden mit Deutschland schließen will."
„Hilf mir, Vater Grigorij", bat Witte: „verlaß mich nicht! Du bist ein echter Russe und ein aufrichtiger Mensch. Die Verwandten des Zaren wollen es nicht zulassen, daß er selbständig handelt. Sie sind mir böse, weil ich der Urheber der Verfassung bin. Der Zar hat das Versprechen nicht gehalten, das er dem Volke gegeben, und nur dies ist die Ursache der Schwierigkeiten der letzten Jahre."
Nach einiger Zeit rief mich Witte zu sich und sagte:
„Ich habe heute mit dem Herausgeber der ‚Nowoje Wremja' verhandelt. Er braucht dringend Geld und bat mich um Rat, wie er es auftreiben könnte. Er ist sogar bereit, einen Teil der Aktien der Zeitung zu verkaufen. Unter anderem bat er mich, beim Finanzminister Bark zu vermitteln, daß er die Aktien beleihe."
„Ich finde", schloß Witte, „daß eben der günstigste Moment ist, um Einfluß auf die ‚Nowoje Wremja' zu gewinnen und ihre gehässige Propaganda zu unterbinden. Wenn Rasputin einen genügenden Geldbetrag auftreiben kann, will ich alles in Ordnung bringen. Wir nehmen dann die ‚Nowoje Wremja' in unsere Hand, und sie wird unschädlich gemacht. Sprechen Sie in dieser Sache mit Ihren Juden. Sie sollten sich diese Ge-

legenheit nicht entgehen lassen, um ihren schlimmsten Feind zu entwaffnen."
Ich erzählte Rasputin von dieser Unterredung mit dem Grafen Witte. Wir beschlossen nach einer kurzen Beratung, uns an unseren „klugen Bankier" zu wenden (so nannte Rasputin den bekannten Kaufmann Dimitrij Rubinstein). Außerdem beschlossen wir auch, Baron Ginzburg und Moses Ginzburg zu orientieren. Rasputin lud alle diese Finanzleute zu sich ein und schlug ihnen vor, die judenfeindliche Zeitung zu kaufen. Er suchte die jüdischen Bankiers davon zu überzeugen, daß eine solche Abmachung im Interesse des ganzen Judentums liegen würde, und sein Vorschlag machte einen starken Eindruck auf die Versammlung. Auch ohne Rasputins Zureden war den Beteiligten klar, daß der Ankauf der „Nowoje Wremja" uns großen Nutzen bringen würde. Um so höher schätzten sie das Eintreten Rasputins für die Interessen der Juden ein. Bei seinem damaligen Einfluß hatte diese Haltung eine ungeheure Bedeutung für die Juden. Daher suchten sie ihn mit allen Mitteln für ihre Sache zu gewinnen und beauftragten mich, ihn immer fester mit uns zu verbinden.
Die Aktien der „Nowoje Wremja" wurden von Graf Witte erworben, der sie dann weiter an Rubinstein abtrat.
Rubinstein freute sich sehr, daß die Judenhetze jetzt ihr Ende finden würde, und Witte war zufrieden, daß die „Nowoje Wremja" ihn nicht mehr beschimpfen und ihm Schaden zufügen konnte. Die Beziehungen zwischen Witte und Rasputin dauerten bis zum Tode Wittes fort. Sie trafen sich oft, und Witte gab anscheinend die Hoffnung nicht auf, mit Unterstützung Rasputins zur Macht zu gelangen.
Allein, — der alte Hof kam bald hinter die Freundschaft Wittes mit Rasputin, denn er verfügte über eine gute Spionageorganisation. Nicht nur der Zar, die Zarin und die Zarenkinder wurden bespitzelt, sondern auch alle Personen, die zum Hofe Zutritt hatten. Ich zum Beispiel konnte in Petersburg keinen Schritt tun, ohne daß man mir folgte. Es kam vor, daß mir mehrere Agenten gleichzeitig folgten. Die Nachricht, daß

Witte mit Hilfe Rasputins eine Annäherung an den jungen Hof suche, versetzte die Gegner Nikolaus II. in große Aufregung und rief in den Kreisen des alten Hofes Empörung hervor. Witte wurde dort energisch bekämpft. Man nahm an, dieser hervorragende Staatsmann könne etwas unternehmen, was dem alten Hof großen Schaden bringen werde. Als Witte starb, ging in Petersburg das Gerücht um, er sei von seinen Feinden vergiftet worden.

Der Tod Lord Kitcheners
oder
Die außenpolitischen Wirkungen einer deutschen Mine

Als ich einmal um 11 Uhr morgens zu Rasputin kam, fiel mir auf, daß ihn irgend etwas sehr beunruhigte. Es stellte sich heraus, daß er eben erst aus Zarskoje Selo zurückgekehrt war. Auf meine Frage nach dem Grund seiner Unruhe, antwortete mir Rasputin, es sei eine äußerst geheime Sache, und ich dürfe niemand gegenüber auch nur eine Andeutung machen. Ein großes Unglück habe sich ereignet; die Zarin mache sich schwere Sorgen. Sie weine die ganze Zeit und greife sich in Verzweiflung mit den Händen an den Kopf.

„Es ist furchtbar, was Papa angerichtet hat", erklärte Rasputin. „Es scheint, er wird uns alle noch zugrunde richten. Ich fragte ihn, was geschehen sei, aber er schwieg. Er ist auch sehr bekümmert."

Rasputin konnte übrigens nie lange etwas verschweigen und erzählte mir alle Einzelheiten.

„Es ist ein großes Unglück geschehen", sagte er. „Ein englischer General war zu uns unterwegs. Er wollte uns helfen und irgend etwas unternehmen, um den Krieg schneller und erfolgreich zu Ende zu führen. Sein Schiff ist aber von den Deutschen versenkt worden. Dabei behauptet man, wir wären schuld

daran. Die deutschen Spione hätten ihrem Stabe verraten, daß ein englischer General auf dem Wege zu uns wäre."
Rasputin erzählte weiter, die Zarin befürchte, der Verdacht des Verrats könnte auch auf sie als Deutsche fallen. Sie bat Rasputin, er möge mit Hilfe seiner übernatürlichen Fähigkeiten den Schuldigen am Tode Kitcheners ermitteln.
„Ich erfuhr dabei zum ersten Male, daß dieser General bei uns erwartet wurde", sagte Rasputin, „meine Kraft erstreckt sich nicht auf Ausländer; ich werde aber trotzdem herausbringen, wer von der Abreise Kitcheners gewußt hat. Man sagt, er sei ein kluger Mann gewesen."
Drei Tage später erfuhr ich von Rasputin, daß er eine Unterredung mit Nikolaus II. gehabt hatte. Der Zar war schon etwas ruhiger geworden und teilte Rasputin mit, er wäre durch ein chiffriertes Telegramm von der Abreise Kitcheners benachrichtigt worden. An jenem Morgen habe er nur den Palastkommandanten Wojeikow und den Admiral Nilow gesehen. Mit ihnen habe er gefrühstückt und dabei reichlich getrunken. „Folglich", sagte Rasputin zum Zaren, „warst du angetrunken und hast deinen Freunden von dem Telegramm erzählt. Wojeikow hat es dann dem deutschen Spion Andronnikow ausgeplaudert und dieser wieder die Deutschen informiert. Solcherart ist alles klar!"
Der Zar erkundigte sich bei Wojeikow, und dieser bestätigte, daß er in der Tat dem Fürsten Andronnikow die Nachricht mitgeteilt habe, die er vom Zaren gehört. Er habe damit Andronnikow zwingen wollen, in seiner Zeitung einen Begrüßungsartikel zu veröffentlichen.
Andronnikow war ein sonderbarer Mensch mit dunkler Vergangenheit. Niemand rechnete mit ihm, und doch stand er mit allen in irgendwelchen geschäftlichen Beziehungen. Der außerordentlich korpulente Mann war trotzdem sehr beweglich und tätig. Es wurde behauptet, er sei ein deutscher Spion; trotzdem blieb er unbehelligt und konnte militärische Informationen über Schweden nach Deutschland vermitteln. Sein Vater war Georgier, seine Mutter Deutsche; in Deutschland war er er-

zogen worden. Er war Lutheraner, das störte ihn aber nicht, vertraute Beziehungen mit der höheren orthodoxen Geistlichkeit zu unterhalten und alle seine Bekannten und Freunde mit Heiligenbildern zu beschenken.
Sogar der Zar und die Zarin hatten Heiligenbilder von ihm. Er galt als großer Frömmler. Seine Kusine, die Fürstin Orbeliani, hatte ihn bei Hofe eingeführt. Rasputin sprach von ihm, Andronnikow sei eine große Blase, die platzen und dabei mächtig stinken werde. Andronnikow war bis zum Kriege ein großer Schürzenjäger, wurde aber während des Krieges homosexuell. Daher wunderte sich niemand darüber, daß es in seiner Wohnung immer von jungen Leuten wimmelte. Auffallend war nur, daß die meisten jungen Leute Offiziere waren. Er versah sie mit Geld und nahm sie überhaupt sehr freundlich auf. Der Tisch war bei ihm immer gedeckt. Die jungen Offiziere besuchten ihn daher sehr gern und plauderten die ihnen anvertrauten militärischen Geheimnisse aus. Andronnikow war ein naher Freund des Gendarmerieobersten Mjassojedow und des Kriegsministers Suchomlinow. Beide wurden bekanntlich der Spionage angeklagt. Mjassojedow wurde gehängt, und ich glaube, daß Andronnikow der Urheber dieser Verfolgungen war.
Ich erinnere mich noch einer Episode, in der Andronnikows Rolle wenig schön war. Er hatte einen Verwandten namens Dumbadse. Auf seine Empfehlung hin wurde Dumbadse von Suchomlinow beauftragt, Munition in den Vereinigten Staaten aufzukaufen. Nach Erledigung dieses Auftrages kehrte Dumbadse nach Rußland zurück, beging aber die Unvorsichtigkeit, sich mit Andronnikow zu entzweien. Das veranlaßte den Fürsten, seinen Verwandten Dumbadse und dessen Freund, Ingenieur Weller, als Spione und Mitarbeiter Mjassojedows zu denunzieren. Beide wurden verhaftet und vor das Kriegsgericht gestellt.
Der Großvater Wellers, ein neunzigjähriger Greis, wandte sich mit der Bitte an mich, seinen Enkel zu retten. Trotz aller Bemühungen gelang es mir aber nicht, diesen entsetzlichen Pro-

zeß aufzuhalten. Dumbadse und Weller wurden vom Kriegsgericht in Berditschew zum Tode verurteilt. Das Urteil wurde dem Zaren zur Bestätigung unterbreitet und mußte binnen achtundvierzig Stunden vollstreckt werden. Die Verwandten Wellers eilten zu mir. Es war eben die Fürstin Tarchanowa, eine Verwandte Dumbadses, bei mir. Sie schloß sich den Verwandten Wellers an, und wir begaben uns alle zu Rasputin.
„Sieh, was dein Andronnikow angerichtet hat", sagte ich zu Rasputin, um ihn aufzustacheln. Ich wußte, daß er Andronnikow haßte.
„Was soll ich tun?" fragte Rasputin.
„Sofort zum Zaren fahren und ihn um Begnadigung bitten."
„Gut, ich werde es tun", antwortete Rasputin. „Mit Andronnikow werde ich aber noch abrechnen."
Rasputin verlangte von der Politischen Polizei ein Auto und begab sich mit den Verwandten Wellers nach Zarskoje Selo. Er ließ sie hier auf dem Bahnhof zurück und sagte zu ihnen:
„Wenn ich den Zaren festkriege, werde ich in fünf Minuten die Begnadigung erreichen."
Zum Glück war der Zar im Palais. Die Todesstrafe wurde in sechsjährige Gefängnishaft in der Korrektionsanstalt (d. h. in Zuchthausstrafe) umgewandelt. Rasputin kam mit dieser Nachricht zurück, küßte die beiden Juden und sagte:
„Gott sei Dank! Das Leben der Verurteilten ist gerettet. Jetzt müssen wir weiterarbeiten."
Ich befürchtete, der Kriegsminister Schuwajew würde sich nicht ohne weiteres dem Begnadigungserlaß des Zaren fügen. Wir baten daher Rasputin, den Kriegsminister aufzusuchen und ihn zu bitten, die Anordnung des Zaren sofort ins Hauptquartier zu melden. Rasputin weigerte sich indessen, sich an Schuwajew zu wenden. Daher begaben wir uns selber zum Kriegsminister mit der Fürstin Tarchanowa. Schuwajew entsprach unserem Wunsche und telegraphierte nach Berditschew. Späterhin wurde die Zuchthausstrafe durch zwei Jahre und acht Monate Gefängnishaft ersetzt.

Rasputins Mitgefühl in dieser Angelegenheit wurde auch durch seinen Wunsch veranlaßt, den Verdacht der Spionage von den Georgiern abzulenken. Rasputin liebte besonders das georgische Volk und trug sich mit der Absicht, seine Tochter Marja an einen Georgier zu verheiraten.
Die Affäre Dumbadse hatte recht bedeutsame Folgen.
Andronnikow war mit dem General Wojeikow und dem Admiral Nilow eng befreundet, und diese ständigen Teilnehmer an den kaiserlichen Trinkgelagen suchten immer wieder Andronnikow dem Zaren gegenüber zu verteidigen. Auch der alte Hof begünstigte ihn, da er mit dem morganatischen Gatten der Kaiserin-Witwe, dem Fürsten Scherwaschidze, verwandt war. Dadurch erklärte es sich auch, daß Andronnikow ungestraft sein gefährliches Handwerk treiben konnte. Es ist interessant, daß dieser Mann, der von der Spionage lebte, patriotische Aufrufe unter den Soldaten verbreitete.
Rasputin liebte es, seine Namenstage sehr feierlich zu begehen. Er hatte an diesem Tage gewöhnlich ein volles Haus. Unter den Gratulanten erschien auch Fürst Andronnikow. Rasputin weigerte sich, ihm die Hand zu geben, und sagte laut:
„Deine Hände sind mit Blut befleckt. Ich weiß, wer du bist. Du fütterst die Fische mit Menschenblut, denn du bist schuld an dem Tode des englischen Generals. Geh nach Hause!"
Der bestürzte Andronnikow entfernte sich, ohne ein Wort zu erwidern. Die Szene machte auf die Anwesenden einen ungeheuren Eindruck. Wir alle konnten uns eines bedrückenden Gefühls nicht erwehren. Zu jener Zeit wurden ja sehr viele Leute der Spionage verdächtigt, und viele Unschuldige waren untergegangen. Fürst Andronnikow aber hatte die Möglichkeit, ungestraft sein dunkles Handwerk auszuüben.

Der Sturz des Innenministers Maklakow

Maklakow wurde Minister des Innern nicht etwa wegen seiner staatsmännischen Fähigkeiten, sondern ausschließlich dank seiner Lakaiennatur. Er verstand es, den Zaren und den Thronfolger mit seinen Kunststücken zu fesseln. Entfernt aber wurde er vom Ministerposten, weil er sich mit Rasputin entzweit hatte. Die Bedingungen, unter denen der Sturz Maklakows erfolgte, kennzeichnen anschaulich die Macht des kaiserlichen Günstlings.

Ich hatte auf der Fontanka, im Hause Nr. 14, einen Klub eröffnet. Die Einweihung verlief sehr feierlich. Als Gründer galt Graf Tolstoi, zum Präsidenten des Klubs wurde Baron Roop gewählt. Den Vorstand bildeten der Kosakenoffizier Leutnant Bermond (sein Großvater war ein kaukasischer Jude), der spätere Höchstkommandierende der nordwestlichen weißen Armee Fürst Bermond-Awalow, der Graf Muswitz-Schadurski, Oberst eines Kürassierregiments, und der Prokureur Rosen.

Man spielte in diesem Klub Lotto; doch diente er hauptsächlich als Treffpunkt für unsere Gesinnungsgenossen. Ab und zu wurden Gesellschaftsabende und Konzerte veranstaltet. Ich sorgte dafür, daß Rasputin unseren Klub so oft wie möglich besuchte. Ich hoffte mir dadurch seine Unterstützung sichern zu können für den Fall, daß dem Klub irgend etwas drohen sollte.

Rasputin spielte nie, er kam aber zu unseren Diners, wenn Leute anwesend waren, die er schätzte. Es braucht kaum gesagt zu werden, daß unsere Diners äußerst üppig waren; man aß und trank aufs beste. Für Rasputin wurden seine Lieblingsgerichte gereicht. Das war notwendig, weil er weder Fleisch noch süße Speisen oder Kuchen aß. Der Wein wurde während des Krieges für Rasputin aus den kaiserlichen Kellern oder von der Kolonialhandlung Brodowitsch geliefert. Wollte Rasputin außerhalb seines Hauses Wein trinken, so begleitete ihn ein Polizeiauto mit zwanzig Flaschen Madeira.

Der Innenminister Maklakow gab einmal seinem Beamten für besondere Aufträge, Nikolajew, den Befehl, eine Revision des Klubs vorzunehmen. Nikolajew teilte uns vertraulich mit, sein Auftrag ziele darauf ab, eine Handhabe zur Schließung des

Klubs zu finden. Anfangs wollten wir Rasputin nicht in diese Sache verwickeln. Der Sekretär des Klubs, Rosen, war juristischer Beirat des sehr einflußreichen reaktionären „Verbandes des Erzengels Michael". Wir lachten darüber, daß Maklakow trotz der Beteiligung Rosens an unserem Klub es wagte, gegen das Unternehmen vorzugehen. Rosen geriet darüber in Wut und erklärte, er werde schon Mittel finden, Maklakow in seine Schranken zu verweisen. Trotzdem erhielten wir nach zwei Tagen eine Verfügung des Stadthaupts, daß der Klub wegen Nichteinhaltung seiner Statuten geschlossen werde.

Das war bereits eine offene Kriegserklärung Maklakows uns gegenüber, und wir beschlossen, den Minister zu stürzen.

Ich wandte mich zu diesem Zweck an Rasputin und hatte mit ihm folgendes Telephongespräch:

„Höre mal", sagte ich; „unser gutes Leben ist nun vorbei."

„Warum?" fragte Rasputin erstaunt.

„Unser Klub ist geschlossen worden, weil du ihn besucht hast. Man will sich dafür an uns rächen."

„Komm zu mir, Schafskopf", antwortete Rasputin.

Ich fuhr hin. Er wollte wissen, was geschehen sei. Ich suchte die Sache so zu beleuchten, daß die Schließung unseres Klubs allein eine Intrige gegen Rasputin darstelle.

Rasputin wandte sich an das Stadthaupt Dratschewski, dem die Klubs unterstellt waren, und schrieb ihm:

„Lieber, teurer Stadthauptmann! Nur an einer Stelle konnte ich mich erholen. Ändere deine Verfügung über die Schließung des Klubs, mach keine Dummheiten. Du darfst uns nicht das Messer an die Kehle setzen. Höre den Überbringer dieses Schreibens an."

Wir sandten zum Stadthaupt eine Delegation, die aus dem Grafen Tolstoi, Rosen und Bermond bestand. Das Stadthaupt empfing die Delegation sehr höflich, erklärte aber, die Schließung sei ohne sein Wissen erfolgt. Er persönlich habe gegen den Klub nichts einzuwenden. Die Schließung des Klubs habe der Innenminister angeordnet.

„Ich habe von ihm sogar eine Rüge dafür erhalten, weil ich die Auflösung des Klubs zwei Tage hinhielt", erklärte er.
Ich fuhr zu Rasputin und schilderte ihm genau unsere Verhandlungen mit dem Stadthaupt. Um ihn noch mehr aufzustacheln, fügte ich hinzu, Maklakow hätte unseren Klub nur darum geschlossen, weil er den Klub als ein Nest Rasputins betrachte, wo, nach seinen Worten, der „Pferdedieb" Rasputin Orgien feiert.
Rasputin geriet in große Wut. Er lief im Zimmer umher und schimpfte auf den Minister in derben Ausdrücken; dabei muß man bemerken: Rasputin verstand zu schimpfen! Er beherrschte derart erlesene Schimpfworte, daß selbst Männern dabei unwohl wurde.
„Wenn er glaubt", schrie Rasputin, „daß er mich deshalb unterkriegen kann, weil er einen langen Schnurrbart hat, den Zesarewitsch zu erheitern versteht und deswegen allerhand Unsinn treibt, so irrt er sich sehr. Ich werde es ihm zeigen... Er wird schon an mich denken."
Er setzte sich an seinen Schreibtisch und schrieb dem Minister folgenden Brief:
„Höre mal, Minister! Du glaubst, daß du alles machen kannst, was du willst, weil der Zar dich deines langen Schnurrbartes wegen aus Tschernigow mitgebracht hat, und weil du ein Komödiant bist. Als du aus Tschernigow kamst, war dein Schnurrbart aufgebläht, aber ich werde ihn dir herunterreißen. Du hast meinen Klub geschlossen und dafür wirst du von mir einen Hieb erhalten. Danke Gott und dem Vater Grigorij, daß ich mich damit begnüge. Du warst ein Narr und wirst einer bleiben. Du kannst mich verklagen, ich pfeife auf dich!
                                      Grigorij."
Rasputin übergab mir den Brief, rief telephonisch den Chef der Politischen Polizei an und verlangte ein Auto. Darin begab er sich sofort nach Zarskoje Selo, um sich beim Zaren über Maklakow zu beschweren. Vor der Abfahrt bat er Nikolaus, sich von anderen Beschäftigungen frei zu machen, da er eine wichtige Sache für ihn habe.

Der Innenminister wurde sofort verabschiedet. Rasputin teilte mir das Ergebnis seiner Unterredung telephonisch mit. Ich bat die Mitglieder unseres Klubs, sich zu Maklakow zu begeben und ihm den Brief Rasputins zu überreichen.

„Warum haben Sie mir den Brief Rasputins nicht vor meiner Verabschiedung eingehändigt?" rief Maklakow in Verzweiflung aus. „Ich schloß den Klub darum, weil Rasputin dort allerlei Unfug trieb."

„Rasputin wußte, daß Sie an anderen Stellen Unfug treiben, ohne deshalb etwas gegen Sie zu unternehmen", antwortete ihm eines der Mitglieder unseres Klubs .

Das erwähnte Vorgehen Rasputins hob sehr seine Popularität in der Gesellschaft. Alle Staatsbeamten suchten ihm zu gefallen und zu dienen. Das Bestreben, Rasputin zu schmeicheln, nahm manchmal widerwärtige Formen an. Ich hatte oft Gelegenheit zu beobachten, wie hochgestellte Personen, Millionäre und Geistliche sich vor diesem ungehobelten Bauern erniedrigten. Ein Wort Rasputins genügte, um das Schicksal eines Menschen zu entscheiden. Das Begehren, durch den allmächtigen Rasputin allerhand Vorteile zu erlangen, wurde der Anlaß zur Entfesselung aller möglichen niedrigen Leidenschaften.

Was ein Innenminister anrichten kann
(Jüdische Rache)

In den ersten Jahren nach dem Erscheinen Rasputins in der großen Welt hatte die Gräfin Kleinmichel großen Einfluß auf ihn. Sie unterhielt einen Salon, verfügte über ausgezeichnete Beziehungen zu allen Kreisen der höchsten Petersburger Gesellschaft, und man rechnete mit ihr sogar am Hofe. In ihrem Salon bewegten sich Diplomaten und höchste Staatswürdenträger, Finanzleute und eine Menge Damen aus der höchsten Gesellschaft. Die alte Gräfin war geschickt und klug, verstand es auch, sich mit jedermann gut zu stellen. Sie war eng befreundet mit der Gräfin Ignatjew, die in der reaktionären Ver-

bindung „Die Sternenkammer" den Vorsitz führte. Die beiden Damen nahmen sich Rasputins an, um seinen Einfluß auf den Zaren für ihre Zwecke auszunutzen; sie mußten sich aber bald davon überzeugen, daß Rasputin sich nicht als blindes Werkzeug benutzen ließ. Daraufhin kam er ihnen verdächtig vor. Sie begannen, den Mönch Iliodor gegen ihn aufzuhetzen. Bis dahin waren Rasputin und Iliodor Freunde gewesen. Jetzt wurde Iliodor zum schlimmsten Feinde Rasputins und begann allerhand Ränke gegen ihn zu schmieden.
Zu jener Zeit — ich kann mich schon nicht mehr erinnern, in welchem Jahre das war — befand sich Rasputin in seinem Heimatdorf Pokrowskoje in Sibirien. Sein alter Freund, der Bischof Barnabas, der ihm seinen Bischofsstab verdankte, begab sich auch dahin und suchte ihn zu überzeugen, daß es besser wäre, mit Iliodor Frieden zu schließen. Weiter erzählte er, der Freund Iliodors, der frühere Gouverneur von Nischnij-Nowgorod, Chwostow, wäre sehr gern bereit, die Vermittlung zwischen beiden zu übernehmen. Chwostow hoffte, durch diesen Dienst Minister des Innern zu werden.
Als Rasputin sich anschickte nach Petersburg zurückzukehren, bat ihn Barnabas um Erlaubnis, ob er ihn mit Chwostow bekannt machen dürfe, und erhielt seine Zusage. Rasputin legte die Reise nach Petersburg gemeinsam mit Barnabas zum Teil auf einem Wolgadampfer zurück. Chwostow, durch den Bischof Barnabas unterrichtet, fuhr ihnen entgegen. Sein Freund, Fürst Andronnikow, begleitete ihn.
Barnabas stellte Chwostow mit den Worten vor:
„Hier ist der Dicke, dem ich das Telegramm geschickt habe."
Zwischen Rasputin und Chwostow entwickelte sich eine Unterhaltung, die sich hauptsächlich um die geplante Ernennung Chwostows zum Innenminister drehte.
„Du wirst aus dem (reaktionären) ‚Verband des russischen Volkes' austreten müssen", sagte Rasputin.
„Ich gehöre diesem Verbande gar nicht an", antwortete Chwostow. „Aber seine Mitglieder sind Monarchisten, und darum muß ich sie unterstützen."

„Und wie stehst du dich mit Iliodor?" fragte Rasputin.
„Er tut alles nach meinen Anweisungen", erklärte Chwostow.
„Und wenn ich verlange, daß Iliodor verbannt wird", fragte Rasputin, „wirst du das tun?"
„Wenn Iliodor erfährt, daß ich gegen ihn bin, wird er selber verschwinden. Du brauchst dann nichts von ihm zu befürchten."
Rasputin war offenbar durch die Versicherungen Chwostows befriedigt. Nach seiner Rückkehr nach Petersburg schlug er dem Zaren vor, Chwostow zum Innenminister zu ernennen. Der Kaiser erklärte sich einverstanden, und die Ernennung Chwostows wurde Tatsache. Solcherart wurde Chwostows Traum verwirklicht.
Bald bemerkte Rasputin, daß Chwostow tatsächlich auf Iliodor irgendeinen Druck ausübte. Der Mönch entfloh schließlich nach Norwegen und setzte nun von dort aus seine Angriffe gegen Rasputin fort.
Tatsächlich jedoch war die Flucht Iliodors nach Norwegen mit Chwostow verabredet. Iliodor erhielt sogar aus den Geheimmitteln des Innenministeriums sechzigtausend Rubel. Dieses Geld wurde ihm angeblich dafür bezahlt, damit er seine Enthüllungen über die Zarin nicht veröffentliche.
Von Christiania (Oslo) aus korrespondierte Iliodor mit Chwostow über die Organisation eines Attentats auf Rasputin. Iliodor plante das Attentat mit Hilfe eines seiner fanatischen Anhänger.
In diesem Augenblick trat noch eine dritte Gestalt auf den Plan. Das war der Gehilfe des Innenministers, Beletzki, der es selbst auf den Posten des Innenministers abgesehen hatte. Beletzki wollte Rasputin einen Dienst erweisen und spionierte dazu die Korrespondenz Chwostows mit Iliodor aus. Chwostow machte einen kleinen Journalisten namens Rschewski zu seinem Sekretär. Sein Kollege, Beletzki, verstand es aber, Rschewski auf seine Seite zu ziehen.
Eines Tages ließ mir Rschewski durch meinen Freund, den Ingenieur Hein, mitteilen, er solle im Auftrage Chwostows

nach Christiania Briefe für Iliodor bringen, auch ihm das Geld einhändigen, das er für die Vorbereitung seines Anschlages auf Rasputin brauchte. Auf diese Nachricht hin traf ich mich sofort mit Rschewski. Er zeigte mir einen Brief Chwostows an Iliodor und bat mich, ihn mit Rasputin zusammenzubringen. Er wolle eine große Verschwörung aufdecken, die nicht nur gegen Rasputin, sondern auch gegen die Zarin gerichtet wäre. Ich nehme an, daß Rschewski ein wenig prahlte. Ich glaube, daß gegen die Zarin damals sicher nichts geplant wurde, sondern nur gegen Rasputin. Ich eilte zu ihm. Als er den Brief Chwostows sah, geriet er in große Erregung. Wir berieten, was zu tun wäre. Ich schlug vor, dem Gendarmerieobersten Komissarow die ganze Sache zu übertragen. Rasputin war einverstanden, und ich eilte zu Komissarow und legte ihm alle Einzelheiten dar.

„Was verdiene ich durch die Aufklärung des ganzen Falles?" fragte er.

„Was fordern Sie?" war meine Gegenfrage.

„Ich will zum General befördert und zum Stadthaupt einer der großen Städte ernannt werden."

Rasputin erklärte sich bereit, seinen Wunsch zu erfüllen. Ich hielt es für nötig, auch Beletzki zur Aufhellung der ganzen Sache heranzuziehen, da er alle Fäden in der Hand hatte.

Tags darauf brachte ich Rschewski zu Rasputin, der ihn in die Arme schloß.

„Traue niemand, Vater Grigorij", erklärte Rschewski, „weder Komissarow noch Beletzki! Sie werden dich verkaufen und vielleicht ebenso mit dir handeln, wie einmal Manuilow mit dem Priester Gapon gehandelt hat. Du weißt, daß Gapon verraten und in Oserki aufgehängt wurde."

„Was soll ich denn nun tun?" fragte Rasputin.

„Setze die Verhandlungen mit ihnen ruhig fort! Versprich ihnen, sie zu belohnen, aber traue ihnen nicht. Die Aufklärung der Verschwörung sollte der Zar einem ganz Unbeteiligten übertragen."

Wir fuhren am nächsten Tage mit Rasputin nach Zarskoje Selo zur Wyrubowa, bei der bald darauf auch die Zarin erschien. Wir zeigten ihr den Brief Chwostows an Iliodor, der die Mitteilung enthielt, daß alles vorbereitet sei und daß die Mörder nur noch auf die schriftliche Anordnung Iliodors warteten, um an die Ausführung des Anschlags zu gehen.
Ich schlug vor, den Gehilfen des Kriegsministers, General Beljajew, mit der Ermittelung des Attentats zu beauftragen. Beljajew erklärte sich mit meinem Vorschlage einverstanden, verlangte aber einen schriftlichen Befehl des Zaren. Sein Wunsch wurde erfüllt.
Auf dem Wege nach Christiania wurde Rschewski mit seiner Einwilligung an der finnischen Grenze verhaftet und durchsucht. Nachdem der Brief Chwostows photographiert war, ließ man Rschewski frei, und er konnte seine Reise fortsetzen. Alle Telegramme Iliodors an Chwostow wurden durch die Kriegsspionage überprüft. Auf dem Rückwege aus Christiania hielt man Rschewski wiederum an. Er brachte einen Brief Iliodors an Chwostow mit, in dem drei Bauern aus Zarizyn genannt waren, die den Anschlag auf Rasputin auszuführen bereit waren. Diese Bauern wurden verhaftet, aber auf Fürbitte Rasputins später von General Beljajew aus Petersburg nach Zarizyn ausgewiesen.
Chwostow erfuhr auf irgendeine Weise von unserer Unternehmung und von meiner Beteiligung daran und beschloß, sich an mir zu rächen. Dazu fand er bald Gelegenheit.
Ich habe schon erwähnt, daß der Zar sein Versprechen, in der Reichsduma die Einführung der konstitutionellen Regierungsform und der Gleichberechtigung der Fremdstämmigen zu verkünden, nicht erfüllte. Rasputin fuhr zu ihm hin und bestand darauf, daß die in Aussicht gestellte Reform durchgeführt würde. Das geschah am 6. Januar. Der Zar war aber nicht zur Einhaltung seines Versprechens zu bewegen. Rasputin war äußerst betrübt und fuhr zum Metropoliten Pitirim. Telephonisch wurde der Ministerpräsident Stürmer aufgefordert, auch hinzukommen. In der Wohnung des Metropoliten,

im Alexander-Newski-Kloster, fand die Beratung statt. Es wurde beschlossen, daß Pitirim an den Zaren einen sehr eindrucksvollen Brief schreibt und ihn beschwört, den Anforderungen der Zeit sich zu beugen und die erwarteten Neuerungen zu verkünden. Den Brief unterzeichneten Pitirim, Stürmer und Rasputin. Ich erhielt den Auftrag, ihn dem Zaren zu übergeben, und so brachte ich das historische Dokument nach Zarskoje Selo.

Leider kann ich seinen Inhalt jetzt schon nicht mehr wiedergeben. Ich besaß eine Kopie dieses Briefes, doch ist sie in Petersburg zwischen meinen Papieren geblieben. Der Brief machte seinerzeit auf alle, die ihn lasen, einen sehr starken Eindruck.

Ich überreichte den Brief dem Zaren persönlich am Eingang des Alexanderpalais und konnte beobachten, daß er sehr besorgt war. Er bat mich, Rasputin zu sagen, er werde den Wunsch der Unterzeichner des Briefes erfüllen. Diese Antwort teilte ich Rasputin, Pitirim und Stürmer mit, die damit außerordentlich zufrieden waren. Wir erwarteten, daß am 9. Januar das Manifest des Zaren der Reichsduma verkündet werden würde. Aber nichts dergleichen geschah. Der Zar kam zwar an diesem Tage in die Duma, erwähnte aber mit keinem Wort die geplanten Neuerungen.

In derselben Nacht wurde auf Anordnung des Innenministers (Chwostow) in meiner Wohnung eine Haussuchung durchgeführt. Ich wurde verhaftet. Chwostow hatte irgendwie herausbekommen, daß ich der Überbringer des Briefes von Rasputin, Pitirim und Stürmer an den Zaren gewesen war. Als ich das erfuhr, überlegte ich, ob nicht der Zar selbst Chwostow davon erzählt habe.

Man schloß mich in eine Einzelzelle der Petersburger Politischen Polizei ein. Sechzehn Tage lang wußte kein Mensch, wo ich war. Auch meine Angehörigen blieben in völligem Dunkel. Die Politische Polizei übergab mir den Vorschlag Chwostows, in dem Kampfe mit Rasputin auf seine Seite überzugehen. Davon wollte ich nichts wissen. Mein ältester Sohn besuchte die Zarin und erzählte ihr von meiner Verhaftung. Sie war empört und erklärte:

„Das ist Revolution! Chwostow hat sich erlaubt, gegen den Zaren zu handeln."

Der Ministerpräsident Stürmer und sein Sekretär Manassewitsch-Manuilow gerieten auch in Sorge. Manuilow sprang nachts aus dem Bett und rief:

„Dann können sie ja auch mich verhaften!"

Chwostow hatte seine Maßnahmen ganz unerwartet getroffen. Rasputin war wütend und konnte es sich nicht verzeihen, daß er Chwostow zum Minister gemacht hatte. Meine Lage war ziemlich bedenklich. Chwostow wollte mich auf legale Weise ins Jenseits befördern. Er beschaffte sich gefälschte Dokumente, die mich als Spion entlarven sollten. Die Akten wurden dem Kriegsgericht übergeben, und fast wäre die Verurteilung zustandegekommen. Zum Glück vermochte ich den Nachweis zu führen, daß ich die mir zugeschriebene Korrespondenz mit den feindlichen Agenten unmöglich geführt haben konnte. Dadurch wurde die Anklage hinfällig.

Nach sechzehn Tagen wurde ich befreit, erhielt aber den Befehl, innerhalb vierundzwanzig Stunden Petersburg zu verlassen und nach dem Narymgebiet (Sibirien) in die Verbannung zu gehen. Einen Tag später wurde auch meine Familie angewiesen, mir nach Sibirien zu folgen. Glücklicherweise konnte die Zarin aber noch rechtzeitig für meine Familie sich verwenden, und die Verbannung meiner Familie wurde aufgehoben. Der Zar befand sich zu dieser Zeit im Hauptquartier an der Front.

Nach seiner Rückkehr nach Petersburg eilte Chwostow zu ihm und legte ihm einen völlig entstellten Bericht über Iliodor und meine Verhaftung vor. Er suchte die ganze Verantwortung Beletzki und Rschewski aufzubürden. Unterdessen hatte aber Rasputin den Zaren bereits über den wahren Vorgang unterrichtet. Der Zar gab sich den Anschein, als ob er Chwostow Glauben schenke, und dieser wiegte sich schon in der Gewißheit seines Sieges. Inzwischen ordnete der Zar meine Rückkehr an. Der Befehl erreichte mich in Twer. Mein Bruder aber, der mit seinem Sohn gleichzeitig mit mir verbannt worden war, mußte den ganzen weiten Weg nach Sibirien absolvieren. Ich ließ mich von meiner eigenen, zehn Mann starken Wache begleiten, da ich befürchtete, Chwostow würde anordnen, mich unterwegs zu erledigen.

Noch vor (im Original „nach" — ein Fehler, wie unten ersichtlich) meiner Verbannung nach Sibirien war ich auf Befehl des Zaren dem kaiserlichen Hofe zugeteilt worden (!?). Nikolaus II. zählte mich dabei als Sekretär Rasputins. Er wünschte nicht, daß jemand ohne sein Einverständnis meine Tätigkeit kontrolliere. Das wußte Chwostow. Daß er es trotzdem für möglich hielt, mich zu verhaften und zu verbannen, fand der Zar empörend.

Trotzdem verhielt sich der Zar während der Unterredung mit Chwostow äußerst liebenswürdig. Chwostow hatte keine Ahnung, daß der Zar mit ihm unzufrieden war. Der Empfang durch den Kaiser dauerte zwei Stunden. Als aber der Minister nach Hause kam, fand er dort bereits einen versiegelten Befehl des Zaren mit seiner Verabschiedung vor. Er zweifelte zuerst sogar an der Echtheit des Befehls, da der Kaiser eben noch so gnädig gegen ihn gewesen war. Chwostow fuhr sofort nach Zarskoje Selo zurück und wollte den Zaren sprechen, wurde aber nicht mehr empfangen.

Zu Hause erwartete ihn eine neue Unannehmlichkeit. Der Ministerpräsident Stürmer ersuchte ihn, zu ihm zu kommen. Chwostow begab sich sofort zu ihm. Hier hörte er, daß der Zar befohlen habe, ihm alle Orden abzunehmen und ihn für sechs Monate auf sein Gut zu verbannen. Am selben Abend verließ Chwostow Petersburg[1]). Noch vor seiner Abreise wurde in seiner Wohnung eine Haussuchung durchgeführt, bei der auf Wunsch Stürmers auch ich zugegen war.

---

[1]) Später wurde Chwostow durch Kerenski verhaftet und in das berüchtigte Verlies „Kresty" gesetzt; dann wurde er nach Moskau übergeführt, wo ihn die Bolschewiken zusammen mit Beletzki erschießen ließen.

Wir fanden viele Dokumente, wichtige Papiere und Briefschaften. Unter ihnen befanden sich auch Schreiben des Zaren, der Zarin und Rasputins. Sie wurden alle verbrannt.
Rschewski war gleichzeitig mit mir nach dem Narymgebiet verbannt worden. Vor dessen Abreise ließ Chwostow ihn in sein Arbeitszimmer bringen und verabreichte ihm mehrere Ohrfeigen.
Auf den Rat Rasputins ernannte der Zar Stürmer gleichzeitig zum Minister des Innern. Rasputin verlangte von Stürmer einen neuen Posten für den Obersten Komissarow. Er wurde zum Stadthaupt von Rostow am Don ernannt. Beletzki hoffte Generalgouverneur von Irkutsk zu werden. Rasputin überredete ihn aber, in Petersburg zu bleiben, und versprach ihm, für ihn ein besonderes Polizeiministerium einzurichten. Zunächst wurde Beletzki zum Senator ernannt. Was den General Beljajew betrifft, so bekam er, in Erfüllung des ihm von Rasputin gegebenen Versprechens, den Posten des Kriegsministers. Doch war Rasputin damals nicht mehr unter den Lebenden.
Ich muß noch bemerken, daß Chwostow einen besonderen Grund hatte, mir zu zürnen. Im Jahre 1915 hatte ich dem Fürsten Gelowani, dem Abgeordneten der Reichsduma, Dokumente eingehändigt, aus denen zu ersehen war, daß Chwostow sich bei der Organisation von Judenhetzen betätigt hatte. Diese Dokumente hatte ich von Beletzki erhalten gegen das Versprechen, seine Ernennung zum Innenminister durchzusetzen. Gelowani übergab die von mir erhaltenen Dokumente dem Abgeordneten Kerenski, der ihre Veröffentlichung besorgte.
Diese Dokumente verursachten viel Lärm.
Kerenski führte in der Reichsduma einen erbitterten Kampf gegen die reaktionären Parteien und versäumte keine einzige Gelegenheit, gegen sie aufzutreten.
Über die Ereignisse in der Reichsduma wurden wir fortlaufend durch den Abgeordneten Karaulow unterrichtet.

Erläuterungen

Zu S. 128: Überaus wichtig sind die hier geschilderten **Verhandlungen des Judentums** mit dem bedeutenden russischen **Politiker Witte**. Genau so wie bei ähnlichen bekannten Verhandlungen in England oder Nordamerika erscheint hier die Protektion des Judentums als Vorbedingung jeglichen politischen Erfolges. Offener sind selten die jüdischen Forderungen dargestellt worden. Hier zugleich ein Beispiel dafür, wie Dankbarkeit, Vertrauen usw. in Geld umgesetzt werden.

Bekanntlich hat der amerikanische **Präsident Roosevelt** mehr als einen Simanowitsch im Gefolge. Wir denken etwa an seinen Privatsekretär, den Juden Samuel Rosenmann. Ihn schildert ein amerikanischer Journalist (Raymond Clapper, nach dem Referat des „Völkischen Beobachters" vom 15. Oktober 1941) folgendermaßen: „Seine stämmige, unaufdringliche Figur schleicht im Weißen Hause ein und aus, wenn der Präsident bei der Vorbereitung einer Kaminrede ist. Sein Name steht nie auf den Einladungslisten des Weißen Hauses... Aber er ist immer da und arbeitet anonym an den Reden Roosevelts..."

Zu S. 130: Die „**Nowoje Wremja**" war das wichtigste Regierungsblatt des zaristischen Rußland, zugleich übelstes Hetzblatt gegen das Deutschtum, gelegentlich auch gegen die Juden. Man kann sie ungefähr mit der englischen „Times" vergleichen.

Da der ungebildete russische Beamte und Polizist völlig kritiklos die Hetzartikel des Blattes aufnahm, kann man sich vorstellen, welch üble Luft Jahrzehnte hindurch für alle Deutschen in Rußland bestand. Diese dem Deutschen im Reich ganz unbekannten Situationen haben wir 1939 in Polen aus unmittelbarer Nähe studieren können.

Es ist von Interesse, aus unserem Kapitel aufs neue zu ersehen, wie käuflich dieser Patriotismus („Panslawismus") war. Es ist eben Chauvinismus, wie wir immer wieder betonen, nicht ein gesundes Nationalbewußtsein, sondern ein Zerrbild desselben.

Zu S. 134 f.: Die hier entwickelten Zusammenhänge geben eine verbreitete russische Auffassung wieder, die jedoch irrig ist. Weder hatte der **Tod Kitcheners** etwas mit dem Fürsten Andronnikow zu tun (vgl. R. Stratz „Der Weltkrieg", 1939), noch dieser etwas mit der deutschen Spionage (vgl. Fülöp-Miller, a. a. O.). Die im Weltkriege so sensationelle Katastrophe Kitcheners ist vielmehr (ich stütze mich auf seine Mitteilung des Admirals Fr. Lützow im deutschen Rundfunk am 5. Januar 1940) durch eine von einem deutschen Unterseeboot gelegte Mine herbeigeführt worden. Die gehässige Darstellung unseres Verfassers über den Fürsten erklärt sich daraus, daß dessen Salon Rasputin feindlich gesinnt war.

Es ist schon psychologisch unwahrscheinlich, daß Andronnikow zuerst „ein großer Schürzenjäger", dann aber homosexuell veranlagt war.

Zu S. 139 ff.: Die Ehrlichkeit, mit der hier über jüdische Kniffe berichtet wird, ist geradezu rührend. Derartige Ausführungen sind unverkennbar für jüdische Leser bestimmt und sollen die diplomatischen Fähigkeiten des Verfassers illustrieren. Man beachte auch: sobald Nichtjuden ähnliche Wege beschreiten, werden sie von Juden angeprangert (S. 141).

Zu S. 149: Hier enthüllt sich endlich, daß die unglaubliche Intrige gegen den Innenminister Chwostow letztlich einen Racheakt des Juden Simanowitsch darstellte, den dieser für die Behandlung seiner Mitjuden planvoll und zähe durchführte. Dieses Motiv spielt überhaupt bei näherem Zusehen eine größere Rolle, als es scheint.

7. Juden am Werk

Der Kampf gegen antisemitische Propaganda (jüdische Maulwurfsarbeit)

Der langjährige Justizminister Schtscheglowitow übte einen außerordentlich schädlichen Einfluß auf den Zaren aus. Er bemühte sich mit besonderer Hartnäckigkeit nachzuweisen, daß alle Juden vom Sozialismus angesteckt seien. Nach seiner Meinung sollte man sie in eine solche Lage versetzen, daß sie jeden Glauben an den Sozialismus verlieren. Der Mord am Knaben Juschtschinski bot Schtscheglowitow und anderen Judenfeinden einen Vorwand, den berühmten Ritualmordprozeß gegen Beilis einzuleiten. Dieser Prozeß zeitigte aber nicht das erwartete Ergebnis, im Gegenteil, seine Auswirkungen wurden vielmehr für die Urheber selber sehr unangenehm.

Rasputin haßte Schtscheglowitow und griff ihn an, wo er nur konnte. Der Minister, der den Einfluß Rasputins auf den Zaren kannte, mußte seine Herausforderungen und Beleidigungen ohne Widerspruch hinunterschlucken. Rasputin beschuldigte ihn der Herzlosigkeit und äußerte sich giftig darüber, daß Schtscheglowitow dem reaktionären „Verbande des Erzengels Michael" angehöre, während er früher Sozialist gewesen sei.

Als der Beilis-Prozeß begann, erklärte Rasputin dem Justizminister offen: „Du verlierst den Prozeß, und nichts kommt dabei heraus."

Noch vor Abschluß des Prozesses sagte Rasputin bereits den Freispruch des Beilis voraus. „Die Juden brauchen kein Christenblut, das weiß ich besser als du", versicherte er dem Justizminister.

Nach seiner Verabschiedung wandte sich Schtscheglowitow an Rasputin mit der Bitte, ihm wieder zum Ministerposten zu verhelfen. Rasputin antwortete ihm recht grob, er könne höchstens nach seinem Tode wieder Minister werden. Nach

dem Tode Rasputins wurde Schtscheglowitow in der Tat auf kurze Zeit Reichsratspräsident.
Als anläßlich des Beilis-Prozesses eine furchtbare Judenhetze begann, bat ich Rasputin, den Zaren zum Abbruch dieser entsetzlichen Verfolgung zu veranlassen. Er versuchte wiederholt, mit dem Zaren über den Beilis-Prozeß zu sprechen, erhielt aber jedesmal den Bescheid, diese Angelegenheit nicht zu berühren. Dieses Verhalten des Kaisers mißfiel Rasputin stark. Er vermutete, Nikolaus habe besondere Gründe, den Einflüsterungen Schtscheglowitows Gehör zu schenken.
Während der Verhandlungen mit den Ministern über die Notwendigkeit, die Lage der Juden zu erleichtern, mußte man oft die Antwort hören: „Gurland will dieses nicht."
Dieser Herr Gurland spielte eine merkwürdige Rolle. Seiner Geburt nach Jude, Sohn eines Rabbiners in Odessa, trat er erst als Erwachsener zum Christentum über. Er wurde zum schärfsten Judenhasser und verstand es, sich mit den Ministern gut zu stellen. Gerade zu jener Zeit war er Chefredakteur des Regierungsblattes „Rossija". Er unterstützte offen die Partei des alten Hofes und agitierte gegen den jungen Hof.
Trotzdem hatte er in der Judenfrage großen Einfluß auf den Zaren. Ich habe sogar den Verdacht, daß Gurland der eigentliche Anstifter des Beilis-Prozesses gewesen ist. In jedem Falle war er der inoffizielle Leiter der aus diesem Anlaß ins Werk gesetzten antisemitischen Propaganda. Die Beratungen über die Frage, wie dieser Ritualmordprozeß gegen die Juden im allgemeinen auszuschlachten sei, fanden in seiner Wohnung statt.
Der einzige Angeklagte, Beilis, wurde freigesprochen, doch der Chef der Kiewer Kriminalpolizei und andere Polizeibeamte wurden im Zusammenhang mit dem Prozeß wegen Mißbrauchs der Staatsgewalt und anderer ungesetzlicher Taten zur Verantwortung gezogen. Sie wurden zu recht beträchtlichen Strafen verurteilt.
Eine Abordnung, zu der der Moskauer Rabbiner Maso, der Kiewer Zuckerfabrikant Leon Brodski und der Petersburger

Finanzmann Gerassim Schalit gehörten, wandte sich an mich mit der Bitte, für die Verurteilten Begnadigung zu erwirken. Ich erreichte dieses. Bei dieser Gelegenheit muß ich bemerken, daß nicht nur Gerassim Schalit selbst, sondern auch andere Glieder seiner Familie immer ein tatkräftiges Interesse für die Leiden ihrer Glaubensgenossen bekundeten.

Die Unbeständigkeit des Zaren machte sich auch in der Judenfrage in sehr mißliebiger Weise geltend. Obwohl er ein ergebener Freund Rasputins, des Feindes der reaktionären Verbände, war, so blieb er doch zugleich ein ebenso rückhaltloser Anhänger dieser Verbände. Rasputin wagte es daher nicht, diese Organisationen offen anzugreifen, wenngleich er jede passende Gelegenheit wahrnahm, sie zu schädigen. Auf mein Anraten überredete er den Zaren, die Unterstützung der Regierung für den bekannten reaktionären Abgeordneten Purischkewitsch einzustellen. Als Purischkewitsch erfuhr, daß die Einstellung der Unterstützung auf mich zurückging, wurde er mein schlimmster Feind.

Purischkewitsch hatte übrigens noch einen anderen Grund, mich und Rasputin zu hassen. In dem von ihm geleiteten „Verbande des Erzengels Michael" spielte der mir befreundete Staatsanwalt Rosen eine große Rolle. Alle Beschwerden über die Juden, die bei dem Verbande einliefen, wurden ihm zur Überprüfung übergeben. Ich erreichte es, daß Rosen diese Dokumente zunächst mir übermittelte. Beschwerden, die unerwünschte Folgen für die Juden haben konnten, verbrannte ich, und nur ganz belanglose Zuschriften lieferte ich an die Leitung des Verbandes weiter.

Purischkewitsch begann Verdacht gegen Rosen zu schöpfen. Man verfolgte ihn und überraschte ihn in der Nähe meiner Wohnung mit einer großen Aktentasche, die mit Beschwerden über die Juden gefüllt war. Er wurde daraufhin seines Postens als Sekretär im „Verbande des Erzengels Michael" enthoben. Das war übrigens kein großer Verlust für ihn, denn er bekam von mir zweitausend Rubel (4000 Mark) im Monat und hatte außerdem noch andere Einnahmen.

Rosen erklärte mir das Geheimnis des Erfolges der reaktionären Provinzialgouverneure beim Zaren. Wurde ein Exponent des reaktionären „Verbandes des russischen Volkes" zum Gouverneur ernannt, so liefen aus allen Gegenden Rußlands Danktelegramme an den Zaren von den Provinzialgruppen des Verbandes ein. Ich näherte mich dem Vorsitzenden der Moskauer Abteilung des Verbandes, Orlow. Für eine angemessene Geldentschädigung erklärte er sich bereit, nach jeder Ministerernennung, die auf Veranlassung Rasputins erfolgte, ebenfalls Danktelegramme an den Zaren zu senden. Alle Unkosten trug natürlich ich.

Der Ministerrat Rasputins

Die Freunde Rasputins scherzten oft, er habe seinen eigenen Ministerrat, der bedeutend sachlicher und tüchtiger sei als der des Zaren. Doch dieser „Ministerrat" hatte die Eigentümlichkeit, daß er ausschließlich aus Damen bestand.

Die alte Gräfin Golowin war sozusagen der Präsident. Sie unterstützte Rasputin mit ihrem Namen und mit ihrer Autorität in der höchsten Petersburger Gesellschaft. Ihre Tochter Manja vermittelte zwischen Rasputin und der höchsten Geistlichkeit. Die Wyrubowa half in besonderem Maße bei der Ernennung von Ministern. Die Hofdame Nikitina hielt die Verbindung mit dem Ministerpräsidenten aufrecht. Eine der Schwestern Woskoboinikow war im Zarenpalais tätig, die andere pflegte wichtige Bekanntschaften in den leitenden militärischen Kreisen. Akulina Laptinskaja diente Rasputin als Kundschafterin. Sie versorgte ihn mit den allerneuesten Klatschereien und Geheimnissen; ihr einziger Fehler war der, daß sie nicht ausreichend zuverlässig war und auch für Rasputins Gegner arbeitete. Die anderen Damen führten Rasputins Aufträge auf das gewissenhafteste aus und dienten ihm mit Seele und Leib.

Zum Kreise seiner einflußreichen Anhängerinnen gehörte auch die schöne Hofdame der Kaiserin, Frau von Dehn, eine gebürtige Deutsche, die mit einem Deutschen, einem russischen Marineoffizier, verheiratet war. Sie schätzte Rasputin besonders wegen seiner Propaganda zugunsten des Friedens, war ihm aber auch sonst sehr zugetan.

Bei Begegnungen im Zarenpalais sprachen Frau von Dehn und Rasputin nie miteinander; sie trafen sich aber häufig in der Wohnung seiner Freundin Kuschina, die er „die Schöne" nannte. Dort auch wurden oft vergnügte intime Abende veranstaltet, zu denen man zuweilen auch mich einzuladen pflegte. Einmal wandte sich einer der Gäste an Rasputin mit der Frage, warum er mehr mit den Deutschen sympathisiere, Franzosen und Engländer aber hasse. Rasputin, der tüchtig getrunken hatte, gab die gänzlich unerwartete Antwort:

„Ich kann die Franzosen nicht lieben", erklärte er, „weil ich weiß, daß sie mich nicht liebgewinnen können. Sie sind Republikaner und Revolutionäre, und ich komme ihnen lächerlich vor. Ich kann nur mit Monarchisten zusammenarbeiten. Die Anhänger der Monarchie dürften aber nie miteinander Krieg führen, sondern sollten sich immer gut vertragen. Rußland muß daher sobald wie möglich mit Deutschland Frieden schließen."

Das war natürlich keine erschöpfende Erklärung für die Kriegsfeindlichkeit Rasputins. Seine Antwort zeigte aber, daß er sich nicht nur seiner Macht, sondern auch ihrer Grenzen bewußt war.

Wie die Berufung von Ministern zustande kam

Seitdem Rasputin einen entscheidenden Einfluß bei der Ernennung von Ministern ausübte, suchte er ständig nach geeigneten Kandidaten. Da ihm die persönlichen Verhältnisse der Aspiranten wenig bekannt waren, bereitete ihm die Auswahl große Schwierigkeiten. Er wandte sich infolgedessen ständig an mich mit der Bitte, ihm passende Kandidaten für diesen oder jenen Ministerposten zu nennen. Oft war das sehr schwierig. Unsere Aufgabe wurde noch dadurch kompliziert, daß viele in Aussicht genommene Kandidaten die ihnen angebotenen Posten nicht annehmen wollten, da sie den schwankenden Charakter des Zaren kannten.

Besonders verwickelt wurde die Lage in den letzten Regierungsjahren des Kaisers Nikolaus II. Häufig kam es vor, daß der Zar Rasputin anrief und ihn bat, ihm sofort einen Kandidaten für irgendeinen frei werdenden Ministerposten zu nennen. Rasputin bat in solchen Fällen den Zaren, ein paar Minuten zu warten. Zu uns zurückkehrend, forderte er uns auf, einen geeigneten Mann zu nennen.

„Wir brauchen einen Minister!" rief er in aufgeregtem Ton. Unweit des Telephons fand dann eine Konferenz statt, an der zuweilen sogar Rasputins Nichten teilnahmen, während der Zar am Hörer wartete. Einmal sagte Rasputin während eines Gesprächs mit dem Zaren zu uns:

„Wir brauchen einen General." Zufällig war gerade mein Sohn Semjon dabei; er nannte den Namen des Fürsten Wolkonski, obgleich dieser kein General, sondern Vizepräsident der Reichsduma war. Rasputin wiederholte dem Zaren den Namen. Bald darauf wurde Wolkonski zum Staatssekretär des Innenministeriums ernannt.

War die Auswahl besonders schwierig, dann kam uns Manassewitsch-Manuilow zu Hilfe. Er suchte natürlich seine Leute durchzusetzen. Auf seinen Rat wurde Stürmer zum Ministerpräsidenten ernannt. Manassewitsch-Manuilow empfahl uns Stürmer als einen „alten Dieb und Halunken" und verbürgte sich dafür, daß Stürmer alle unsere Wünsche erfüllen würde. In erster Linie suchten wir Leute, die bereit wären, einen Sonderfrieden mit Deutschland abzuschließen. Mit Stürmer haben wir lange gehandelt. Erst dann, als er uns genügend vorbereitet schien, wurde seine Ernennung vollzogen. Ich trat für ihn ein, weil er jüdischer Herkunft war. Sein Vater war in der ersten Rabbinerschule Wilnas erzogen, ließ sich später

taufen und wurde Gymnasiallehrer. Später bekam er den Adel. Ursprünglich hatte er einen anderen Familiennamen und nannte sich erst später Stürmer. Ich rechnete damit, daß der Ministerpräsident gegen die Gleichberechtigung der Juden keine Einwendungen machen würde, und irrte darin nicht.
Eines Tages brauchte der Zar beschleunigt einen Kandidaten für das Amt des Oberprokureurs beim heiligen Synod. Wir empfahlen den Professor an der Frauenhochschule Rajew, einen alten, ganz unscheinbaren Mann, der eine Perücke trug und sehr komisch war. Zugleich war er Präsident der von mir gegründeten „Wissenschaftlich-kommerziellen Einigung". Trotz der hochklingenden Bezeichnung war dies ein gewöhnlicher Spielklub, wo Tag und Nacht auf große Summen gespielt wurde.
Ich muß bemerken, daß in jener Zeit der Zar jedem neu ernannten Minister zu sagen pflegte, Rasputin sei der einzige Mensch, dem er vertraue. Dieser Hinweis mußte ihnen gewissermaßen als Richtschnur dienen.
„Rasputin ist ein Gottgesandter", sagte Nikolaus in solchen Fällen. „Niemals in meinem Leben habe ich zu jemandem solche Liebe und solches Vertrauen empfunden wie zu Rasputin."
Die Zettel, die Rasputin den Ministern sandte, wiesen gewöhnlich die Wendung auf: „Werde es dem Liebenden erzählen." Das bedeutete, daß er sich anschickte, in dieser Sache dem Zaren Mitteilung zu machen. Der betreffende Minister betrachtete in solchen Fällen Rasputins Bitte als Befehl des Zaren und versah den Zettel mit einer entsprechenden Resolution.
Kurz vor seinem Tode teilte mir Rasputin mit, der Zar habe sich entschlossen, Maßnahmen zur Verbesserung der Lage der Juden einzuleiten. Alle Minister erhielten Anweisung, die Beschränkungen des Wohnrechts der Juden zu überprüfen, die von den früheren Ministern durchgeführt worden waren. Aus den Archiven wurden die alten Akten über das jüdische Wohnrecht in Rußland herausgeholt.

Rasputins Mitteilung wurde mir auch durch Protopopow bestätigt, der noch hinzufügte, der Zar wolle diese Maßnahmen ohne jedes Aufsehen durchführen. Protopopow sprach den Wunsch aus, eine jüdische Abordnung möchte bei ihm erscheinen. Das geschah auch. Die Rechtsanwälte Sliosberg und Warschawski waren, wenn ich nicht irre, Delegierte. Protopopow bestätigte ihnen, daß Maßnahmen zur Erweiterung der jüdischen Rechte bereits in Angriff genommen seien. Er bat nur, diese Mitteilung als vertraulich zu betrachten, um jedes Aufsehen zu vermeiden. Dem Empfang der jüdischen Abordnung wohnte auch General Kurlow bei, der damals einen hohen Posten im Innenministerium bekleidete.
Die Ermordung Rasputins bereitete allen vorbereiteten Arbeiten ein jähes Ende. Nach der Ermordung Rasputins erteilte der Zar die Weisung, vor allem erst einmal alle Kräfte auf die Bekämpfung der revolutionären Bewegung zu konzentrieren. Die Judenfrage wurde von der Tagesordnung gestrichen.

Rasputin als Politiker

Wie stellen sich eigentlich die Zeitgenossen Rasputin vor? Als betrunkenen, schmutzigen Muschik, der in die Zarenfamilie eingedrungen war, Minister, Bischöfe und Generäle ernannte und absetzte und ein ganzes Jahrzehnt hindurch ein Held der Petersburger Skandalchronik war. Dazu dann noch die wilden Orgien in der „Villa Rode", brünstige Tänze im Kreise aristokratischer Verehrerinnen, hochgestellter Günstlinge und betrunkener Zigeuner, gleichzeitig aber eine unbegreifliche Macht über den Zaren und seine Familie, hypnotische Kräfte und der Glaube an seine besondere Sendung.
Das war alles.
Nur wenigen war es beschieden, auch den anderen Rasputin kennenzulernen und hinter der allgemein bekannten Maske des allmächtigen Bauern und Zauberers seine tieferen seelischen Eigenschaften zu erblicken.

Menschen, die seinen besonderen Einfluß und seine Suggestivkraft für höhere Ziele hätten nutzbar machen können, haben sich nicht in die Seele dieses Mannes versenkt und blieben ihm fremd und fern. Fast alle, die seine Nähe suchten, strebten nur ihre eigenen, meistens recht unsauberen Ziele an. Für sie war er nicht mehr als ein Werkzeug. Sie hatten keine Lust, sich in tiefere Erörterungen über seinen Charakter einzulassen. Den anderen Rasputin brauchten sie auch nicht.

Unter der derben Bauernmaske verbarg sich indes ein starker Geist, der angestrengt über die Probleme des staatlichen Lebens nachdachte.

Rasputin erschien in Petersburg als fertiger Mensch. Er hatte keine Bildung, gehörte aber zu jenen Menschen, die aus eigener Kraft und mit ihrem Verstande sich den Lebensweg bahnen und das Geheimnis des Lebens zu erraten suchen. Er war ein Grübler, ein sorgloser Wanderer, der ganz Rußland durchquert hatte und zweimal auch in Jerusalem gewesen war. Auf seinen Wanderungen war er mit Leuten aus allen Klassen zusammengekommen und hatte mit ihnen endlose Unterhaltungen geführt. Mit seinem enormen Gedächtnis konnte er aus diesen Unterhaltungen vieles lernen. Er beobachtete, wie Menschen verschiedener Gesellschaftsklassen lebten, und dachte über vieles nach. Solcherart reifte in ihm während seiner langen Pilgerfahrten ein eigenartiger philosophischer Charakter.

Nachdem Rasputins entscheidender Einfluß auf den Zaren hervorgetreten war, wechselte er diesen nicht in kleine Münzen um. Er hatte seine eigenen Ideen, die er durchzusetzen suchte, auch wenn der Erfolg sehr fraglich war. Er strebte nicht nach äußerem Glanz und trachtete nicht nach offiziellen Stellungen. Rasputin blieb immer Bauer, ja betonte seine bäuerliche Ungeschliffenheit Leuten gegenüber, die sich für sehr mächtig hielten und über die anderen weit erhaben glaubten; nie vergaß er die vielen Millionen Bauern, die die russischen Dörfer bevölkern. Ihnen zu helfen und die Mauer zwischen ihnen und dem Zaren zu zerstören, war sein heißer Wunsch und sein glühendes Bestreben.

Die langen Stunden, die Rasputin in der Zarenfamilie verbrachte, gaben ihm die Gelegenheit, sich mit dem Zaren über alle möglichen politischen und religiösen Fragen zu unterhalten. Er erzählte vom russischen Volk und seinen Leiden, schilderte ausführlich das bäuerliche Leben, wobei die kaiserliche Familie ihm aufmerksam zuhörte. Der Zar erfuhr von ihm vieles, was ihm ohne Rasputin verborgen geblieben wäre. Rasputin verteidigte mit Eifer die Notwendigkeit einer großzügigen Agrarreform, die, wie er hoffte, dem russischen Bauer zu neuem Wohlstand verhelfen sollte.
„Die Bauernbefreiung ist nicht richtig angepackt worden", sagte er oft. „Die Bauern sind wohl frei, sie besitzen aber nicht genug Land. Die Bauernfamilie ist zahlreich und besteht aus zehn Köpfen, der Landanteil aber ist klein. Wegen des Landbesitzes verzanken sich die Söhne mit ihren Vätern, und sie müssen in die Stadt, um Arbeit zu suchen, einerlei wo sie sie finden. Ist der Krieg zu Ende, kehren die Söhne zurück und werden heiraten. Womit sollen sie sich aber dann ernähren? Es werden Streit und Unruhe entstehen. Die leibeigenen Bauern hatten es besser. Sie bekamen ihr Essen und die nötige Kleidung. Jetzt aber bekommt der Bauer nichts und muß dazu noch Steuern zahlen. Seine letzte Kuh wird beschlagnahmt und versteigert. Bis zum zehnten Lebensjahr laufen die Bauernkinder nackt umher. An Stelle von Stiefeln erhalten sie Bastschuhe. Hat der Bauer kein Land, so erstirbt das ganze Leben im Dorf."
Rasputin klagte auch darüber, daß die Regierung in Sibirien keine Eisenbahnen baut. „Man hat Angst vor den Eisenbahnen und Verkehrsverbindungen", führte er aus. „Man fürchtet, die Eisenbahnen könnten den Bauern verderben. Das ist alles Quatsch. Gibt es eine Eisenbahn, so kann sich der Bauer ein besseres Auskommen suchen. Ohne Eisenbahn muß der sibirische Bauer zu Hause sitzen bleiben, denn man kann doch nicht ganz Sibirien zu Fuß durchschreiten. Der sibirische Bauer weiß von nichts, hört von nichts. Ist denn das ein Leben? Sibirien ist ein geräumiges Land, und die sibirischen Bauern

sind wohlhabend. In Rußland aber (Rasputin meinte: im europäischen Rußland) sehen die Bauernkinder so selten Weißbrot, daß sie es für einen Leckerbissen halten. Der Bauer auf dem Lande hat gar nichts. Weizenmehl erhält er zuweilen zu Ostern, Fleisch hat er selbst an Feiertagen sehr wenig. Es fehlt ihm an Kleidung, an Stiefeln, Nägeln, er kann sich aber nichts anfertigen lassen. Es gibt auf dem Lande keine Handwerker. Kommt aber ein fremdstämmiger Handwerker ins Dorf, so wird er verjagt. Weswegen? Weil er einen Spaten, eine Pflugschar oder ein Hufeisen gemacht hat oder weil er Stiefel anfertigte? Man hat Angst vor dem fremden Handwerker! Man fürchtet, der Bauer könnte verwöhnt werden oder Landzuteilung fordern.
Man erklärt, das alles müßte zu einer Revolution führen. Unsinn ist das alles! Der Adel hat es zu gut. Die Adligen tun nichts, ja, hemmen auch noch die anderen. Erscheint ein Gebildeter, so schreit man, er sei Revolutionär, ein Meuterer, und schließlich wird er ins Loch gesteckt. Den Bauern gibt man keine Bildung. Diese Herrenpolitik wird nichts Gutes bringen."
Rasputin träumte von der Schaffung einer Bauernmonarchie, in der Adelsprivilegien keinen Platz mehr finden würden.
Er war der Ansicht, daß die Staats- und Klösterländereien unter die landlosen Bauern verteilt werden sollten und in erster Linie unter die Kriegsteilnehmer. Der private Großgrundbesitz war nach seiner Meinung auch zu enteignen und an die Bauern zu überweisen. Zwecks Entschädigung der Großgrundbesitzer für das enteignete Land sollte eine hohe auswärtige Anleihe aufgenommen werden.

„Die Adligen dürfen aber das Geld, das sie für ihre Güter bekommen, nicht auf kostspieligen Auslandsreisen verprassen", sagte Rasputin. „Das darf man nicht zulassen. So etwas muß verboten werden."
Die Hauptsache war aber nach Ansicht Rasputins, den Adligen die Macht im Staate zu entreißen und den Bauern einen ent-

scheidenden Einfluß im Staate einzuräumen. Er träumte davon, den Thronfolger Alexej zu einem Bauernzaren zu machen. „Dein Sohn", sagte Rasputin zum Zaren, „muß ein Bauernzar werden, dann wirst du für alle Zeiten Nikolaus der Große bleiben."

Auch die Lage der Fremdstämmigen interessierte Rasputin lebhaft. Während seiner Wanderungen durch Rußland lernte er die verschiedenen Gegenden kennen, die mit Fremdstämmigen bevölkert waren. Er sah deutsche Kolonien, tatarische Dörfer, jüdische Niederlassungen in Polen, georgische und armenische im Kaukasus. Er empfand den Fremdstämmigen gegenüber keine Feindschaft und trat später, zum Teil unter meinem Einfluß, mit Energie für die unterdrückten Nationalitäten ein.

„Alle sind gleich vor Gott", pflegte er zu sagen.

Rasputin befürwortete die Aufhebung aller Beschränkungen in den Rechten der Fremdstämmigen in Rußland und hoffte, dies nach Beendigung des Krieges durchzusetzen.

Den Ministern, denen er zu ihren Posten verhalf, machte er die Aufhebung der unzähligen Verfügungen zur Bedingung, durch die die Rechte der Fremdstämmigen und namentlich der Juden noch mehr beschnitten wurden als durch die Gesetze. Es kam aber häufig vor, daß die Minister nicht den Mut fanden, ihre Versprechungen zu halten. Sie wurden dann von ihren Posten entfernt. Rasputin hatte in dieser Frage nicht nur die Minister gegen sich, sondern auch Großfürsten, die der Ansicht waren, der Zar dürfe das Fremdstämmigenproblem nicht selbständig lösen, sondern müsse vorher mit sämtlichen Mitgliedern der Dynastie Rücksprache nehmen.

Seine Beobachtungen über das Leben der Fremdstämmigen in Rußland bildeten auch die Grundlage für sein Verhalten den fremden Staaten gegenüber.

Der Ausbruch des Weltkrieges versetzte ihn in Verzweiflung. Er bedauerte es immer wieder, daß er sich zur Zeit der Kriegserklärung in Sibirien befunden hatte und durch die schwere

Verwundung, die ihm die Gussewa beigebracht hatte, verhindert war, nach Petersburg zu kommen.
Rasputin wurde oft der Deutschenfreundlichkeit beschuldigt, und diese Beschuldigung war nicht unbegründet. Dieser Zug schien bei einem Bauern, der Deutschland nie gesehen hatte und von diesem Land nur sehr wenig wußte, sonderbar zu sein, erklärte sich aber ganz einfach dadurch, daß Rasputin bei seinem Urteil über Deutschland von seinen Beobachtungen am Leben der deutschen Kolonisten in Rußland ausging.

Rasputin hatte eine sehr hohe Meinung von den landwirtschaftlichen Fähigkeiten und dem Wohlstand der deutschen Kolonisten. Ihre Reinlichkeit und ihre ordentliche solide Kleidung hoben sie stark von den russischen Bauern ab.
Wenn Rasputin in eine deutsche Kolonie geriet, so wunderte er sich immer über die reich besetzten Tische. Besonderes Erstaunen flößte ihm ein, daß die Kolonisten nicht nur Tee, sondern auch Kaffee tranken. Diese Beobachtungen prägten sich seinem Gedächtnis tief ein, und bei Gesprächen mit russischen Bauern kam er oft auf den Wohlstand der deutschen Kolonien zu sprechen. Er riet den russischen Bauern, Mädchen aus deutschen Kolonistenfamilien zu heiraten. Solche Ehen erwiesen sich immer als sehr glücklich.
„Der Bauer ist froh, wenn in seinem Hause eine Deutsche ist", erzählte Rasputin, „dann herrscht im Hausstand Ordnung und Zufriedenheit. Der Schwiegervater ist stolz auf eine solche Schwiegertochter und rühmt sich ihrer vor seinen Nachbarn."
Rasputins Achtung vor Deutschland stieg noch höher, als er erfuhr, daß die meisten landwirtschaftlichen Maschinen, die bei den russischen Bauern im Gebrauch waren, von dort stammten.
Er trat immer für einen sofortigen Friedensschluß ein, sei es selbst unter den schwersten Bedingungen. Jeder Friede war seiner Meinung nach besser für Rußland als der Krieg. Wird

Rußland wieder einmal stark, dann könnte man ja die Friedensbedingungen revidieren.

Auf den Einwand, daß von einem sofortigen Friedensschluß auch keine Rede sein könne, und daß es daher keinen Zweck hätte, dafür einzutreten, pflegte Rasputin stets zu antworten: „Ich fürchte nichts. Etwas Schlechtes will ich nicht. Niemand hat das Recht, Menschenleben zu vernichten. Es gibt Leute, die sich mit der Vermittelung von Geldgeschäften, Haus- und Landankäufen befassen. Ich will aber nur Vermittler des Friedensschlusses sein. Sogar Papa sagt, daß ich recht habe und neutral bleiben muß."

Die Erklärung des Zaren, er werde so lange kämpfen, bis der letzte deutsche Soldat aus Rußland vertrieben sei, übte keinen Einfluß auf Rasputin aus.

„Der Zar konnte das auch sagen. Er ist Herr seines Wortes. Hat er es gegeben, so kann er es auch zurücknehmen. Hat er etwas befohlen, so kann er den ersten Befehl durch einen neuen ersetzen. Er ist Zar und kann alles. Und wie kann man alle Deutschen aus Rußland vertreiben? Was will man denn mit den deutschen Handwerkern und Kaufleuten machen?"

Es half auch nichts die Erklärung, daß der Zar mit seinen Worten nicht die russischen Deutschen, sondern nur die deutschen Soldaten gemeint habe. Er lächelte schlau und erklärte, er sehe keinen Unterschied zwischen den russischen Deutschen und den Reichsdeutschen. Beide verfolgten dasselbe Ziel, der Unterschied sei nur der, daß die einen mit der Faust arbeiteten, die anderen aber mit Geld und Verstand.

„Der Russe", sagte er, „hat sich an die deutschen Waren gewöhnt. Die deutschen Kaufleute liefern gute Waren und kommen dem Käufer auf jede Weise entgegen. Der Deutsche versteht zu arbeiten. Gelangt ins Dorf ein deutscher Kriegsgefangener, so suchen die Bauernweiber ihn in ihr Haus zu bekommen, weil er ein guter Arbeiter ist."

Außer Deutschland zog Rasputin besonders Amerika an. Auch das hatte seine Gründe.

Es gab in Rußland recht viele Bauern, die Verwandte in Amerika hatten und von dort Geld nach Rußland sandten. Viele arme Auswanderer wurden in Amerika reiche Farmer, aber auch die anderen, die gewöhnliche Arbeiter blieben, waren mit ihrem Verdienst zufrieden. Für den armen russischen Bauern schien Amerika eine märchenhafte Welt. Darum imponierte Rasputin Amerika, und er riet, man müsse mit Amerika in Freundschaft und Frieden leben.

Zum Schluß möchte ich noch einen interessanten Fall erzählen. Nach dem Rückzug der russischen Truppen von Warschau rief Nikolaus um zwei Uhr nachts Rasputin ans Telephon. Er war aufs höchste erregt und erklärte, er sei so weit, sich zu erhängen, denn der deutsche Kaiser wolle Polen zu einem unabhängigen Staate machen. Diese Schmach könne er nicht überleben.

Rasputin entgegnete:

„Du hättest Polen selber die Selbständigkeit geben sollen. Jetzt aber sei ein Mann. Nimmst du Polen zurück, so gibst du ihm alles. Sie sind ebenso Slawen wie die Russen und sollen sich wohl fühlen."

Befürchtungen und Hoffnungen

Im Laufe vieler Jahre stand ich Rasputin Tag und Nacht nahe. Ich kannte ihn besser als alle. Ich darf sagen, daß er an die Festigkeit seiner Beziehungen zum Zaren nicht besonders glaubte. Mir schien es häufig, daß er sich unruhig und unsicher fühlte. Der Gedanke, seine große Rolle könnte eines Tages ausgespielt sein, ließ ihn über die Zukunft nachdenken. Er fürchtete nicht so sehr seinen Tod, als vielmehr seinen Sturz mit den unvermeidlichen Folgen. Rasputin besaß ein stark entwickeltes Selbstbewußtsein, und darum beunruhigte ihn die Möglichkeit eines Sturzes mehr als der Tod. Er suchte sich mit dem Glauben an seine „Kräfte" zu beruhigen, da er dazu einige von uns erwähnte Gründe hatte. Wenn er von

Zweifeln und von der Sorge um die Zukunft gequält wurde, wandte er sich an mich mit der Bitte um freundschaftlichen Rat und Beistand. Rasputin hielt mich für einen guten Mathematiker mit großer Lebenserfahrung und praktischem Verstand. Er vertraute mir und klammerte sich an mich. Auch ich empfand Anhänglichkeit ihm gegenüber. Ich habe nie etwas Böses von ihm gesehen, auch anderen tat er nie Böses. Daran, daß Nikolaus II. ein schwacher Zar war, trug er keine Schuld. Er hat durch meine Vermittlung Tausenden von Menschen geholfen, und mit seiner Güte rettete er viele vor Armut, Tod, Demütigung und Verfolgungen. Dies werde ich Rasputin nie vergessen (??!), und darum habe ich auch kein Recht, weder ihn zu verurteilen noch auch überhaupt über ihn zu urteilen. Es gibt keine Menschen ohne Fehler, doch meiner Ansicht nach war Rasputin ehrlicher als alle Leute, die sich in seiner Wohnung versammelten. Wenn er von seiner Zukunft sprach, riet ich ihm, Petersburg und den Zaren jetzt schon zu verlassen, ehe seine Feinde endgültig die Geduld verloren hätten.
Ich besaß in Palästina ein kleines Stück Land und träumte davon, mein Alter im Lande meiner Väter zu verbringen. Rasputin hatte ebenfalls einen Hang zum Heiligen Land. Er billigte meinen Plan, dahin überzusiedeln. Wir hätten ja längst schon das ungesunde und gefährliche Leben in Petersburg aufgegeben, wenn uns nicht die Aufgaben, die wir uns gestellt hatten, zurückgehalten hätten. Rasputin war entschlossen, den Friedensschluß herbeizuführen, ich aber strebte die Verwirklichung der jüdischen Gleichberechtigung an.
„Es ist unerläßlich", sagte er, „den Zaren zu veranlassen, sein Wort zu halten. Er hat versprochen, die Verfassung dem Volke zu geben. Hätte er dieses Versprechen erfüllt, so wären längst alle Nationalitäten gleichberechtigt, aber jetzt müssen wir nur an den Friedensschluß denken."
„Der Friedensschluß ist eine sehr schwierige Sache", antwortete ich. „Du tätest besser, mit der jüdischen Frage anzufangen. Das würde auch den Friedensschluß erleichtern. Gelänge nur die Lösung der Judenfrage, so erhielte ich von den

amerikanischen Juden (sic!) bestimmt so viel Geld, daß wir für das ganze Leben sichergestellt wären."
„Warum wollen denn die russischen Juden nicht das Geld geben?" fragte Rasputin hartnäckig.
„Weil die russischen Juden nicht wollen, daß man von ihnen sagt, sie hätten sich die Freiheit vom Zaren erkauft", antwortete ich. „Ich werde das Geld für mich behalten und mit dir teilen. Es wird für uns beide und für unsere Familien reichen. Dein Weggang wird die allgemeine Versöhnung erleichtern, und ich glaube, die Hofkreise und der Adel würden sich eher mit der jüdischen Gleichberechtigung einverstanden erklären, wenn sie dich dadurch loswerden könnten."
„Aber Papa will nicht den Frieden", entgegnete Rasputin. „Von der Gleichberechtigung der Juden will er nicht einmal hören. Seine Verwandtschaft erlaubt ihm nicht, eine Verfassung zu gewähren. Unausgesetzt sage ich zu ihm: ‚Wenn du die Verfassung gibst, wird man dich Nikolaus den Großen nennen.' Er hat mir aber geantwortet, daß er bei einer konstitutionellen Staatsordnung nicht einen Sonderfrieden mit Deutschland schließen könnte. Er sucht die ganze Zeit mit mir nach Ministern, die mit einem Friedensschluß einverstanden wären, aber er hat vor allen Angst. Wenn er in seinem Arbeitszimmer sich mit mir unterhält, so schaut er immer um sich, ob uns nicht jemand belauscht. Ich bestehe darauf, daß meinen Bauern die Konstitution bewilligt wird. Sie paßt nur den Herren nicht. Wir Bauern aber brauchen sie. Jetzt kehren die Soldaten nicht mehr nach Beendigung des Militärdienstes in ihre Dörfer zurück, sondern bleiben in den Städten. Wenn man erst den Bauern Land gibt, wird es anders werden. Es ist ein großer Übelstand, daß Papa sich nicht überzeugen läßt. Sobald ich weg bin von ihm, so vergißt er seine Versprechen. Das ist unser Unglück."
Dann fuhr Rasputin fort:
„Ich bin völlig einverstanden mit Witte. Vielleicht gelingt es mir, ihm zu einem bedeutenden Posten zu verhelfen. Dann wird er mich unterstützen. Wenn ich jetzt mit dem Kaiser über

die jüdische Frage spreche, erhebt er keinen Widerspruch, sagt aber:

‚Warte, Vater Grigorij, bis ich einen treuen Minister finde und Frieden schließe; dann werde ich alles ausführen, was ich versprochen habe.'

‚Du wirst vielleicht wohl alles geben', habe ich ihm völlig offen erwidert, ‚aber du wirst dann alles wieder zurücknehmen. Dann ist es schon besser, du gibst gar nichts, um es nicht zurücknehmen zu müssen!'

‚Aber irgend etwas muß doch den Juden bewilligt werden', schrie ich Rasputin an.

‚Wie kann denn irgend etwas den Juden bewilligt werden, wenn ich für meine Bauern nichts durchsetzen konnte?' entgegnete Rasputin. „Der Zar fürchtet sich, den Juden die Gleichberechtigung zu schenken. Er ist überzeugt, daß man ihn danach umbringen wird. Sein Großväterchen haben sie doch umgebracht. Der Zar hat mir wiederholt geklagt, alle seine Minister seien Halunken. Sie suchen ihm einzureden, die Juden wären an allem schuld."

Diese Unterredung fand im Jahre 1915 statt. Zur Zeit der Annäherung Wittes an Rasputin hatte ersterer großen Einfluß auf Rasputin, und dieser wiederum verstand es, die Zarin und den Metropoliten Pitirim auf seine Seite zu ziehen. Ihnen schloß sich auch der alte Stürmer an, und mit ihnen sympathisierte der ganze junge Hof. Rasputin suchte den Zaren zu überzeugen, es sei notwendig, endlich die konstitutionelle Staatsform einzuführen und damit aller Uneinigkeit ein Ende zu machen.

Einmal erschien Rasputin in sehr freudiger Stimmung bei uns. Er erklärte, er habe seine Wünsche endlich beim Kaiser durchgesetzt. Der Zar wolle sich in die Reichsduma begeben und verkünden, daß er eine neue Ordnung beschlossen habe: den Präsidenten des Ministerkabinetts würde er selber berufen, die übrigen Minister aber sollen von der Reichsduma ernannt werden. Wie das alles vor sich gehen sollte, kann ich nicht sagen. Vielleicht habe ich Rasputin nicht richtig verstanden, es ist auch möglich, daß er mir nicht alles, wie es nötig wäre, dargestellt hat. „In jedem Falle", fügte er hinzu, „würden nach Bewilligung der neuen Verfassung die Juden auch volle Gleichberechtigung erhalten, mit Ausnahme des Rechts, leitende Posten im Heere und in der Staatsverwaltung zu bekleiden." Das sei, meinte Rasputin, das deutsche System. Ich hielt es für meine Pflicht, meinen Glaubensgenossen alles mitzuteilen, und unterrichtete den Baron Ginzburg und Moses Ginzburg über die Meldungen Rasputins. Alle glaubten ihm, denn man wußte, daß er nicht lügt.

Aber wir ließen die traurigen Charaktereigenschaften des Zaren außer acht. Richtiger wäre es gewesen, wenn wir seine Willensschwäche und seine Unfähigkeit, ein gegebenes Wort zu halten, in Betracht gezogen und uns nicht auf seine Versprechen verlassen hätten.

Nach seiner Rückkehr aus dem Hauptquartier erklärte Nikolaus II. Rasputin, er habe seine Absicht geändert. Er wolle sich nicht einmal in der Reichsduma zeigen und denke nicht daran, eine neue Staatsform einzuführen, solange es Krieg ist.

Rasputin war zuweilen sehr unbeherrscht und grob dem Zaren gegenüber. Diesmal verbarg er seine Wut nicht. In dieser Angelegenheit schüchterte er die Zarin und die Wyrubowa förmlich ein und betonte, die Revolution werde unvermeidlich kommen, denn der Zar könne nicht verstehen, daß man sich mit seinem Volke verständigen müsse.

Endlich erklärte Nikolaus II., er werde dem Rate Rasputins folgen, und setzte sogar den Tag fest, an dem die neue Staatsordnung verkündet werden sollte. An diesem Tage begab er sich tatsächlich in die Reichsduma, doch war er anscheinend im letzten Augenblick wieder eingeschreckt, man würde ihn umbringen, falls er auf seine Vorrechte als absoluter Herrscher verzichte. Leider konnte ich nicht die Einzelheiten dieser Episode erfahren.

Erfolglose Schritte beim Zaren

Einmal arrangierten wir beim Metropoliten Pitirim im Alexander-Newskij-Kloster eine Konferenz über die Judenfrage. Sie fand bald nach der Ernennung Stürmers zum Ministerpräsidenten statt. Er hatte sich uns gegenüber verpflichtet, Maßnahmen zur Lösung der Judenfrage zu ergreifen. An der Konferenz beim Metropoliten nahmen außer mir der Bischof Isidor, Stürmer und Rasputin teil. Alle Teilnehmer erklärten sich bereit, zur Lösung der Judenfrage beizutragen.

Mir gegenüber sprach sich Stürmer folgendermaßen aus: „Du bist ein sonderbarer Mensch, Simanowitsch. In deinen Bestrebungen hast du recht, aber du hast den falschen Weg zu ihrer Verwirklichung gewählt. Du mußt doch wissen, daß weder ich noch der gesamte Ministerrat sich unterstehen wird, ohne Zustimmung des Zaren die Judenfrage aufzurollen. Jeder Minister denkt an seine Zukunft. Unter den früheren Zaren war es anders, sie handelten aus eigenem Antriebe, hatten mehr Mut und hielten Wort. Dem jetzigen Zaren aber traut niemand. Daher ist es sehr schwer, etwas bei ihm durchzusetzen. Ich wäre ja glücklich, wenn es mir gelänge, das jüdische Volk aus seiner entsetzlichen Lage zu befreien. Aber ich kann mich nicht entschließen, die Initiative zu ergreifen, denn ich kann dadurch meine Karriere verlieren. Jeder russische Minister muß offiziell Judenfeind sein und darf seine Judenfeindschaft nicht aufgeben. Ich will aber natürlich meinen Ministerposten behalten, und du hast kein Recht, unmögliche Forderungen an mich zu stellen. Ich will gern den Juden helfen, aber dazu muß sich eine Gelegenheit bieten. Bei deinen Beziehungen und deiner Findigkeit wirst du viel eher Gelegenheit haben, diese Frage aufzuwerfen. Du hast mehr Macht, als wir alle zusammen. Erreiche du nur, daß der Zar mir befiehlt, die Judenfrage in Angriff zu nehmen, und ich kann dir schwören, daß ich alles Erforderliche tue."

Der Metropolit Pitirim machte hierauf einen völlig unerwarteten Vorschlag. „Höre mal, Simanowitsch, wir fahren

morgen mit Rasputin nach Zarskoje Selo, wo ein Gottesdienst stattfinden soll. Nach dem Gottesdienst wird man den Verwundeten ein Mittagessen verabreichen. Du kannst Kognak, Tee, Zucker und Marmelade für die Soldaten mitbringen, und ich sorge dafür, daß du mit dem Zaren persönlich sprechen kannst. Das ist wohl der beste Weg. Folge meinem Rat und erzähle dem Zaren offen von all den Judenverfolgungen, von denen du hier gesprochen hast. Gott wird dir helfen."
Der Vorschlag des Metropoliten fand allgemeine Billigung.
Ich rief telephonisch die Schwestern Woskoboinikow an und erhielt die Bestätigung, daß tatsächlich im Seraphimlazarett ein Gottesdienst abgehalten werden sollte. Der Thronfolger hatte die Absicht, an diesem Tage unter den Verwundeten Geschenke zu verteilen.
Ich begab mich ins Lazarett, und der Thronfolger trug mir auf, zwölf silberne Uhren und ebensoviel Untersätze für Teegläser zu kaufen. Anderentags nahm ich die bestellten Gegenstände ins Lazarett mit, wo ich am Schluß des Gottesdienstes eintraf. Der Zesarewitsch war von meinen Sachen entzückt. Die Zarin wurde darauf aufmerksam und erzählte sofort dem Zaren, wie zufrieden der Thronfolger mit mir sei. Die Stimmung schien für mich günstig zu sein. Der Thronfolger verteilte die Geschenke.
Rasputin begriff, daß jetzt der geeignete Augenblick zur Ausführung unserer Absicht gekommen war. Er erhob sich und sagte zu dem Zaren:
„Ein Sohn des jüdischen Volkes steht vor dir."
Nikolaus II. blickte mit Verwunderung auf uns und erklärte: „Ich verstehe nicht."
Die übrigen Anwesenden musterten uns mit großer Neugier.
Rasputin fuhr fort:
„Ich habe nur begonnen. Er wird dir selbst alles darlegen."
Zitternd vor Aufregung begann ich:
„Ew. Kaiserliche Majestät, ich lebe schon seit Jahren in Petersburg, aber meine Schwestern und Brüder und unser ganzes jüdisches Volk weiß nichts von Ihrer Liebe zu uns."

Der Metropolit unterbrach mich.

„Du drückst dich sehr undeutlich aus. Wenn du als ein Sohn des jüdischen Volkes sprichst, so mußt du dich deutlicher ausdrücken!"

Ich fuhr in ungeheurer Erregung fort:

„Ew. Majestät, meine Brüder und Schwestern und das ganze jüdische Volk warten auf Ihr Wort. Sie erwarten von Ihnen Freiheit und Bewilligung des Rechts auf Bildung; sie warten auf Ihre Gnade."

Der Zar hörte mir zu. Meine Rede war ohne Zusammenhang. Ich sprach in abgerissenen Sätzen, aber Nikolaus II. verstand, was ich wollte. Alle schwiegen und warteten mit Spannung auf die Antwort des Zaren. Mit Befriedigung bemerkte ich, daß alle Anwesenden mit mir sympathisierten. Aber der Zar erklärte mir:

„Sage deinen Brüdern, daß ich ihnen nichts erlauben werde."

Ich verlor die Fassung und flehte mit Tränen in den Augen den Kaiser an:

„Ew. Majestät, um Gottes willen entbinden Sie mich von dieser Antwort. Es geht über meine Kraft, meinen Brüdern eine solche Antwort zu überbringen."

Der Zar sah mich gütig an und sagte in ruhigem, ja sogar sympathieerfülltem Ton:

„Du hast mich nicht verstanden. Du sollst den Juden übergeben, daß sie wie alle Fremdstämmigen in meinem Staate meinen anderen Untertanen gleichstehen. Wir haben aber neunzig Millionen Bauern und hundert Millionen Fremdstämmige. Meine Bauern sind Analphabeten und noch wenig entwickelt. Die Juden sind hoch entwickelt. Sage den Juden:

‚Wenn die Bauern einmal dieselbe Stufe erreicht haben werden wie die Juden, so will ich den Juden alles geben, was um diese Zeit die Bauern haben werden.'"

Ich antwortete: „Zu Befehl, Ew. Majestät, ich werde alles ausrichten."

Ich bat den Metropoliten Pitirim am nächsten Tage, die jüdischen Delegierten zu empfangen und ihnen zu bezeugen, daß ich den Zaren um Bewilligung der jüdischen Gleichberechtigung gebeten hatte. Baron Ginzburg, Poljakow und Warschawski erschienen bei ihm, und Pitirim bestätigte ihnen die Wahrheit meiner Angaben.

Protopopow — die letzte Karte

Unsere Hoffnungen auf den Zaren hatten sich zerschlagen, und wir befanden uns in einer sehr gedrückten Stimmung. Wir beschlossen, uns in Zukunft nicht mehr auf die Unbeständigkeit des Zaren zu verlassen, sondern mehr durch die Minister zu wirken. Sie waren leichter zu beeinflussen und durch Orden und Geldgeschenke auf unsere Seite zu ziehen. Ich stellte mir wieder das Ziel, die Lage der Juden zu erleichtern, überlegend, daß leichter eine Verbesserung der Lage einzelner Personen als eine Änderung des ganzen Regimes zu erreichen sei.

In dieser Richtung erblühten für uns neue Hoffnungen. Rasputin teilte uns wiederholt mit, der Zar wäre nicht abgeneigt, den Juden gewisse Erleichterungen zu gewähren. Als wir die Ernennung Protopopows zum Innenminister durchsetzen konnten, nahmen wir ihm das Versprechen ab, etwas für die Juden zu tun. Wir versicherten ihm, der Boden wäre in dieser Hinsicht von uns schon vorbereitet, und der weitere Erfolg würde ausschließlich von seiner Gewandtheit und Findigkeit abhängen.

Als die Juden hörten, daß Protopopow versprochen habe, Maßnahmen zur Verbesserung ihrer Lage durchzuführen, entsandten sie eine Abordnung zu ihm. Ihm war das sehr unangenehm, denn er wollte nicht vorzeitig seine Karten aufdecken. Infolgedessen empfing er die Abordnung ziemlich kühl und zeigte keine Neigung, ihren Wünschen entgegenzukommen. Damit erregte er bei den Juden starke Unzufriedenheit

Als Protopopow den Entschluß faßte, sich um den Posten des Innenministers zu bewerben, setzte er sich mit mir zuerst in Verbindung. Wir schlossen bald Freundschaft und begannen, uns zu duzen. Ich führte ihn mit Rasputin zusammen, der ihm zu vertrauen begann. Er sprach oft über Protopopow mit dem Zaren und suchte den Zaren für ihn zu interessieren. Seine Bemühungen blieben nicht erfolglos.

Die ersten Begegnungen Rasputins mit Protopopow fanden bei der Fürstin Tarchanowa statt. Später trafen sie sich im Hause des Fürsten Myschezki. Protopopow sehnte sich nach einer Ministerlaufbahn. Wir stellten ihm unsere Bedingungen: den Abschluß eines Sonderfriedens mit Deutschland und die Durchführung von Maßnahmen zur Verbesserung der Lage der Juden. Er war einverstanden. Ich machte ihn dann mit hervorragenden Vertretern des Judentums bekannt, und er bestätigte ihnen seine Zusage hinsichtlich der Juden.

Einmal fuhren Protopopow, Rasputin und ich nach Zarskoje Selo zu der Wyrubowa. Sie unterzog ihn, wie es ihre Gepflogenheit war, einer besonderen Prüfung. Alles ging gut. Im Lazarett stellte die Wyburowa Protopopow der Zarin vor, auf die er einen guten Eindruck machte. Bald wurde er Minister des Innern, freilich, wie sich später herausstellte, als letzter der alten Staatsordnung.

Vor seiner Berufung löste ich seine Wechsel in Höhe von einhundertundfünfzigtausend Rubel ein; sonst wäre er als zahlungsunfähig erklärt worden, was seine Ernennung verhindert hätte. Protopopow versprach mir, nach seiner Ernennung diesen Betrag aus den Geheimfonds des Ministeriums zurückzuzahlen. Da er aber hunderttausend Rubel für das Lazarett der Wyrubowa spendete, konnte er seine Schuld nicht mit einemmal zurückerstatten. Die Wyrubowa fragte an, ob Rasputin mit der Annahme dieser Spende einverstanden sei, und erhielt den Bescheid, die Spende wäre auf Anweisung Rasputins erfolgt. Das genügte ihr, und sie nahm die Spende an.

Sehr häufig stifteten Personen, die die Unterstützung der Wyrubowa besaßen, derartige Geldbeträge. So spendeten ihr z. B.

Frau Rubinstein 50 000 Rubel, Frau Beinensohn 25 000 Rubel, der Bankier Manus 200 000, Nachimow 30 000 usw. Von mir selbst erhielt die Wyrubowa verschiedentlich wertvolle Brillanten, Smaragden und kostbare silberne Vasen. Die Wyrubowa erzählte dem Zarenpaar, daß ihre Freunde sie für die Zukunft sicherstellen wollten, da ihr durch einen Eisenbahnunfall die Beine gebrochen waren.
Bei der Haussuchung in meiner Wohnung, nach Ausbruch der Revolution, fand man mehrere Wechsel Protopopows. Auf dieser Grundlage beabsichtigte der Untersuchungsrichter, der noch andere Wechsel von Großfürsten, Ministern und weiteren hohen Würdenträgern bei mir entdeckte, mich der Bestechlichkeit anzuklagen. So weit gelangte die Sache aber nicht. Ich erklärte ihm, daß ich dafür nicht verantwortlich bin, daß ich den Posten eines „Juden ohne Portefeuille" bekleidet habe.
Die Berufung Protopopows erregte in Rußland einen ungeheuren Sturm. Die Reichsdumaabgeordneten waren empört, daß er sich im Kampfe um eine Volksvertretung auf die Seite des Zaren stellte. Protopopow, aufs äußerste dadurch besorgt, beriet mit uns, was er tun solle. Rasputin erklärte ihm, er brauche sich nicht beirren zu lassen. Die Abgeordneten der Duma wüßten selber nicht, was sie wollten. In Wahrheit hatte Rasputin Angst, daß gegen ihn selber giftige Reden gehalten werden würden. Er empfahl daher dem Zaren und dann auch Protopopow, die Eröffnung der Dumatagung möglichst hinauszuschieben und überhaupt die Vertreter des Volkes wie Hunde „an der Kette" zu halten, da sie immer unzufrieden sein würden und immer die Neigung zeigen werden, zu beißen. Diesen Ausdruck liebte Rasputin besonders.
Der Zar, die Zarin und Rasputin waren von Protopopow stark beeindruckt. Der junge Hof fühlte sich von allen verlassen und von lauter Feinden umgeben. Er befand sich in großer Unruhe, ahnte die Gefahr, hatte aber nicht die Kraft, sie abzuwehren. Das mag seltsam erscheinen, denn der Zar war ja noch nicht gestürzt und seine Macht war fast unbegrenzt. Doch die Stim-

mung am Hofe war aufs äußerste niedergedrückt. Um so mehr schätzte man jede Persönlichkeit, die vertrauenswürdig schien. Der Kreis der Freunde und zuverlässigen Anhänger wurde enger und enger. Der Zar wurde immer apathischer und gleichgültiger. Man gewann den Eindruck, daß er sich für nichts mehr interessiert. Es kam ihm auch nicht einmal in den Sinn, wirklich energische Maßnahmen zur Versöhnung seiner Gegner zu ergreifen oder eine Verbesserung der gesamten Situation anzustreben. In diesem Moment trat Protopopow auf den Plan, und er verstand es, die gesunkenen Hoffnungen wieder zu beleben.

Die Affäre der Zuckerfabrikanten

Der Sohn des bekannten Vorsitzenden der Petersburger Synagoge, Siew, wandte sich an mich mit der Bitte, seinem Schwiegervater Heppner, einem Kiewer Zuckerfabrikanten, zu helfen. Heppner war gemeinsam mit den Zuckerfabrikanten Babuschkin und Dobry verhaftet worden.

So begann die bekannte Affäre der Kiewer Zuckerfabrikanten. Sie wurden beschuldigt, während des Krieges eine große Lieferung Zucker an die Deutschen verkauft und nach Persien gesandt zu haben. Es handelte sich, soweit ich feststellen konnte, um eine groß angelegte Machination (Schiebung) mit Zucker, deren Ausgangspunkt ein bereits vor dem Kriege erfolgter Engros-Verkauf war. Die militärischen Behörden versuchten, alle Angeklagten (sie waren alle Juden) für Staatsverrat zur Verantwortung zu ziehen.

Ihre Verurteilung durch ein Kriegsgericht konnte für die Juden sehr unerwünschte Folgen haben, und es war daher geboten, der Anschuldigung der Zuckerfabrikanten mit allen Mitteln entgegenzutreten.

Ich beriet mit Rasputin. Er erklärte sich bereit, den Verhafteten zu helfen. Siew erbot sich, alle finanziellen Lasten zu übernehmen, die zur erfolgreichen Erledigung der Affäre notwendig sein würden. Die ersten Aufgaben bestanden in der Bezahlung von fünfzehntausend Rubel für ein Zechgelage in der „Villa Rode".

Ferner interessierte ich für diese Angelegenheit den Oberstaatsanwalt beim Senat, Dobrowolski, der seinerseits mit dem Gehilfen des Justizministers konferierte. Nach einigen Tagen empfahl mir Dobrowolski, durch einen Vertrauensmann gegen die ungesetzliche Verhaftung der Zuckerfabrikanten Klage erheben zu lassen. Der Prozeß hätte nach Ansicht Dobrowolskis der Beurteilung eines Zivilgerichts übergeben werden müssen. Die Heeresverwaltung stellte sich aber auf den Standpunkt, es sei eine Spekulation mit Zucker vorgenommen worden, die die Versorgung der Armee ungünstig beeinflußt hätte.

Der Fall war sehr schwierig, und sogar Rasputin gestand mir, er habe keine Hoffnung. Die Generäle wollten ihn nicht einmal anhören. Er erklärte mir, ich müsse mit dieser Sache allein fertig werden. Erst nach langem Streit versprach er mir schließlich doch, mich auch künftig zu unterstützen. Um den Kampf zu erleichtern, gaben wir Dobrowolski das Versprechen, seine Ernennung zum Justizminister durchzusetzen, falls er uns unterstützen würde. Seinerseits versprach er, die Untersuchungskommission des Generals Batjuschkin aufzulösen, da sie angeblich die Arbeit der Justiz erschwere. Rasputin billigte diesen Plan, ja, erbot sich sogar, die Zarin für diese Sache zu interessieren.

Er verstand es tatsächlich auch so einzurichten, daß Dobrowolski der Kaiserin vorgestellt wurde. Durch ihre Umgebung suchte man der Zarin die Überzeugung beizubringen, daß der General Batjuschkin und seine Kommission großen Schaden verursachen. Rasputin war überhaupt ein Gegner von Kommissionen: in ihrer unnützen Arbeit würde nach Rasputins Worten nur viel Zeit vergeudet, die weit zweckmäßiger angewandt werden könnte.

Ich konnte bald feststellen, daß unsere Propaganda bei Hofe zugunsten der Zuckerfabrikanten nicht wirkungslos blieb. Gleichzeitig unternahm ich auch in anderer Beziehung Schritte. Ich schickte meinen Freund (!) Rosen zu einzelnen Mitgliedern der Kommission, zu denen er als ehemaliger Staatsanwalt Beziehungen hatte, und beauftragte ihn, sie über den Stand und den Gang der Untersuchung auszuhorchen, was ihm ohne besondere Schwierigkeiten auch gelang. So konnten wir die schwachen Punkte der Anklage ermitteln.

Im Namen der Tochter Heppners reichten wir dann der Zarin ein Gesuch um Begnadigung ein, worin wir die Schwäche der Anklage besonders hervorhoben. Im Gesuch wurde ausgeführt, daß der Zucker schon vor dem Kriege an Deutsche verkauft und nach Persien transportiert worden wäre. Auf welche Weise er von dort nach Deutschland gelangt sei, wüßten die Zuckerfabrikanten nicht. Die Zarin sandte das Gesuch an den damals im Hauptquartier weilenden Zaren mit der Bitte, den wahren Sachverhalt aufklären zu lassen.

Nikolaus beschied den General Batjuschkin ins Hauptquartier. Hier wurde ihm mitgeteilt, daß er bald von seinem Posten als Vorsitzender der Untersuchungskommission enthoben werden und einen anderen Auftrag erhalten würde. Batjuschkin war darüber sehr empört und beschwerte sich beim Generalstabschef Alexejew. Dieser riet ihm, seine Arbeit ruhig fortzusetzen, ohne sich einschüchtern zu lassen. Batjuschkin befolgte diesen Rat, wurde aber vorsichtiger und fing an, sich um die Gunst Rasputins zu bewerben. Als ich das bemerkte, ging ich zu dem General hin. Wir hatten eine eingehende Aussprache. Batjuschkin wurde nachgiebiger, und es gelang uns, die ganze Angelegenheit den Händen des Kriegsgerichts zu entwinden und sie einem Zivilgericht zu übergeben. Die Zuckerfabrikanten bekannten ihre Schuld wegen der Spekulation mit Zucker, wiesen aber die Anschuldigung des Staatsverrats zurück.

Dies ereignete sich bereits nach dem Tode Rasputins. Zu jener Zeit war der Justizminister Makarow verabschiedet und Dobrowolski auf meine Anweisung zu seinem Nachfolger ernannt worden. Ich glaubte mich ganz auf ihn verlassen zu können und rechnete damit, daß es ihm gelingen werde, diese Sache völlig aus der Welt zu schaffen. Er ließ den Kiewer Staatsanwalt nach Petersburg kommen und sich eingehenden Bericht

über den Gang der Untersuchung erstatten. Nach den Verhandlungen mit dem Staatsanwalt ordnete Dobrowolski die Einstellung des Verfahrens an. Trotzdem war es mir nicht möglich, die Befreiung der Verhafteten zu erreichen, da sie auf Befehl des Kommandierenden der südwestlichen Front, Brussilow, verhaftet worden waren, der von ihrer Freilassung auch nicht einmal etwas hören wollte. Er ordnete die Verbannung der Zuckerfabrikanten nach dem nordsibirischen Narymgebiet an.
Wir versuchten, auf Brussilow einen Druck auszuüben, doch völlig ohne Erfolg. Darauf schrieb Sliosberg ein neues Gesuch an den Zaren, worin die Zuckerfabrikanten sich der Fahrlässigkeit schuldig bekannten, welche es den Deutschen ermöglicht habe, den Zucker nach Deutschland zu bringen, und sie baten den Zaren um Begnadigung. Das Gesuch wurde durch den Innenminister Protopopow überreicht. Der Zar versah das Gesuch mit einer Resolution, die zwar die Zuckerfabrikanten nicht ganz freisprach, die gerichtliche Verfolgung gegen sie aber einstellte. Es hieß darin, die Zuckerfabrikanten hätten sich zwar schuldig gemacht, es würde aber für sie eine genügende Strafe sein, sich ihrer Schuld vor dem Volke bewußt zu sein (!!!).
Sie wurden schließlich kurz vor der Revolution in Freiheit gesetzt.
Diese Affäre hatte noch im Jahre 1919 ein Nachspiel in Odessa. Heppner, Rosen und ich kamen unter anderen Flüchtlingen dort an. Rosen befand sich in großer Not. Er bat Heppner, ihm die zweihunderttausend Rubel abzugeben, die ihm in Petersburg sein Schwiegersohn Siew versprochen hätte. Heppner lehnte das ab. Daraufhin beschwerte sich Rosen bei dem früheren Untersuchungsrichter der Kommission des Generals Batjuschkin, Orlow, der damals die Leitung der Konterspionageabteilung des Generals Denikin innehatte. Bei Heppner wurde eine Haussuchung vorgenommen, und man fand dabei einen von mir an ihn gerichteten Brief, in dem ich die Bezahlung der erwähnten zweihunderttausend Rubel verlangte.

Heppner wurde verhaftet. Odessa war damals von den Franzosen besetzt. Als sie erfuhren, daß Heppner seinerzeit Deutschland Dienste erwiesen hätte, wurden sie ihm gegenüber sehr mißtrauisch. Er blieb im Gefängnis, bis die Franzosen Odessa räumten.

Der Ministerpräsident als Lockvogel

Zu Beginn des Krieges war Goremykin Ministerpräsident in Rußland. Der alte, völlig kranke Mann konnte sich auf seinem Posten nur dank seiner Frau behaupten, die es verstanden hatte, sich die Gunst Rasputins zu sichern. Sie befand sich ständig in der Wohnung Rasputins und bemühte sich, mit allen Mitteln sein Wohlwollen zu erhalten. Als Goremykin dann doch verabschiedet wurde, gelang es ihr trotzdem, seine Wiederernennung als Ministerpräsident zu erreichen.

Die Frau Goremykins hatte die ihrer Ansicht nach ehrenvolle Pflicht übernommen, Rasputin mit gekochten Kartoffeln zu versehen. Diese wurden Rasputin so rasch zugestellt, daß sie noch heiß dort ankamen. Außerdem schickte sie oft Fischsuppe, Äpfel und weiße Semmeln. Die Kartoffeln verstand sie auf zehn verschiedene Arten zuzubereiten, und dadurch hat sie wirklich Rasputins Gunst erworben.

Der bekannte Petersburger Bankier, Dimitrij Rubinstein, ein sehr ehrgeiziger Mensch, äußerte den Wunsch, mit Goremykin bekannt zu werden. Ich riet, zu diesem Zweck Goremykin einen Geldbetrag zur Erhaltung eines Lazaretts zu spenden. Rubinstein ließ auf meinen Rat in der Tat durch Rasputin an Goremykin eine entsprechende Summe für das Lazarett übergeben. Daraufhin stellte Rasputin ihn dem Ministerpräsidenten vor. Die Spende betrug zweihunderttausend Rubel. Frau Rubinstein wurde zur Vorsteherin des Lazaretts bestimmt, und Rubinstein hatte auf diese Weise die Möglichkeit, Goremykin oft zu treffen.

Das rief viel Neid bei den anderen Bankleuten Petersburgs hervor, brachte aber Rasputin viel Nutzen, weil dadurch das Ansehen Rubinsteins sehr erhöht wurde; er bildete sich auf die

Bekanntschaft mit Goremykin viel ein und unterließ keine Gelegenheit, sich damit zu brüsten. Sehr oft rief er während eines Gesprächs mit jemand, auf den er besonderen Wert legte, den Ministerpräsidenten telephonisch an und erkundigte sich nach der Gesundheit seiner Gattin oder knüpfte irgendein gleichgültiges Gespräch mit ihm an, um damit seinem Besucher zu imponieren. Der Betreffende verbreitete dann durch die ganze Stadt Gerüchte von den engen Beziehungen Rubinsteins zu Goremykin, wodurch natürlich die Stellung Rubinsteins sehr gefestigt wurde.

Rubinstein erwarb die Aktienmajorität des bekannten Bankhauses Junker & Co. Diese Operation begann mit einem glänzenden Ball, zu dem unter anderen auch der sehr reiche Kiewer Zuckerfabrikant Leo Brodski geladen war. Rubinstein hoffte, ihn auch zur Beteiligung am Ankauf der Aktien heranzuziehen. Dies gelang ihm auch. Als Brodski auf dem Fest Rubinsteins die Minister Goremykin und Protopopow, Rasputin und eine Reihe anderer hochgestellter Persönlichkeiten sah, auch freundschaftliche Unterhaltungen des Hausherrn mit den einflußreichen Ministern belauschen konnte, erklärte er sich bereit, am Aktienerwerb der Junkerbank mit einigen Millionen teilzunehmen.

Rubinstein verstand es, seine Person in den Vordergrund zu rücken. Er kargte nie mit großen Geldspenden für Wohltätigkeitsveranstaltungen. Ich stand mich gut mit ihm und half ihm oft bei Abwicklung seiner Geschäfte. Zu einer Begegnung mit Rasputin kam es durch meine Vermittlung. Rubinstein schätzte die Bekanntschaft mit Rasputin außerordentlich hoch ein. Daher kam er gern meinen Bitten zugunsten bedürftiger Juden entgegen. Auch meinerseits suchte ich ihm nützlich zu sein und empfahl ihn überall hin für Finanzoperationen.

Der Bankier der Zarin

Die Kaiserin bat einmal Rasputin, ihr einen treuen Bankier für die Erledigung vertraulicher finanzieller Operationen zu

empfehlen. Er wandte sich natürlich an mich, und ich nannte ihm Rubinstein. Rasputin forderte ihn zu sich und fragte ihn, ob man ihm die Durchführung einer finanziellen Angelegenheit, an der die Zarin besonders interessiert sei, anvertrauen könne. Rubinstein geriet in helle Aufregung und schwor, er würde das ihm erwiesene Vertrauen unbedingt rechtfertigen, würde auch den erhaltenen Auftrag streng geheimhalten. Zu meiner großen Befriedigung gelang es ihm, Rasputin zu überzeugen, daß er der geeignetste Mann zur Ausführung der Aufträge der Zarin wäre.
Rasputin erzählte der Zarin, er hätte einen sehr geeigneten Bankier für sie gefunden, und zwar Rubinstein, den Angehörigen einer uralten jüdischen Familie, einen Verwandten des berühmten Komponisten, der überdies ein begabter Finanzmann sei. Die Zarin erklärte sich mit der Wahl einverstanden, und Rubinstein befand sich auf dem Gipfel des Glücks.
Der Auftrag der Zarin bestand in folgendem.
Die Zarin hatte in Deutschland arme Verwandte, denen sie ständig half. Während des Krieges wurden Geldüberweisungen nach Deutschland nicht gestattet, und die Kaiserin machte sich wegen der Lage ihrer bedürftigen Angehörigen Sorgen. Daher suchte sie nach Möglichkeiten, auf geheimem Wege Geldsendungen nach Deutschland gelangen zu lassen. Die Rolle Rubinsteins in dieser Sache war recht delikat und gefährlich; er erledigte aber den Auftrag der Zarin mit großer Gewandtheit und errang dadurch ihre Dankbarkeit.
Durch seine Verbindungen zu Rasputin gewann Rubinstein einige Bedeutung in den Hofkreisen. Beide suchten einander nützlich zu sein. Für sich persönlich forderte Rasputin von Rubinstein nichts. Er schickte aber eine Masse Bedürftiger zu ihm, damit er ihnen helfe oder Arbeit gebe. Rubinstein lehnte seine Bitten nie ab; doch war er nicht in der Lage, einer solchen Masse Arbeit in seinen Banken zu geben. Darum gründete er auf dem Marsfelde ein Büro, dessen Bestimmung ihm selbst nicht klar war. Die Angestellten dieses Büros hatten keine Arbeit, erhielten aber pünktlich ihr Gehalt. Rubinstein er-

reichte damit, daß Rasputin ihn immer lobte und als „klugen Bankier" rühmte.

Die Beziehungen Rubinsteins zur Zarin waren niemand bekannt, Rubinstein verstand es aber, durch geschickte Reklame das Gerücht auszustreuen, daß er der Bankier des Zarenhauses sei. Manuilow, der Sekretär des Ministerpräsidenten Stürmer, sorgte mit besonderem Eifer für die weiteste Verbreitung dieses Gerüchts. Jedoch bald traf ein schwerer Schlag den Bankier. Er hatte alle Aktien der Versicherungsgesellschaft „Anker" erworben und verkaufte sie mit großem Gewinn an eine schwedische Versicherungsgesellschaft. Die Pläne der im „Anker" versicherten großen Gebäude sandte er nach Schweden. Unter ihnen befanden sich die Pläne vieler ukrainischer Zuckerfabriken.

Das geschah gerade zu der Zeit, als nach dem Vorbild des Großfürsten Nikolai Nikolajewitsch in ganz Rußland nach Spionen gefahndet wurde. Die Jagd auf Spione forderte unzählige unschuldige Menschenopfer und richtete eine allgemeine Verwirrung an. Die Postsendungen und der Personenverkehr an der Grenze Schwedens wurden streng kontrolliert. Als die Kontrollbeamten die von Rubinstein gesandten Zeichnungen erblickten, glaubten sie, einer groß angelegten Spionageorganisation auf die Spur gekommen zu sein. Es war kurz nach der Ernennung Stürmers (zum Ministerpräsidenten). Der alte Goremykin konnte Rubinstein schon nicht mehr helfen. Auch Rasputin, der mit einigen finanziellen Machenschaften des Bankiers unzufrieden war, war ihm nicht mehr sehr wohlwollend gesinnt. Auf Befehl der militärischen Behörden wurde Rubinstein verhaftet. Das rief in ganz Rußland Aufsehen hervor. Diese Verhaftung war besonders unangenehm für die Juden, da sie dem Gerede von der jüdischen Spionage neue Nahrung gab. Auch Rubinsteins Freund, der Konsul Wolfsohn, der mit der Gräfin Kleinmichel gute Beziehungen unterhielt, wurde verhaftet.

Die Verhaftung Rubinsteins machte auf die Zarin einen niederschmetternden Eindruck. Sie nahm an, daß die in ihrem Auf-

trag ausgeführten Operationen Rubinsteins die Ursache der Verhaftung wären. Ihre Unruhe legte sich erst dann, als sich herausstellte, daß die Verhaftung mit ihren Aufträgen nichts zu tun hatte. Sie befürchtete indessen immer noch sehr, ihre Beziehungen zu Rubinstein könnten irgendwie bekanntwerden, was natürlich einen unerhörten Skandal hervorgerufen hätte. All dies quälte die Zarin sehr.
Sie beauftragte den Staatsrat Walujew, ins Hauptquartier zu reisen und dort Maßnahmen zur Niederschlagung der Angelegenheit zu ergreifen. Sie riet ihm, sich zuerst an den General Gurko zu wenden und ihn um alle Daten der Sache zu bitten. Gurko äußerte, die Verhaftung Rubinsteins wäre seiner Ansicht nach nicht genügend begründet. Seiner Meinung nach habe die Heeresleitung sie nur zu dem Zwecke veranlaßt, um den Juden überhaupt zu schaden.
Rubinstein drohte der Galgen. Gurko kannte die Akten. Er verfaßte einen Bericht, in dem dargelegt wurde, daß Rubinstein überhaupt kein Kriegsverbrechen begangen habe, General Rußki aber, ein großer Judenfeind, war mit ihm nicht einverstanden. Er befürchtete, Rubinstein könnte in Petersburg auf freien Fuß gesetzt werden, und ließ daher ihn und Wolfsohn ins Gefängnis von Pleskau überführen. Mit der Untersuchung der Sache wurde die Kommission des Generals Batjuschkin beauftragt, und so nahm sie einen immer größeren Umfang an.
Alle Juden gerieten in große Besorgnis. Die Vertreter des Judentums veranstalteten ununterbrochen Konferenzen, auf denen viel von der Verfolgung der Juden gesprochen wurde. Zu einer dieser Beratungen lud man auch mich ein. Man richtete die Aufforderung an mich, dem jüdischen Volke einen großen Dienst zu erweisen. Durch meine Beziehungen zum Zarenpaar, zu der Wyrubowa, zu Rasputin und den Ministern war nach Ansicht der Anwesenden ich allein in der Lage, etwas zu tun. Ich sollte die Niederschlagung des Prozesses erreichen, da er für die jüdische Sache ebenso gefährlich zu werden schien wie seinerzeit der Beilis-Prozeß. Ich war mir

vollkommen des Ernstes der Situation bewußt und begriff, daß alle Maßnahmen getroffen werden mußten, um die dem jüdischen Volk drohende Gefahr abzuwenden.
Vor allem versuchte ich, eine Versöhnung zwischen Rasputin und Rubinstein zu erreichen. Rasputin erklärte sich bereit, sich für ihn zu verwenden. Auf meine Veranlassung besuchte ihn Frau Rubinstein. Sie beteuerte die Unschuld ihres Mannes, erklärte alles durch Intrigen der Judenfeinde und weinte bitterlich. Rasputin behandelte sie sehr liebevoll und schlug ihr vor, sofort mit ihm nach Zarskoje Selo zu fahren.
Die Zarin empfing sie im Lazarett. Rasputin bat sie, dem unschuldig verhafteten Manne zu helfen. Sie fragte Frau Rubinstein über alle Einzelheiten der Angelegenheit aus und sagte ihr schließlich: „Beruhigen Sie sich und fahren Sie jetzt nach Hause. Ich reise ins Hauptquartier und will meinem Manne alles erzählen. Über das Ergebnis werde ich Sie telegraphisch unterrichten."
Frau Rubinstein war durch die wohlwollenden Worte der Kaiserin sehr beglückt.
Es mußte ein Gesuch um Enthaftung Rubinsteins eingereicht werden. Doch zu unserer Überraschung weigerten sich die bekanntesten Rechtsanwälte, dieses Gesuch abzufassen. Selbst die mit Rubinstein befreundeten Rechtsanwälte wollten nicht einmal etwas von der Sache hören. Sie alle fürchteten sich vor den Militärinstanzen. Doch ohne ein Gesuch konnte die Zarin nichts unternehmen. Daher forderte ich meinen ältesten Sohn auf, das Gesuch aufzusetzen. Wir übergaben es der Zarin, und zum jüdischen Neuen Jahr erhielt ich von ihr das Telegramm: „Simanowitsch, gratuliere. Unser Bankier ist frei.
        A l e x a n d r a."
Am nächsten Tage begab sich Frau Rubinstein nach Pleskau. Sie hoffte, ihren Mann schon in Freiheit vorzufinden, doch war ihre Freude verfrüht gewesen.
Wir bemühten uns, die Ursachen aufzuhellen, die Rubinsteins Freilassung verzögerten, und fanden sie bald. Rubinstein hatte zusammen mit den Brüdern Wojeikow eine Bank gegründet.

Das Unternehmen ging jedoch nicht gut, und die Brüder Wojeikow gaben Rubinstein die Schuld daran. Sie hatten an diesem Geschäft gegen achthunderttausend Rubel verloren, also einen sehr ansehnlichen Betrag. Seither waren sie Feinde Rubinsteins.

Einer der beiden Brüder war Palastkommandant. Als er den Befehl des Zaren zur Befreiung Rubinsteins erhielt, leistete er ihm keine Folge. Diesen ganzen Sachverhalt hatte ich gerade in dem Moment aufgedeckt, als der Zar nach Zarskoje Selo zurückkehrte. Es glückte mir, ihn nach dem Gottesdienst zu sprechen. Er war über das Benehmen Wojeikows aufs äußerste empört und verlangte, ich solle ein neues Gesuch einreichen. Dieses Gesuch wurde mit der Randbemerkung des Zaren unter Umgehung Wojeikows der zuständigen Stelle zur Ausführung übergeben, und Rubinstein kam endlich frei. Als die Zarin erfuhr, daß Wojeikow die Ausführung des Zarenbefehls unterlassen hatte, bereitete sie ihrem Mann eine unangenehme Szene. Der Zar schwieg und verteidigte nicht einmal seinen Liebling Wojeikow. Man gewann den Eindruck, daß es nicht der erste Fall dieser Art war.

Unser Sieg in der Affäre Rubinstein schien mir sehr wichtig, da durch ihn das jüdische Volk vor vielen neuen Unannehmlichkeiten bewahrt wurde.

Der zweite Arrest Rubinsteins

Rubinstein blieb nicht lange in Freiheit. Bald nach seiner Befreiung wurde Rasputin ermordet. Ich hatte einen schweren taktischen Fehler zugelassen, dank dem der Prozeß gegen Rubinstein wieder aufgenommen wurde. Man arretierte ihn zum zweiten Male. Der Sachverhalt war folgender.

Nach dem Tode Rasputins war der Zar noch gnädiger gegen mich, da er annahm, ich sei völlig in die Pläne Rasputins eingeweiht. Nach der Beerdigung Rasputins wurde ich zum Zaren beschieden, der mich genau über die Hoffnungen und Absich-

ten des Verstorbenen ausfragte. Es gelang mir, dank dem Vertrauen des Zaren einige Persönlichkeiten zu Ministern zu machen, die wir gemeinsam mit Rasputin bereits in Aussicht genommen hatten.
Im letzten Jahre vor der Revolution wurden alle Minister ausschließlich auf meine und Rasputins Veranlassung hin ernannt und verabschiedet. Bei der Auswahl der Kandidaten waren für uns zwei Gesichtspunkte maßgebend, nämlich: wieweit konnte der betreffende Minister beim Friedensschluß mit Deutschland und bei der Durchführung der Gleichberechtigung für die Juden behilflich sein?
Noch vor Rasputins Tode hatte ich meinen juristischen Berater, Dobrowolski, den Oberstaatsanwalt beim Senat, als Justizminister in Aussicht genommen. Er war ein beleibter, allen äußeren Anzeichen nach überaus beschränkter Mann. Man konnte aber mit seiner Hilfe im Senat vieles durchsetzen. Er liebte sehr das Geld und leistete für Geschenke Gegendienste. Daher war er sehr wertvoll für mich. Petersburg war übrigens mit Leuten seines Schlages überfüllt.
Ich wollte Dobrowolski zum Justizminister machen, da ich annahm, daß er aus Dankbarkeit alle meine Wünsche erfüllen würde. Leider war er aber in irgendeine schmutzige Geschichte verwickelt und genoß in den höchsten Regierungskreisen keinen günstigen Ruf. Es kostete mich daher viel Mühe, seine Ernennung durchzusetzen, und sie erregte in der Presse und in der Gesellschaft viel Gerede.
Dobrowolskis Ernennung erfolgte erst nach dem Tode Rasputins, geschah aber nur aus dem Grunde, weil ich ihn dem Zaren empfahl. Ich hatte nicht einmal eine Ahnung, daß er der Partei des alten Hofes angehörte. Später erst erfuhr ich, daß er ein Freund des Hauses der Baronesse Rosen sei. Dort traf er oft mit Madame Rubinstein zusammen. Man erging sich in spiritistischen Experimenten. Zwischen ihm und Frau Rubinstein kam es einmal zu einem Streit, wodurch beide erbitterte Feinde wurden. Daß er mir bei der Befreiung des von neuem verhafteten Rubinstein nicht helfen würde, war mir

klar. Zu unserer Enttäuschung handelte er gegen uns. Während seiner ersten Audienz beim Zaren betonte er die Notwendigkeit einer erneuten Verhaftung Rubinsteins, da er seiner Ansicht nach der militärischen Spionage dringend verdächtig sei. Eine Folge davon war, daß der willenlose Zar seinen früheren Beschluß über Einstellung des Verfahrens gegen Rubinstein aufhob und sich mit seiner Wiederverhaftung einverstanden erklärte.

Durch diese Handlungsweise Dobrowolskis wurden wir völlig überrascht und wußten nicht, was zu tun. Ich begab mich zu ihm und bereitete ihm eine gewaltige Szene. Ich beschimpfte ihn und erklärte ihm, er würde sehr bald aus dem Ministerium hinausfliegen. Ich ließ meiner Wut freien Lauf, schlug sogar mit den Fäusten auf den Tisch. Doch der alte Fuchs suchte die Initiative dem Zaren zuzuschreiben und benahm sich recht herausfordernd. Zu einem offenen Bruch mit unserer Partei, das heißt mit der Zarin und der Wyrubowa, hatte er doch nicht den Mut.

Nach der Unterredung mit Dobrowolski begab ich mich sofort zur Zarin und erzählte ihr alles, was sich ereignet hatte. Sie war in heller Verzweiflung, griff sich an den Kopf und sagte zu mir:

„Simanowitsch, was haben Sie angerichtet?"

Die Ernennung eines dem alten Hof ergebenen Mannes zum Justizminister konnte in der Tat für die Zarin die unangenehmsten Folgen haben. Wieder drohte die Gefahr, daß ihre Geldüberweisungen nach Deutschland aufgedeckt würden. Es dauerte ziemlich lange, bis sich die Kaiserin fassen konnte. Sie wiederholte mehrere Male:

„Sie haben uns alle vernichtet, Simanowitsch! Alle vernichtet!"

Ich fiel vor ihr auf die Kniee und sagte:

„Verzeihung, Ew. Majestät! Aber die Sache kann gutgemacht werden. Man muß Dobrowolski verjagen."

Die Zarin schlug mir vor, ich möchte mich sofort zu unserem gemeinsamen Vertrauensmann, dem Innenminister Protopopow, begeben und ihn um Rat fragen, was zu tun sei. Protopopow war gleichfalls über den Verrat Dobrowolskis sehr aufgebracht. Doch der Absetzung Dobrowolskis stand entgegen, daß der Zar die Überzeugung hatte, seine Ernennung wäre von Rasputin gewünscht worden. Dobrowolski selbst aber wußte nur zu gut, wie sehr der Zar mit den Anweisungen des Verstorbenen rechnete, und das verstärkte seine feindliche Haltung gegen uns. Protopopow rief Dobrowolski an und machte ihm scharfe Vorhaltungen, doch das half nichts. Dobrowolski blieb fest und suchte nur äußerlich die Verantwortung auf den Zaren zu schieben.

Unter solchen Umständen entschloß ich mich, zu meinem alterprobten Mittel — der Bestechung — Zuflucht zu nehmen. Protopopow war einverstanden, und wir beschlossen, unseren Plan sofort auszuführen.

Am nächsten Tage ging ich mit Frau Rubinstein zur Bank, wo sie hunderttausend Rubel abhob. Da ich wußte, daß Dobrowolskis Lieblingstochter sich soeben verlobt hatte, nahm ich außerdem ein paar Juwelen mit. Dobrowolski hielt nicht der Versuchung stand, bekam von uns hunderttausend Rubel in bar und Juwelen als Brautgeschenk für seine Tochter. Er versprach uns, das Gerichtsverfahren gegen Rubinstein einzustellen.

Jedoch hielt er sein Versprechen nicht; man erlaubte uns nur, Rubinstein aus dem Gefängnis in ein Sanatorium zu bringen, wo er jedenfalls mehr Bequemlichkeiten hatte. Dann begann die Revolution. Als Kerenski an die Spitze der provisorischen Regierung trat, erwirkte Madame Rubinstein durch Vermittelung des ihr befreundeten Rechtsanwalts Sarudnij die Freilassung ihres Mannes.

Erläuterungen

Zu S. 152: Die Mitteilungen über die Auswirkungen des Beilis-Prozesses sind von besonderem Interesse. In Rußland hatte dieser jüdische Ritualmordprozeß vor dem Weltkriege eine ungeheure Erregung hervorgerufen und zu verschiedenen schweren Judenpogromen geführt (Näheres bei Keller-Andersen, a. a. O. S. 171 ff.). Daß es den Juden trotzdem gelungen ist, Rache an dem „Urheber" des Prozesses zu nehmen, ahnte niemand.

Zu S. 154: Besonders zu beachten ist hier, daß die Juden es fertigbrachten, sogar dem äußerst rechts stehenden Abgeordneten Purischkewitsch durch den Kaiser das Gehalt entziehen zu lassen! Von der damaligen Situation aus gesehen, ist es fast dasselbe, als wenn sie einem Mitglied des Kaiserhauses die Mittel entzogen hätten. Dieses jüdische Meisterstück ist um so höher zu veranschlagen, als ja die Situation der russischen Juden (wie gezeigt) viel schwerer war als die der deutschen damals.

Purischkewitsch ist uns durch seine Hetzreden in der Reichsduma sowie durch sein Buch als äußerst tief stehender Chauvinist bekannt. Wenn er sich der Ermordung Rasputins als einer nationalen Heldentat rühmt, so sieht sein feiger Überfall von hier aus weniger selbstlos aus: die Tat erscheint als gemeine Rache an Rasputin und Simanowitsch.

Die Bestechlichkeit der Beamten und der höheren Gesellschaft des Zarenstaates, wobei nur Form und Höhe der Bestechung wechselten, ist kein Geheimnis. Doch dürften Bestechungsmanöver der hier dargestellten Art bisher kaum bekanntgeworden sein.

Zu S. 156: Interessant ist es, daß der gänzlich ungebildete Bauer Rasputin die Notwendigkeit einer deutsch-russischen Freundschaft genau mit den gleichen Motiven begründet, mit denen sie Bismarck für Jahrzehnte in der großen Politik durchgesetzt hat. Letztlich sind es die gleichen Gedanken, die wieder 1939/40 eine Rolle spielten.

Vgl. hierzu Rasputins Urteile über den deutschen Bauern.

S. 164 ff. Aus diesen Beispielen ersieht man aber auch, welche entscheidende Bedeutung für die Beziehungen zwischen Völkern öfters das Auslanddeutschtum gehabt hat. Sehr richtig ist Rasputins Urteil über die Bedeutung deutscher Waren und Kaufleute für Rußland.

Gleich nach Ausbruch des Weltkrieges setzte von englischer Seite eine wütende Hetze gegen den deutschen Handel ein mit dem offenen Ziel, ihn durch den englischen zu verdrängen. Geradezu erstaunlich war es nun zu sehen, daß selbst die borniertesten deutschfeindlichen Blätter immer wieder betonten, der deutsche Kaufmann sei nicht leicht zu ersetzen: er habe ganz besondere Fähigkeiten gezeigt, die russischen Wünsche und Bedürfnisse zu verstehen und ihnen Rechnung zu tragen. Das könne der Engländer nicht entfernt in gleichem Maße.

Im Blick auf die kommende Neuordnung Europas und die entsprechende Ausweitung der deutschen Handelsbeziehungen ist diese sicherlich nicht parteiische Beurteilung bemerkenswert.

Bis zum Weltkriege nahm der Deutsche in Rußland ja eine fast ausschließliche Sonderstellung ein. Zwar waren seine Gewissenhaftigkeit und ein gelegentlich unnütz schulmeisterlicher Ton unbeliebt; doch war er hochgeachtet und genoß uneingeschränktes Vertrauen.

Ja, der Ruf des Deutschen stand so hoch im Kurse, daß er selbst von anderen Völkern ausgebeutet wurde. Es ist vorgekommen, daß Lettinnen und Estinnen aus dem Baltikum, die kein Wort Deutsch verstanden, auf russischen Gütern als deutsche Bonnen angestellt wurden. Die ungebildeten, meist im Auslande oder am Hofe lebenden Väter entdeckten erst nach Jahren, daß ihre Kinder Estnisch oder Lettisch statt Deutsch gelernt hatten.

Zu S. 157: Die hier geschilderte Art von Ministerernennungen — mit Hilfe von Judenjungen, Bauerntöchtern und Spitzeln — stellt wohl eine in der Weltgeschichte einzigartige Leistung dar. Deutlich ist der Hohn des Juden herauszuhören wie auch seine maßlose Eitelkeit.

Am bizarrsten ist hierbei, daß Manassewitsch-Manuilow, eines der verbrecherischsten Subjekte nicht nur Rußlands, sondern Europas vor dem Weltkriege, daselbst die Finger im Spiele hatte (Näheres hierzu bei Fülöp-Miller). Über ihn als Volksgenossen berichtet S. natürlich nichts Kompromittierendes. Der ganze Bericht klingt recht harmlos für den, der die Zusammenhänge nicht kennt. Ähnliches vgl. bei W. Deeg „Hofjuden", a. a. O.

Zu S. 160: Nicht unwichtig ist die Bemerkung hier, daß Rasputin am Petersburger Hofe eigentlich keinem hochstehenden Menschen (geschweige denn einer wissenschaftlich gebildeten religiösen Persönlichkeit) begegnet sei. Alle Urteile über Rasputin aus dieser Zeit stammen daher fast ausschließlich von Leuten, die ihn oder den Zaren für ihre eigennützigen Zwecke auszunutzen suchten. Das sollte der Historiker nicht übersehen. Es ist dies der Grund, warum es uns so sehr an zuverlässigen Beobachtungen und Berichten über die Geistesverfassung Rasputins fehlt, aus denen sich ein eindeutiges, wissenschaftlich ganz sichergestelltes Bild seiner Persönlichkeit gewinnen ließe. Dies ist auch letztlich der Anlaß dafür, daß Rasputin von seinen Biographen bald als Heiliger oder Teufel, bald als beides zugleich oder als vieles andere dargestellt wird.

Es ist dies um so mehr zu bedauern, als der Begriff Rasputin, weit über seine historische und literarische Bedeutung hinaus, zu einem volkstümlichen Typus der Frömmigkeit geworden ist, der als solcher natürlich weithin geistige Wirkungen ausübt.

Um trotz solchen Mangels der Quellen ein begründetes Urteil zu gewinnen, müssen wir hier wie in manchen ähnlich schwierig gelagerten Fällen verfahren: wir greifen auf eine möglichst umfassende Kenntnis menschlichen Personenlebens und religiöser Typen zurück und suchen durch Analogieschlüsse die nächstgelegene Form aufzufinden. Etwa so wie die moderne Psychologie oder auch der Arzt in schwierigen Fällen der Diagnose zu verfahren pflegt.

Freilich setzt diese Methode eine umfassende empirische Kenntnis voraus, die nicht jedem Historiker zur Verfügung stehen wird. Nochmals ein Beweis dafür, daß in einer gewissenhaften Geschichtsforschung ein Historiker der Psychologie nicht entraten kann.

Zu S. 167: Unser Verfasser deklariert sich hier also als Z i o n i s t. Kenner des Judentums pflegen i n n e r h a l b d e s s e l b e n v e r s c h i e d e n e R i c h t u n g e n zu unterscheiden: vor allem die streng „gläubigen", an den Talmud, an die Feier des Sabbats usw. gebundenen „Zionisten", deren Blick ganz auf Palästina gerichtet ist; und die „aufgeklärten", westlerischen, vom Talmud und von der jüdischen Sitte gelösten, in ihren Wirtsvölkern aufgegangenen Juden. So etwa der Typus des sogen. Ostjuden, des Berliner oder amerikanischen Juden usw.

Die einzelnen Gruppen grenzen sich äußerlich scharf gegeneinander ab. Zionistische Juden haben mir gegenüber im Gespräch leidenschaftlich versichert, die anderen (z. B. die bolschewistischen Juden) seien überhaupt gar keine Juden mehr.

Freilich, so einfach liegen die Dinge keineswegs, wie es diese Zionisten, aber auch manche Kenner der Judenfrage annehmen. Mir sind von Osteuropa her leidenschaftliche Gegner des traditionellen Judentums, z. B. überzeugte Jungkommunisten, bekannt, die trotzdem nach Palästina strebten, um hier einen jüdischen Staat zu errichten. Überdies zeigt das Beispiel von Simanowitsch, daß die Zionisten genau so materialistisch, wertfremd und skrupellos denken wie etwa die Juden des Westens.

Doch nicht einmal die Glieder der alten berühmten Wilnaer Rabbinergeschlechter (Wilna ist neben Prag Pilgerstätte der amerikanischen Juden) heben sich geistig vom übrigen Judentum ab, wie ich aus verschiedenen persönlichen Begegnungen weiß. Wir sehen später unseren „konservativen" Simanowitsch unter dem Schutz bolschewistischer Juden. Auch die große Politik der letzten Jahrzehnte beweist, daß zwischen den jüdischen Führern scheinbar entgegengesetzter Gruppen und Staaten (z. B. Kapitalismus und Bolschewismus) geheimnisvolle Verbindungsfäden hin und her laufen. Seit dem 22. Juni 1941 ist diese Verbindung allgemein sichtbar geworden.

Darum erscheint wesentlicher die Einteilung der Juden in zwei Gruppen: a) die noch irgendwie bodenständigen Juden der kleinen Dörfer und Städte des Ostens und b) die völlig entwurzelten und restlos materialisierten Juden des Westens. Bei ersteren finden sich noch (vielleicht unter jahrhundertelangem Einfluß der Wirtsvölker?) Reste von Treue und Glauben, Ehrlichkeit und Anständigkeit. Letztere liefern den bekannten ▇▇▇▇ der Menschheit.

Natürlich spielt auch hier das Problem des Kollektivismus hinein: der Jude im Kollektiv wird nie sein Judentum verleugnen (weil er sonst einfach erledigt wäre), während der Einzeljude gelegentlich auch nichtjüdischer Züge fähig ist.

Zu S. 172: Amüsant ist das Bild, wie S i m a n o w i t s c h v o r d e n Z a r e n tritt: selbst dieser „allmächtige" Jude (S. 188 ff.), der nie um

Mittel verlegen ist, wird ganz klein, zittert und bebt, sobald er vor dem „Alleinherrscher Rußlands" steht.

Zu S. 173: Die **große Unbildung Rasputins und des Simanowitsch** in elementarsten Fragen wird hier schlaglichtartig beleuchtet. Sie lassen den Zaren sagen: Wir haben 90 Millionen Russen und 100 Millionen Fremdstämmige im Reich. Dabei lernte jedes Kind in der Schule, daß der Staat damals eine Gesamtbevölkerung von höchstens 160 Millionen und sehr viel weniger Fremdstämmige hatte.

Sehr bemerkenswert ist hier das **Mißtrauen der Juden untereinander**, das aber auch andernorts feststellbar ist. Bei Erörterung des Judenproblems wird dies häufig übersehen, denn der Deutsche kann sich das kaum recht vorstellen: selbst dem außerordentlichen Beauftragten und Vertrauensmann traut man nicht über den Weg.

Zu S. 175: **In echt jüdischer Weise** wird hier immer wieder unterstrichen, mit wie vielen Ministern, Fürsten usw. Simanowitsch „befreundet" war oder sich geduzt hat. Ähnlich die Demokraten.

Zu S. 175 ff.: Der Bericht über **Geschenke an die Wyrubowa** ist in dieser Form bestimmt nicht richtig: alle Augenzeugen schildern sie als unbestechlich, deshalb genoß sie auch ein uneingeschränktes Vertrauen des Kaiserpaares. Trotz jahrelanger engster Freundschaft mit diesem blieb sie arm und mußte sich in vieler Hinsicht einschränken. Es mag jedoch sein, daß jene Geschenke ihrem Lazarett zugewandt wurden, was während des Weltkrieges häufig vorkam.

Zu S. 176: Man kann sich hier ein Bild davon machen, **wie „selbstlos"** Simanowitsch seine Tätigkeit ausgeübt hat, wenn bei ihm so viele Wechsel von Großfürsten, Ministern und anderen Würdenträgern gefunden wurden. S. 129 spricht er ganz nebenbei von „einer meiner Villen in der Nähe Petersburgs". Und weiter unten hören wir von seinen ungeheuren Schätzen an Brillanten.

S. war unermeßlich reich geworden durch Rasputin, daran ist nicht zu zweifeln. Dieser Tatbestand beleuchtet nicht nur schlaglichtartig den Gesamtcharakter seiner Tätigkeit. Er beweist auch, daß trotz der ernsten Lage des Judentums im Zarenstaat und besonders im Weltkriege **jüdischer Patriotismus nur für Geld zu haben war**. Welch eine Wertarmut! Die geistesgeschichtliche Sonderstellung des Juden wird hier wieder deutlich.

Aber auch politisch ist es interessant: verliert der Jude sein Gold, so verliert er damit alles. Daher heute die Wut gegen die Wirtschaftssysteme der autoritären Staaten, die sich von der Herrschaft des Goldes nicht nur frei gemacht haben, sondern dadurch zugleich **den Wert des Goldes und seinen Herrschaftsbereich einschränken**, also zugleich den Juden entmächtet haben!

Zu S. 176: Die nüchterne Beurteilung des **Parlamentarismus** durch unseren Verfasser scheint der **englischen Rußlandpolitik** zu widersprechen, die gerade in der Reichsduma einen wichtigen Faktor der kommenden russischen Entwicklung sah und auf diese hinarbeitete. Doch ist dieser Widerspruch nur scheinbar, wie ein Studium der „Protokolle der Weisen von Zion" zeigt: Simanowitsch spricht hier mit echt jüdischem Hohn die eigentliche und wahre Ansicht des Juden über die demokratischen Staatsformen aus, während Buchanan, Hoare usw. eine Entwicklung in Richtung des englischen Idealbildes der Demokratie anstrebten, um dadurch die Macht des Kaisers nicht nur, sondern alle Autorität im Osten zu zerbrechen und dann im trüben fischen zu können.

mus erreicht werden konnte. Es ist hochinteressant, unter diesen Gesichtspunkten die jüngste Geschichte Rußlands zu studieren. Hieraus könnte noch mancher „moderne" Staat lernen.

Zu S. 177: Sehr wichtig und richtig ist hier die Notiz über den S e e l e n - z u s t a n d d e s Z a r e n. Sie stimmt ganz überein mit den letzten Photographien, die wir von ihm besitzen.

Nikolaus II. sah unabwendbar das Unheil über sich und seine Familie hereinbrechen. Vertrauen zu seinen Fähigkeiten hatte er nicht. Freunde besaß er nicht mehr. Von den Alliierten aber verstand er nicht sich zu lösen. Worauf sollte er noch hoffen?

Zu S. 177 ff.: Um zu ermessen, um welche ungeheuerlichen S c h i e b u n g e n u n d V e r d r e h u n g e n d e r W a h r h e i t es sich hier handelt, muß man dieses Kapitel wiederholt lesen (vgl. Anm. zu S. 94). Simanowitsch schildert sogar mit einem gewissen Stolz seine „Manipulationen", nur sind diese als fast harmlos, ja als altruistisch dargestellt. D i e T a r n u n g ist ja eines der wichtigsten Kampfmittel des Judentums, demgegenüber nur Wahrheit, sorgfältigste Klarstellung, Enthüllung, Offenbarung, Bewußtmachung (Hegel) am Platze ist.

Tatsächlich handelt es sich hierbei um Vergehen des Hochverrats, deren Bekanntwerden damals das ganze Zarenreich mit Recht in Erregung versetzte. Daß den Verbrechern trotzdem schließlich die Strafe erlassen wurde, hat viel dazu beigetragen, das letzte Vertrauen zur Zarenherrschaft zu untergraben und den Umsturz vorzubereiten. So offenbart sich hier

Das Wort „Korruption" reicht nicht aus, um diese ungeheuerlichen Methoden zu charakterisieren.

Zu S. 179: Zunächst werden die „schwachen Punkte" der Anklage sorgfältig ermittelt (welche Anklageschrift hat nicht solche Punkte?), dann wird ein G n a d e n g e s u c h a n d e n Z a r e n eingereicht. Man beachte das Verfahren. Haben derartige Verbrecher nicht jeden Anspruch auf Gnade verwirkt?

Man beachte auch S. 178: Um J u s t i z minister werden zu können, muß Dobrowolski zuerst das R e c h t mit Füßen treten! Derartiges zumuten können freilich

Zu S. 180: Hier wird ein regelrechter Handel mit dem Recht getrieben! Das Recht, das allen Völkern heilig ist, Grundlage jedes Staates und jeglicher Ordnung, ist hier zu einer käuflichen Ware herabgesunken! Nicht einmal die wildesten und primitivsten Völker kennen derartiges (cf. B. Gutman „Heiliges Volkstum aus ewigen Bindungen",

Übrigens scheitern an diesem Sachverhalt sogar die raffinierten Systeme der ▬▬▬▬▬▬▬ (vgl. Anm. zu S. 49). Denn selbst der hier angestrebte und vorbereitete ▬▬▬▬▬▬▬ Weltimperialismus bedarf eines unbeugsamen Rechts, um bestehen zu können. Da der Jude kein unbeugsames Recht, sondern nur ein käufliches kennt, könnte jener Staat nicht allzulange bestehen, selbst wenn seine Errichtung gelungen sein sollte. Das ganze raffinierte Programm der „Weisen" enthüllt sich somit als echtes Produkt des Intellektualismus, d. h. als wirklichkeitsferne Utopie.

Wie instinktlos dieser „scharfsinnige" Intellektualismus ist — weil eben ohne Wertgefühl —, zeigen übrigens die groben Fehler des Simanowitsch bei der zweiten Verhaftung Rubinsteins.

Zu S. 183: Man beachte: hier stellt sich ein jüdischer Schieber der Kaiserin vor als „Angehöriger einer alten jüdischen Familie und Verwandter des berühmten Komponisten Rubinstein". Man begreift, wie sehr solche Motive die englisch erzogene Zarin rühren mußten.

Ähnliche Motivierungen waren im alten Rußland häufig. War ein Jude reich geworden, oder hatte er eine gute Heirat gemacht oder eine höhere Stellung gewonnen, so daß ihm sein bisheriger Anhang unbequem wurde, so hieß es, er sei Abkömmling eines alten portugiesischen (sic!) Adelsgeschlechts, oder er sei ein später zufällig verjudetes Glied einer berühmten Familie.

Ein getaufter Vollblutjude, Sohn eines Rabbiners, geschäftstüchtiger Leiter eines zentralen christlichen Unternehmens in Berlin bis 1933, erklärte seinem Konsistorium ganz offen: „Mir sind die Juden physisch unerträglich" (Fr. Loerzer.)

Zu dem S. 153 erwähnten Gurland vgl. R. H. Gurland „In zwei Welten". Ein Lebensbild des Pastors em. Gurland, 1907, Gütersloh, 448 S., 4. A. 1911, Dresden, 218 S. mit Abb. und Vorwort von M. Kähler-Halle. Es wird schwerlich ein zweites derart süßliches und verlogenes Werk zur Judenfrage geben wie dieses (interessant sind höchstens die Bilder aus dem Getto). Verfasser, Rabbiner, „bekehrt sich", heiratet in ein Adelsgeschlecht und gewinnt so eine der höchsten geistlichen Stellungen im alten Kurland. Die ungemein eitle Selbstdarstellung ist mit Bibelsprüchen und geistlichen Liedern in geschmacklosester Weise gespickt. Vor 30 Jahren wurden derartige Bücher in „christlichen" Kreisen noch ernst genommen. Natürlich stammt der Verfasser aus einem „alten spanischen Adelsgeschlecht". Der Name ist wahrscheinlich eine Verdrehung aus „Kurland",

wie Berliner, Braunschweiger usw. Vgl. auch J. Gurland „Zur Geschichte der Kalamitäten" לקורות הגזרות על ישראל Przemysl 1887.
Nach Keller-Andersen spielte der hier genannte Gurland nach seiner „Bekehrung" zum Christentum sogar die Rolle eines jüdischen Provokateurs innerhalb der judengegnerischen Regierungskreise und der öffentlichen Meinung. A. J. Gurland war 1924 Leiter der bolschewistischen Ostbank in Paris.
Welche Gefahren sich hier für das Judentum selber ergaben, ist zuweilen erkannt worden, vgl. den jüdisch-amerikanischen Roman von Richmond B. Barrett „Die Tore der Feinde", Berlin 1930? o. J., herausgegeben von Thomas Mann.

Zu S. 183 f.: Das hier geschilderte B ü r o mit z a h l r e i c h e n A n g e s t e l l t e n o h n e A r b e i t ist eine klassische Parallele zur oben dargestellten „Hochschule" ohne Wissenschaft.
Interessant ist weiter, w i e e i n J u d e s e i n W o r t h ä l t : S. 183 hat Rubinstein geschworen, die Sache streng geheimzuhalten und das Vertrauen der Zarin zu rechtfertigen. Bald darauf wird skrupellos zugestanden, daß er selbst und mit Absicht (natürlich zu geschäftlichen Zwecken) die Angelegenheit allgemein bekanntzumachen suchte. Hierbei helfen ihm natürlich der jüdische Sekretär des Ministerpräsidenten und dieser selbst: Stürmer soll auch jüdischer Herkunft sein.

Zu S. 186: W i e ü b e l d i e g a n z e A n g e l e g e n h e i t der jüdischen Bankleute gewesen ist, ersieht man daraus, daß nicht ein einziger Rechtsanwalt des großen und sehr käuflichen Petersburg damit zu tun haben wollte. Nicht einmal die jüdischen Rechtsanwälte!
Trotzdem wird die Kaiserin in die Sache verwickelt. Das mußte jede staatliche Autorität untergraben.

Zu S. 188: D i e E i t e l k e i t des Simanowitsch läßt hier ihre Hüllen fallen: er spiegelt sich im Bewußtsein, der mächtigste Mann Rußlands zu sein. Diese Eitelkeit veranlaßt ihn, im Originalmanuskript alle jene Stellen zu unterstreichen, wo Telegramme des Zarenpaares an ihn mitgeteilt werden.

8. Der Zusammenbruch eines Weltreiches

Der Plan einer künstlichen Revolution

Seit dem Jahre 1916 machte Rasputin aus seiner Kriegsgegnerschaft kein Hehl. Ständig sprach er sich für einen schnellsten Friedensschluß aus. Wenn ihm geantwortet wurde, daß der Zar davon überhaupt nichts hören wolle, antwortete er, an allem sei das „Frauenzimmer" schuld. Sie habe den Stein ins Wasser geworfen, doch jetzt sei es schwer, ihn wiederzufinden. Er verstand darunter die Kaiserin-Mutter, die eine englisch-russische Annäherung propagiert hatte. Rasputin erschien ein solches Bündnis wenig glücklich. Er erklärte mir, daß es nur eine Möglichkeit gäbe, Friedensverhandlungen herbeizuführen: die Revolution. Nur eine Revolution könne Rußland von den Verpflichtungen gegenüber seinen Verbündeten befreien. Die politische Zukunft Rußlands sah Rasputin sehr schwarz.

„Alle Minister sind Halunken", sagte er, „und der Adel frißt sich gegenseitig auf. Der Zar hat keine Ratgeber und sieht keinen Ausweg. Er macht Ausflüchte und entscheidet sich weder für den Krieg noch für den Frieden. Vielleicht gelingt es uns, Minister zu finden, die für einen Friedensschluß sind, und selbst den Zaren von seiner Notwendigkeit zu überzeugen. Mama will den Frieden, aber sie weint nur immer. Ihre Schwester Elisabeth begeistert sich für den Krieg; sie ist zwar Deutsche, hetzt aber alle gegen die Deutschen auf. Sie hat sogar vom Zaren meine Ausweisung und die Verbannung der Zarin in ein Kloster verlangt. Dies forderte sie im Auftrage des Moskauer Adels. Die Zarin jagte sie davon und der Zar riet ihr, lieber in das von ihr gegründete Kloster zurückzukehren. Gut, daß sie ihre Ränke nicht mehr fortsetzen kann, sonst wäre ich nicht vor ihr sicher. Doch jetzt ist der Sieg auf unserer Seite."

Während des Besuchs der Schwester der Zarin in Zarskoje Selo war Rasputin in großer Unruhe. Als er gar ihre vollständigen Absichten erfuhr, geriet er in heftige Aufregung, beschrieb verschiedene Zettel und legte sie unter sein Kopfkissen. Am anderen Tag war er dann viel gewisser seines Sieges. Die Bestrebungen der Großfürstin wurden vom Zaren schroff abgewiesen, doch war die Lage bis dahin derart kritisch, daß ich es für nötig hielt, einige Papiere, die bei einem Vorgehen gegen Rasputin gefährlich werden konnten, zu vernichten. Es handelte sich dabei hauptsächlich um Gesuche aus allen Enden Rußlands an Rasputin, deren Zahl viel größer war als selbst die, die bei der Zarin einliefen. Bei der Durchsicht dieser Papiere war uns Bischof Isidor behilflich.

Man konnte feststellen, daß das erschütterte Vertrauen des Volkes zum Zaren auch darin seinen Ausdruck fand, daß die Zahl der Gesuche an den Zaren in den letzten Jahren vor der Revolution stark zurückging. Die Zarin fühlte sich durch diese Erscheinung sehr beunruhigt. Sie bemühte sich, soweit irgend möglich, den einlaufenden Bitten entgegenzukommen. Wir bemühten uns, diesen Umstand für unsere Zwecke auszunutzen, und rieten vielen, die sich an uns wandten, ihre Gesuche an die Zarin zu richten, überzeugt davon, daß diese Bitten erfüllt werden würden.

Die Friedenspropaganda Rasputins erregte die Unzufriedenheit der diplomatischen Vertreter von Rußlands Verbündeten. Der französische Botschafter Paléologue hatte sogar eine Begegnung mit Rasputin, erreichte aber nichts bei dem schlauen Bauern. Eines Tages wandte sich durch Vermittlung einer seiner Verehrerinnen eine englische Malerin an Rasputin mit der Bitte, ein Bildnis von ihm malen zu dürfen. Er gab seine Einwilligung, die Arbeit ging aber sehr langsam vorwärts. Nach Ablauf etwa eines halben Jahres warf Rasputin die Engländerin hinaus mit den Worten:

„Ich weiß, was du bei mir erreichen willst", sagte er, „aber du wirst mich nicht überlisten!"

Es stellte sich heraus, daß diese Malerin im Auftrage des englischen Botschafters Buchanan eine Annäherung an Rasputin versucht hatte, um ihn auszukundschaften.

Nach der Ernennung Protopopows gewann Rasputin die Hoffnung, daß man den Krieg beenden könnte.

„Der Zar hat jetzt einen treuen Berater", sagte er, „vielleicht gelingt es uns jetzt, dem sinnlosen Blutvergießen Einhalt zu tun."

Er veranstaltete eine Beratung, an der außer Protopopow der Kommandeur der Petersburger Garnison, Chabalow, der Chef der Politischen Polizei, General Globatschew, und der Kommandant der Petersburger Festung, Nikitin, teilnahmen. Zur Überraschung Rasputins brachte Protopopow auch seinen Mitarbeiter, General Kurlow, mit.

Rasputin eröffnete die Beratung und erklärte, der Zar hätte ihn beauftragt, eine sehr dringliche und vertrauliche Angelegenheit mit unbedingt zuverlässigen Leuten zu beraten, und er stellte die Frage, ob er sich unbedingt in dieser Hinsicht auf alle Anwesenden verlassen könne.

„Ich vertraue unbedingt allen Anwesenden" sagte Protopopow.

„Aber unter uns ist eine Person anwesend, zu der ich kein Vertrauen habe", entgegnet Rasputin. „Hätte ich gewußt, daß du ihn zu deinem Mitarbeiter machen würdest, hätte ich nicht deine Ernennung betrieben. Dieser Mann ist Kurlow. Ich werde nicht in seiner Anwesenheit sprechen."

Kurlow stand auf und entfernte sich. Rasputin fuhr fort:

„Er ist ein kranker Mann und verwirrt alles. Der Zar liebt ihn nicht. Er steht im Verdacht, am Attentat auf Stolypin teilgenommen zu haben. Zu den anderen Generälen habe ich volles Vertrauen. Sprich nun, Alexander Dmitrijewitsch, was der Zar dir befohlen hat!"

„Der Zar hat mich beauftragt", antwortete Protopopow, „einen Aufstand zu inszenieren . . ."

„Warum willst gerade du diesen Auftrag auf dich nehmen?" fragte Rasputin. „Das ist doch mehr Sache der Generäle. Wie willst du es anstellen?"

„Ich habe den uns ganz ergebenen Führer des ‚Verbandes des Russischen Volkes', Dr. Dubrowin, beauftragt, aus dem Kaukasus Leute herzuschaffen, auf die wir uns ganz verlassen können. Es sind verzweifelte Halsabschneider, aber völlig uns ergeben. Sie werden den Aufstand im rechten Augenblick unterdrücken. Die Zahl der Schutzleute wird auch um 700 Mann erhöht, und sie werden im Umgang mit Maschinengewehren geschult werden."

„Hast du dem General Chabalow nicht gesagt, daß er die alten Jahrgänge der Soldaten aus Petersburg entfernen und durch junge ersetzen soll?"

„Das ist nicht erforderlich", entgegnete Protopopow.

„Das müßte doch getan werden", bestand Rasputin und fügte, sich an General Chabalow wendend, hinzu:

„Du mußt in Petersburg junge Soldaten und alte Offiziere zusammenziehen. Der Zar muß sie, so oft wie nur möglich, begrüßen und sie für sich gewinnen. Dann veranstalten wir Unruhen. Die Soldaten werden uns verteidigen. Der Zar wird hiernach Frieden schließen."

„Wie willst du die Unruhen hervorrufen?"

„Ich werde meine Leute auf die Straßen schicken mit dem Ruf ‚Gebt uns Brot!' Das wird zu einer allgemeinen Kundgebung führen. Doch werden die Soldaten den Haufen ohne Schwierigkeit auseinanderjagen. Wir werden dann unseren Verbündeten mitteilen können: ‚Wir stehen vor einer Revolution.' Jedoch halte ich es nicht für nötig, neue Truppenteile nach Petersburg kommen zu lassen. Wir können uns auf die gegenwärtige Petersburger Garnison vollkommen verlassen."

Rasputin versicherte, der Zar habe bereits ein Friedensangebot von Kaiser Wilhelm erhalten und habe darüber mit einigen vertrauenswürdigen Personen beraten. Er schicke sich an, den alten Handelsvertrag mit Deutschland zu erneuern und die Selbständigkeit Polens anzuerkennen. Rußland würde die Teile Ostgaliziens bekommen, die von den griechisch-orthodoxen Ruthenen bevölkert sind. Die Ostseeprovinzen müssen an Deutschland abgetreten werden, Rußland aber erhält dafür freie Durchfahrt durch die Dardanellen. Der Zar habe aber erklärt, er könne nicht eher Frieden schließen, als bis Unruhen ausgebrochen sind.

Die Agentin des Abgeordneten der Reichsduma, Purischkewitsch, Laptschinskaja, brachte es fertig, dieses Gespräch zu belauschen und niederzuschreiben. Der Plan einer fingierten Revolution wurde in Petersburg bekannt. Protopopow leitete die Vorbereitungen ein, übertrug sie aber sonderbarerweise dem General Kurlow. Gerade in dieser Zeit wurde Rasputin ermordet, und der Plan wurde fallen gelassen.

Attentate auf Rasputin

Mir war ausgezeichnet bekannt, in welchem Maße Rasputin von seinen Feinden gehaßt wurde, und ich machte mir um seine Sicherheit ständig Sorgen. Es war mir klar, daß der unerhörte Aufstieg dieses Bauern einen tragischen Abschluß nach sich ziehen mußte.

Während der nächtlichen Gelage Rasputins kam es oft zu Mißverständnissen und Zusammenstößen. Sie liefen bisher immer gut ab, aber nur dank den von mir im voraus ergriffenen Vorsichtsmaßnahmen. Zum Schutze Rasputins war ein Spezialdienst organisiert worden, der dem Chef der Petersburger Politischen Polizei, General Globatschew, unterstellt war. Das Haus, in dem Rasputin wohnte, wurde ständig von Polizeiagenten bewacht. Wenn er seine Wohnung verließ, wurde er immer von Geheimagenten begleitet. Sie schrieben alles auf, was sie beobachteten, und erstatteten ihren Vorgesetzten darüber Bericht. Der Schutz Rasputins war wie bei den Mitgliedern des Zarenhauses organisiert. Für die Bewachung waren bedeutende Summen bewilligt. Ausschließlich bewährte und zuverlässige Agenten wurden zum Bewachungsdienst herangezogen. Auch ich selber suchte Rasputin nicht aus den Augen zu lassen. Wir trafen uns mehrmals am Tage. Befand er sich nicht im Zarenpalais oder bei der Wyrubowa, so pflegte ich ihn auch abends zu besuchen. Außerdem unterhielten wir uns noch oft telephonisch. Auf Rasputin wurden andauernd Anschläge verübt. Einige dieser Attentate hatte der Mönch Iliodor veranlaßt.

Eines Morgens begleiteten wir Rasputin von einem nächtlichen Gelage aus der Villa Rode nach Hause. Auf dem Kamennoostrowski-Prospekt wurden einige große Holzstücke vor unser Auto geworfen mit der Absicht, eine Katastrophe herbeizuführen. Der Chauffeur besaß zum Glück die Geistesgegenwart, den Wagen auf die Seite zu lenken. Dabei überfuhren wir eine Bäuerin. Die Attentäter entflohen. Wir riefen einen Polizisten, der in der Nähe stand. Er holte einen der schuldigen Bauern ein und verhaftete ihn. Die stöhnende Bäuerin brachten wir ins Krankenhaus. Rasputin tröstete sie und gab ihr Geld. Ihre Verletzungen waren nur leicht. Der verhaftete Attentäter nannte alle seine Komplizen. Sie alle waren einfache Bauern aus Zarizyn, der Hochburg Iliodors. Er hatte sie zu dem Attentat überredet; sie beabsichtigten aber gar nicht, dem Starez das Leben zu nehmen, sondern wollten ihm eigentlich nur einen Streich spielen.

Rasputin verzichtete auf ihre gerichtliche Verfolgung. Sie wurden aus Petersburg in ihre Heimat ausgewiesen.

Das zweite Attentat auf Rasputin wurde kurz vor Ausbruch des Weltkrieges ausgeführt. Rasputin befand sich damals in seinem Heimatdorf Pokrowskoje.

Rasputin pflegte jeden Sommer in seine Heimat zu reisen und wurde diesmal vom Journalisten Davidsohn begleitet. Späterhin hörte ich, daß dieser Journalist um das geplante Attentat gewußt und beabsichtigt habe, über die Ermordung Rasputins sensationelle Berichte zu veröffentlichen. Der Streit zwischen Rasputin und Iliodor hatte damals seinen Höhepunkt erreicht, und der Mönch gedachte noch einen Versuch zu unternehmen, seinen Feind gewaltsam zu beseitigen. Zu den Verehrerinnen Iliodors gehörte die Gussewa, die Rasputin ebenfalls bekannt war, eine Bäuerin mit eingefallener Nase. Sie erhielt von Iliodor den Befehl, Rasputin zu töten. Im Dorf Pokrowskoje war sie noch vor Eintreffen Rasputins angekommen, besuchte oft sein

Haus und erregte nicht den geringsten Verdacht. Eines Tages erhielt Rasputin ein Telegramm aus Petersburg. Er pflegte für die Zustellung von Telegrammen Trinkgelder zu geben. Diesmal war das Telegramm nicht ihm, sondern einem Familienmitglied ausgehändigt worden.

Rasputin fragte, ob man das Trinkgeld nicht vergessen hätte. Als er hörte, daß dies tatsächlich der Fall war, eilte er dem Boten nach. Die Gussewa lauerte ihm auf und näherte sich ihm mit den Worten: „Grigorij Jefimowitsch, gib um Gottes willen ein Almosen."

Rasputin begann in seinem Portemonnaie nach einer Münze zu suchen. In diesem Augenblick stieß ihm die Gussewa ein Messer in den Leib, das sie unter ihrem Tuch verborgen hatte. Da Rasputin nur mit einem Hemd bekleidet war, drang das Messer ungestört tief in den Leib ein. Schwer verwundet, mit aufgeschlitztem Leib, lief Rasputin nach Hause. Die Därme traten durch die Wunde heraus und er hielt sie mit den Händen fest. Die Gussewa hinter ihm her in der Absicht, ihm einen zweiten Stoß zu versetzen. Doch Rasputin hatte noch die Kraft, ein Holzscheit aufzulesen und ihr damit das Messer aus der Hand zu schlagen. Die Gussewa wurde von Leuten umringt, die auf die Schreie herbeigeeilt kamen, und tüchtig verprügelt. Ohne Frage wäre sie gelyncht worden, doch Rasputin bat für sie. Die Verwundung stellte sich als sehr gefährlich heraus. Die Ärzte hielten es für ein Wunder, daß er am Leben blieb. Er verwandte irgendwelche Heilkräuter und schrieb seine Genesung ausschließlich diesen zu.

In Petersburg waren viele der Ansicht, daß Rasputin den Krieg hätte verhindern können, wenn er zur Zeit der Kriegserklärung dort gewesen wäre. Auf Grund meiner Kenntnis Rasputins und der Verhältnisse muß ich dieser Ansicht durchaus beipflichten. Der Zar befolgte unbedingt seine Ratschläge. Rasputin war schon zu jener Zeit ein Gegner aller Kriege. Durch seine Verwundung in Pokrowskoje aufgehalten, telegraphierte er dem Zaren, er möge unter allen Umständen auf einen Krieg verzichten.

Doch ein Telegramm konnte nicht auf den Zaren dieselbe Wirkung ausüben wie seine persönliche Anwesenheit. Die Kriegserklärung versetzte Rasputin in eine solche Aufregung, daß seine Wunde sich wieder öffnete. Er sandte an den Zaren ein zweites Telegramm, in dem er ihn nochmals anflehte, den Krieg abzuwenden, doch es war schon zu spät.

Rasputin erzählte mir öfter, er habe nach dem Mord von Sarajewo dem Zaren unausgesetzt dargelegt, daß es nicht lohne, Serbiens wegen einen Krieg mit Österreich zu beginnen. Deswegen sei er sogar mit dem Zaren in Streit geraten.

„Du bist als unglücklicher Zar geboren", erklärte er ihm erregt. „Das Volk hat die Katastrophe von Chodynka bei der Krönungsfeier und den unseligen Krieg mit Japan noch nicht vergessen. Wir können keinen neuen Krieg beginnen. Zahle ihnen, soviel du willst. Gib Österreich 400 Millionen, nur keinen Krieg! Der Krieg wird uns alle zugrunde richten."

Rasputin liebte nicht die Balkanstaaten. Bei seinem Eintreffen in Petersburg suchte der bulgarische Zar Ferdinand 1913 Rasputin auf. Der Grund dafür war der, daß Nikolaus sich geweigert hatte, Ferdinand zu empfangen. Rasputin erwirkte ihm eine Audienz beim Zaren. Doch das Ergebnis war nicht befriedigend. Rasputin erzählte mir, Ferdinand sei mit einer roten Nase nach Hause gefahren.

Ferdinand suchte den Zaren durch den Hinweis auf die Möglichkeit eines neuen Balkankrieges zu beeinflussen. Rasputin war überzeugt, es gebe keine Kriegsgefahr. „Solange ich am Leben bin", erklärte er, „werde ich keinen Krieg zulassen."

Die Verschwörung gegen Rasputin

Jetzt trete ich in allen Einzelheiten an die Darstellung der Ermordung Rasputins heran. Sie geschah für mich nicht unerwartet. Man hatte mich wiederholt gewarnt, und gerade in den Tagen, die dem Morde vorhergingen, traf ich umfassende Vorsichtsmaßregeln. Sie verfehlten aber dank unglücklichen Umständen ihren Zweck.

Die ersten Gerüchte über die geplante Ermordung Rasputins wurden mir folgendermaßen zugetragen: Es existierten zu jener Zeit in Petersburg viele Klubs, in denen das Kartenspiel blühte. An ihrer Spitze standen meist hochgestellte Persönlichkeiten oder Leute mit bekannten Namen. Sie bezogen hohe Einnahmen, hatten aber keinen Einfluß auf die Geschäftsführung der Klubs. Ich war Besitzer eines derartigen Klubs, der den Namen „Feuerwehrklub" trug und sich im Hause der Gräfin Ignatjew am Marsfelde befand. Mit der Feuerwehr hatte der Klub nichts gemeinsam. Er diente ausschließlich dem Hasardspiel. Dem Vorstand präsidierte der Oberbürgermeister von Pleskau, Tomilin. Unter sehr günstigen Bedingungen waren dort zwei junge Leute angestellt. Der eine hieß Iwan, der andere Alexej. Die Familiennamen der beiden habe ich vergessen.

Tomilin wurde nun zum Präsidenten des „Nationalen Klubs" gewählt, der sich unweit meines Klubs befand. Er mußte uns darum verlassen. Er forderte meine beiden Angestellten zum Mitgehen auf. Ich widersetzte mich dem nicht, da ich durch ihre neue Anstellung die Möglichkeit erhielt, von den Vorgängen im anderen Klub zu erfahren.

Für mich war es überaus wichtig, darüber informiert zu sein, was in den anderen Klubs und gesellschaftlichen Vereinigungen vor sich ging, und deshalb hatte ich überall meine Leute. Ich hatte das nötig für eine erfolgreiche Abwicklung der Angelegenheiten meiner zahlreichen Kundschaft. Der eine meiner beiden ehemaligen Angestellten, Iwan, erschien einmal bei mir mit der Mitteilung, im Nationalklub fänden geheimnisvolle Konferenzen statt, die ihm sehr verdächtig vorkämen. Einzelheiten konnte er mir nicht angeben, da in dem Zimmer, in dem die Beratungen stattfanden, nicht er, sondern sein Kollege Alexej bediente. Nur eins wußte er mit Bestimmtheit, daß bei diesen Beratungen viel über Rasputin gesprochen wurde.

„Hör mal, Iwan", sagte ich, „hier hast du 500 Rubel, übergib sie Alexej und bitte ihn in meinem Namen, alle Einzelheiten dieser Beratungen herauszubekommen. Er braucht mit Geld nicht zu geizen. Ich werde euch beide gut belohnen, wenn ihr ermitteln könnt, was in dem Klub sich vorbereitet."

Iwan und Alexej wußten ausgezeichnet, daß ich in derartigen Dingen mit der Belohnung nicht kargte. Nach ein paar Tagen erschien bei mir Alexej und erzählte, was er von den Beratungen in seinem Klub in Erfahrung gebracht hatte. Er berichtete, daß der bekannte antisemitische Abgeordnete der Duma, Purischkewitsch, bei den Beratungen den Vorsitz führte; teilgenommen hätten der Großfürst Dimitrij Pawlowitsch, Graf Tatischtschew, der junge Fürst Felix Jussupow, der frühere Innenminister Chwostow, der reaktionäre Abgeordnete Schulgin und einige junge Offiziere, deren Namen Alexej nicht kannte. Er hatte aber gehört, daß es Großfürsten gewesen wären. Die ganze Zeit über sei bei den Beratungen viel über Rasputin gesprochen worden. Ab und zu seien auch die Namen des englischen Botschafters Buchanan, des Zaren und der Zarin gefallen. Es werde etwas Geheimnisvolles geplant, und man rede davon, daß man jemanden entfernen müsse.

Der allgemeine Eindruck war, daß gegen den Zaren und Rasputin eine Verschwörung angezettelt wurde, deren Haupt Purischkewitsch war.

Die Mitteilung Alexejs machte mich nachdenklich. Ich begab mich in seiner Begleitung sofort zu Rasputin. Ich versprach Alexej eine noch reichere Belohnung, falls er noch weitere Auskünfte erlangen könnte, ja, stellte ihm sogar eine Anstellung am Zarenhofe in Aussicht. Dies erfreute ihn außerordentlich, und er versprach mir, alles nur mögliche zu tun.

Rasputin hörte Alexejs Bericht mit großer Aufmerksamkeit an und war über die Verschwörung sehr empört. Purischkewitsch hatte er immer für seinen Feind gehalten. Wir waren aber überzeugt, daß es uns mit Hilfe Alexejs gelingen werde, den von Purischkewitsch eingefädelten Plan unschädlich zu machen. Alexej erschien täglich bei mir und berichtete über die weiteren Unternehmungen der Verschwörung. Er teilte mit, daß an den

Beratungen auch viele Abgeordnete der Reichsduma teilnahmen, deren Namen er nicht feststellen konnte.

Ich hatte immer Glück mit meinen Mitarbeitern. Diesmal erwies sich mir als besonders wertvoller Helfer Jewsej Buchstab, der in einem meiner Unternehmen angestellt war. Buchstab war mit einem Arzt für Geschlechtskrankheiten befreundet, dessen Namen ich nicht nennen möchte. Ich beschränke mich auf den Hinweis, daß er eine Klinik auf dem Newski-Prospekt besaß. Purischkewitsch wurde zu jener Zeit mit Salvarsan behandelt. Ich bat Buchstab, seinen Freund, den Arzt, auszufragen, was der Abgeordnete gegen Rasputin plane. Wir nahmen an, Purischkewitsch werde mit seiner Geschwätzigkeit der Versuchung nicht widerstehen, seinen Arzt in die geplante Verschwörung einzuweihen. Buchstab besuchte den Arzt täglich und versprach ihm eine hohe Belohnung, falls er die Pläne Purischkewitschs ausfindig machen könnte. Der Arzt ging auf unser Angebot ein. Eines Tages kamen beide in großer Erregung zu mir. Sie erzählten mir folgendes:

Nach einer Spritze Salvarsan hatte sich Purischkewitsch an diesem Tage hingelegt. Der Arzt unterhielt sich mit ihm und kam scheinbar zufällig auf Rasputin; er sprach den Gedanken aus, Rasputin sei ein großes Unglück für Rußland, und man sollte sich seiner entledigen. Purischkewitsch erwiderte, er könne ihn versichern, daß Rasputin bald nicht mehr unter den Lebenden weilen würde. Er schicke sich an, das russische Volk von Rasputin zu befreien. Die ganze Reichsduma, einschließlich des Präsidenten Rodsjanko, sei mit ihm einig. Der Zar würde bald nicht mehr die Möglichkeit haben, die Reichsduma durch Auflösung in ihren Arbeiten zu stören. „Sie werden sehen", schloß Purischkewitsch, „was in den nächsten drei Tagen passiert."

Ich dankte dem Arzt herzlich für diesen Bericht und begab mich nach Zarskoje Selo. Dort sprach ich mit den Schwestern Woskoboinikow, die der Zarin sehr nahestanden. Meiner Ansicht nach war es notwendig, das Zarenpaar in die Verschwörung Purischkewitsch' einzuweihen, und ich bat die Schwestern, dem

Zaren zu übergeben, daß ich es für sehr ratsam hielte, den erwähnten Arzt nach Zarskoje Selo kommen zu lassen und ihn persönlich über die Verschwörung auszufragen. Ohne Frage wäre ein Staatsstreich geplant. Die Lage sei sehr ernst. Ich riet auch, die beiden Angestellten des Klubs, Alexej und Iwan, zu verhören. Danach begab ich mich zu Rasputin und erzählte auch ihm alles. Er hatte gerade Gäste: die Hofdame Nikitina und Manja Golowina. Anscheinend wollte Rasputin in ihrer Gegenwart seine Erregung nicht verraten und verhielt sich äußerlich ruhig.

Als die Gäste fort waren, sagte ich zu ihm:

„Die Sache ist sehr ernst, und du darfst keine Zeit verlieren. Fahre sofort zur Zarin und erzähle ihr, daß ein Umsturz vorbereitet wird. Die Verschwörer wollen dich umbringen, aber dann soll die Reihe an den Zaren und die Zarin kommen. Der Zar muß sich von dir lossagen. Nur durch dieses Opfer kann man die hereinbrechende Revolution zum Stillstand bringen. Wenn du nicht da bist, werden sich alle beruhigen. Du hast gegen dich den Adel und das ganze Volk aufgebracht. Sag' Papa und Mama, sie möchten dir eine Million englische Pfund geben; dann können wir beide Rußland verlassen und uns in Palästina ansiedeln. Dort können wir in Ruhe leben. Ich fürchte auch für mein Leben. Um deinetwillen habe ich viele Feinde gewonnen. Ich will aber leben."

Nicht das erstemal sagte ich ihm dieses. Doch noch nie hatte ich das Gefühl, daß die Gefahr so groß und so nahe sei. Mir war klar, daß Rasputin nicht länger am Zarenhofe bleiben konnte. Meine Warnungen verhallten nicht wirkungslos. Rasputin ging aufgeregt durch das Zimmer, verlangte dann Wein, und es war deutlich, daß er sich in den Zustand des Hellsehens versetzen wollte. Der Wein wurde gebracht, und Rasputin trank gleich zwei Flaschen Madeira aus.

„Was du gesagt hast, ist verfrüht. Ich werde dem Zaren nichts aus deinem Gespräch mitteilen. Es ist noch zu früh."

Er sprach sehr schnell, seine Augen glänzten.

„Der Adel ist gegen mich", rief er plötzlich aus. „Der Adel hat aber kein russisches Blut. Das Blut des Adels ist gemischt. Die Adligen wollen mich umbringen, weil es ihnen nicht gefällt, daß am russischen Throne ein russischer Bauer steht. Doch ich werde ihnen zeigen, wer stärker ist. Sobald werden sie mich nicht vergessen. Ich gehe erst nach dem Friedensschluß mit Wilhelm weg. Bis dahin werden sie sich von mir nicht befreien. Der Adel lügt. Er sucht nur möglichst viel aus den Bauern auszupressen. Aber ich werde meine Bauern von der Front nach Hause schicken, die Adligen können sich gegenseitig beißen, soviel sie wollen."

Unsere Unterredung dauerte noch lange. Meine Bemühungen, Rasputin zu einem Verzicht auf seine Rolle am Zarenhofe zu veranlassen, hatten sich als erfolglos erwiesen.

Übertriebenes Selbstvertrauen Rasputins

Wir brauchten nicht lange auf neue Nachrichten von der geplanten Verschwörung zu warten.

Bei meinem nächsten Besuch Rasputins traf ich dort drei Offiziere an: die beiden Brüder Fürsten Eristow und den Bräutigam von Rasputins Tochter Marja, Simeon Pchakadse. Rasputin liebte die Armenier und wünschte, daß seine Tochter einen armenischen Offizier heiratet. Pchakadse erfreute sich seiner besonderen Gunst. Doch später stellte sich heraus, daß er im Dienste des russischen Nationalen Klubs stand und sich nur zu dem Zwecke mit Rasputins Tochter verlobt hatte, um leichter in sein Haus zu gelangen und ein Attentat ausführen zu können.

Die Brüder Eristow und Pchakadse kamen zu Rasputin, um ihn zu einem Gelage einzuladen, das im Hause des Grafen Tolstoi in der Troitzkaja-Straße stattfinden sollte. Dort wurde er von einer großen Gesellschaft empfangen, und es wurde viel getrunken. Viele Gäste waren völlig betrunken.

Plötzlich bemerkte Rasputin, daß Pchakadse seinen Revolver aus der Tasche zog und auf ihn richtete. Pchakadse nahm an, daß Rasputin nichts davon bemerkte. Da wandte Rasputin sich ihm zu, blickte ihn scharf an und sagte:
„Du willst mich töten, aber deine Hand gehorcht dir nicht!"
Pchakadse war betäubt (bezaubert) und schoß sich selber in die Brust. Unter den Gästen entstand eine Panik. Einige umringten Pchakadse und suchten ihm zu helfen; andere wollten Rasputin beruhigen. Doch er hörte auf niemand, machte kehrt, nahm seinen Pelz und begab sich nach Hause.
Nach seiner Rückkehr ließ er mich sofort zu sich holen und erzählte mir das Vorgefallene. Dabei war er nicht etwa niedergedrückt, sondern war besonders gut aufgelegt. Er tänzelte sogar, wie er es zu tun pflegte, wenn er freudig erregt war, und sagte zu mir:
„Na, jetzt ist die Gefahr vorüber. Das Attentat ist schon ausgeführt. Pchakadse ist natürlich nicht mehr der Bräutigam meiner Tochter. Er wird jetzt nach Hause reisen."
Er war vollkommen überzeugt, daß ihm nun keine Gefahr mehr drohe.
Ich aber war überzeugt, daß die Verschwörer sich nicht mit dem mißlungenen Attentat begnügen würden. Die Gefahr erschien mir nur noch größer. Ich vermutete, daß Pchakadse, der nach Petersburg beurlaubt war, sogar seinen Urlaub nur zu dem Zweck eines Attentats auf Rasputin erhalten hatte.
Nach Hause zurückgekehrt erfuhr ich, daß Rasputin bei einem der Großfürsten zum Tee geladen sei. Diese Nachricht beunruhigte mich, und ich hielt es für nötig, Rasputin zu warnen. Mir war es klar, daß äußerste Vorsicht geboten war. Nahmen an diesem Tee der Großfürst Dimitrij Pawlowitsch oder der Fürst Felix Jussupow teil, so war klar, daß sich wieder etwas gegen Rasputin vorbereitete. Ich fuhr wieder zu ihm, um ihn persönlich zu warnen.
„Sei vorsichtig", rief ich, „daß sie mit dir dort nicht Schluß machen!"

„Was für Dummheiten", entgegnete Rasputin. „Ich habe schon mit einem Mörder abgerechnet, und mit solchen Knaben wie den Fürsten werde ich auch noch fertig werden. Ich fahre zu ihnen, um damit dem Zaren meine Überlegenheit über sie alle zu zeigen."

„Aber wir können es nicht zulassen, daß du hingehst", entgegnete ich. „Sie werden dich dort totschlagen."

„Niemand kann mir verbieten hinzufahren", beharrte Rasputin. „Ich erwarte nur den ‚Kleinen', der mich abholen soll, und wir fahren zusammen hin."

„Wer ist denn dieser ‚Kleine'?" fragte ich neugierig. Ich hatte diese Benennung schon früher gehört, aber Rasputin wollte mir nicht verraten, wer es war. Doch war er erregt und lief im Zimmer auf und ab.

„Grigorij, du mußt darauf gefaßt sein", sagte ich, „daß du heute oder morgen umgebracht wirst. Folge lieber meinem Rat und verschwinde. Sonst gibt es keine Rettung für dich."

In diesem Augenblick ertönte die Telephonklingel, und Rasputin ging zum Apparat. Eine unbekannte Frauenstimme fragte:

„Können Sie mir vielleicht mitteilen, wann die Trauerfeier für Grigorij Rasputin stattfinden soll?"

„Du wirst vorher beerdigt", entgegnete giftig Rasputin und hängte den Hörer an.

„Siehst du", sagte ich, „schon beerdigt man dich. Höre auf mich! Laß deine Phantasien. Du hättest sie vor zweihundert Jahren durchsetzen können, aber nicht jetzt. Ich will nicht mehr mit dir streiten, aber werde alles dem Zaren, der Zarin und der Wyrubowa sagen. Vielleicht gelingt es ihnen, dich zu belehren."

„Hör' mal", sagte Rasputin, „ich werde heute zwanzig Flaschen Madeira austrinken, dann ins Bad gehen und mich zu Bett legen. Wenn ich einschlafe, wird zu mir eine göttliche Weisung herniedersteigen. Gott wird mir sagen, was ich tun

soll, und dann kann mir niemand mehr gefährlich werden. Du aber schere dich zum Teufel!"
Rasputin ließ eine Kiste Wein bringen und begann zu trinken. Alle zehn Minuten leerte er eine Flasche. Nachdem er tüchtig getrunken hatte, ging er ins Bad, um nach seiner Rückkehr, ohne ein Wort gesprochen zu haben, sich schlafen zu legen.
Am nächsten Morgen fand ich ihn in jenem sonderbaren Zustande, welcher in kritischen Augenblicken seines Lebens über ihn kam. Vor ihm stand ein großer Küchentopf mit Madeira, den er mit einem Zuge austrank. Ich fragte ihn, ob er eine Zunahme seiner „Kräfte" spüre.
„Meine Kraft wird siegen", sagte er, „aber nicht deine."
In diesem Moment trat sehr erregt die Wyrubowa ein.
„Waren die Schwestern vom Roten Kreuz hier?" fragte sie.
Rasputin, offensichtlich verlegen, flüsterte mir zu: „Sag', daß die Schwestern hier waren."
Es stellte sich heraus, daß die Kaiserin und eine ihrer Töchter, als Rote-Kreuz-Schwestern verkleidet, Rasputin einen Besuch abgestattet hatten.
Sie waren gekommen, um Rasputin zu bitten, ohne mein Wissen keine Einladungen anzunehmen. Das war die Folge meiner Warnungen.
Darauf kamen auch der Bischof Isidor, die Hofdame Nikitina und andere Personen angefahren, und alle beschworen Rasputin, nicht auszufahren.
Ich weihte auch den Innenminister Protopopow in meine Sorgen ein. Er fand diese Aufregung unbegründet; da er keine Gefahr sah, riet er mir, nach Hause zu gehen, und fügte hinzu: „Ich werde mich selbst der Sache annehmen. Die Zarin hat mir befohlen, dafür zu sorgen, daß Rasputin heute das Haus nicht verläßt. Alle Vorkehrungen sind getroffen, und Rasputin selbst hat mir sein Ehrenwort gegeben, heute nicht das Haus zu verlassen. Es liegt nicht der mindeste Grund zu Befürchtungen vor."
Protopopow sprach sehr zuversichtlich, und dies beruhigte mich etwas.

Ich kehrte zu Rasputin zurück.
Um diese Zeit begannen die Gäste Rasputins auseinanderzugehen. Mir schien es jedoch notwendig, noch selber einige Vorsichtsmaßnahmen zu ergreifen. Ich ließ Rasputin sich ausziehen und schloß Rock, Stiefel, Pelz und Mütze in den Schrank ein. Außerdem blieb in der Wohnung der Sekretär des Metropoliten Pitirim, Ossipenko, zurück, der Rasputin zu behüten versprach. Überdies war das Haus von Agenten der Sicherheitspolizei umstellt, die den Auftrag erhalten hatten, Rasputin nicht wegzulassen.
Rasputin jedoch verstand es, uns alle zu überlisten. Er ging zu den Agenten hinaus, verteilte unter sie Geld und redete ihnen zu wegzugehen, da er sich schlafen legen wolle. Sie glaubten ihm und begaben sich in irgendein Restaurant.
Bald darauf kam zu Rasputin Protopopow angefahren, der sich von der Durchführung aller seiner Anordnungen überzeugen wollte. Rasputin war bereits zu Bett gegangen. Er bat Protopopow, Ossipenko wegzuschicken, da seine Anwesenheit unnötig sei. Protopopow erfüllte diese Bitte. Auch der Bischof Isidor, der um diese Zeit noch bei Rasputin war, entfernte sich. Protopopow selber blieb noch etwas. Beim Abschiede sagte Rasputin irgendwie geheimnisvoll zu ihm:
„Höre, Teurer! Ich bin selbst Herr meines Wortes. Ich habe es gegeben, und ich kann es auch zurücknehmen."
Protopopow war über diese Worte erstaunt, erklärte sie aber durch die stets absonderlichen Redewendungen Rasputins, und ging.

Die Ermordung Rasputins

Um Mitternacht rief mich Rasputin telephonisch an und sagte: „Der ‚Kleine' ist gekommen, ich fahre mit ihm."
„Gott bewahre!" rief ich erschrocken. „Bleib zu Hause, sonst werden sie dich umbringen."
Das Wort „der Kleine" flößte mir Grauen ein.

„Beunruhige dich nicht!" entgegnete Rasputin. „Komm zu uns. Wir werden Tee trinken, und um zwei Uhr rufe ich bei dir an."
Es war nichts zu machen. Ich hatte keine Möglichkeit, Rasputin zurückzuhalten. Doch an Schlaf konnte ich nicht einmal mehr denken und blieb daher mit meinen Söhnen am Telephon. Die Uhr schlug zwei, dann drei... Rasputin rief nicht an. Ich war nicht imstande, meine Erregung zu unterdrücken, und sagte zu meinen Kindern:
„Erinnert euch an meine Worte! Sie haben Rasputin umgebracht."
Schließlich fuhr ich mit meinem ältesten Sohne Semjon zu Rasputin und weckte seine Nichten und Töchter auf. Ich erklärte ihnen geradeheraus:
„Euer Vater ist ermordet! Wir müssen seine Leiche suchen."
Die Mädchen brachen in Tränen aus. Ich fragte sie:
„Wer ist denn der ‚Kleine'?"
„Der Vater hat uns verboten, es zu sagen", antworteten sie mir.
„Er hat euren Vater umgebracht", rief ich aus.
„Das ist Jussupow", gestand mir endlich Rasputins älteste Tochter Marja.
Als ich diesen Namen hörte, griff ich mir verzweifelt an den Kopf. Jetzt wurde mir alles klar. Ich hatte schon keine Zweifel mehr, daß Rasputin das Opfer einer entsetzlichen Verschwörung geworden war. „Wie ist denn Jussupow mit ihm zusammengekommen?" fragte ich erstaunt, „sie waren doch große Feinde."
„Durch Manja Golowin", antwortete zu meiner Überraschung Rasputins Tochter.
Das erschien mir unbegreiflich. Die Golowina war eine fanatische Anhängerin Rasputins, und ich konnte mir nicht vorstellen, daß sie an der Verschwörung teilhaben konnte.
Ich begab mich zu Manja Golowin und verbarg ihr meine Besorgnis nicht.
„Grigorij ist ermordet", sagte ich ihr. Sie glaubte mir aber nicht.

„Nein, Sie irren", antwortete sie, „Grigorij lebt."

Ich fragte sie, zu welchem Zweck sie die Annäherung zwischen Rasputin und Jussupow begünstigt habe. Es war mir klar, daß sie auch keine Ahnung von der Verschwörung hatte. Sie teilte mir folgende Einzelheiten mit.

Die Eltern Jussupows waren mit ihrem Sohne nicht zufrieden, und daher wurde er zur Ausbildung nach England geschickt. Erst als sein älterer Bruder wegen einer Dirne im Duell getötet war, wurde es ihm erlaubt, nach Petersburg zurückzukehren.

Da Felix (Fürst Jussupow) homosexuell veranlagt war, suchten ihn die Eltern mit Hilfe Rasputins zu heilen. Die Behandlung, der Felix unterworfen wurde, bestand darin, daß Rasputin den Jüngling über eine Türschwelle legte, durchbleute und hypnotisierte. Etwas half das. Doch Felix verzankte sich mit Rasputin, weil dieser gegen eine Heirat zwischen ihm und der Tochter des Großfürsten Alexander Michailowitsch, Irene, war.

Der Plan einer Vermählung Jussupows mit der Großfürstin Irene hatte den Zweck, die unermeßlichen Reichtümer des Fürsten Jussupow in den Besitz des Hauses Romanow zu bringen.

Die Fürsten Jussupow waren tatarischer Herkunft. Darum sagte Rasputin häufig, daß in ihren Adern kein russisches Blut fließe, und warnte den Zaren vor einer Verbindung der Irene mit Felix Jussupow, da er überhaupt kein Mann werden könne.

Der junge Jussupow erfuhr von diesen Äußerungen Rasputins und war furchtbar empört. Es kam zu einem stürmischen Zusammenstoß, worauf die beiden einander aus dem Wege gingen, bis Manja Golowin sie wieder versöhnte.

Die Kaiserin war gegen eine Heirat der Großfürstin Irene mit Jussupow. Als sie trotzdem beschlossen wurde, sprach sie lange Zeit nicht mit dem Zaren. Sie war zwar bei der Trauung zugegen, wechselte aber mit Nikolaus kein Wort.

Alle diese Einzelheiten erfuhr ich von Rasputin, vor dem das Zarenpaar keine Geheimnisse hatte.

Ich wurde persönlich mit dem Fürsten Jussupow aus folgendem Anlaß bekannt: Jussupow wollte für seine Braut ein Geschenk — ein Perlenkollier — kaufen, das im Fenster des Lombardhauses an der Blauen Brücke ausgestellt worden war. Ich verlangte dafür 12 000 Rubel. Jussupow begab sich dorthin mit seinem Kommissionär Eisenberg und mir. Eisenberg war ein Mann mit roter Gesichtsfarbe und einem künstlichen Bein, wodurch er allen auffiel. Der Kauf kam nicht zustande. Rasputin war übrigens gegen meine geschäftlichen Verbindungen mit Jussupow, weil er mit ihm verfeindet war.

Felix Jussupow absolvierte die Militärschule und wurde zum Offizier befördert. Doch der Zar wollte ihn wegen seiner Homosexualität nicht in die Garde aufnehmen. Da faßte Jussupow den Entschluß, Rasputin um Beistand zu bitten in der Hoffnung, daß ihm der Zar nicht die Bitte abschlagen werde. Er wandte sich also an Manja Golowin mit der Bitte, ein gutes Wort für ihn bei Rasputin einzulegen. „Ich habe ihre Versöhnung herbeigeführt", erklärte sie stolz. „Felix hat heute Rasputin zu sich eingeladen. Grigorij hat versprochen, auch die Fürstin Jussupow zu heilen. Jetzt zechen sie und feiern ihre Versöhnung. Ein Mord ist völlig ausgeschlossen."

Ich wußte, daß die Fürstin Jussupow gar nicht in der Residenz war. Zweifellos war Rasputin in eine Falle gelockt worden. Doch Manja Golowin behauptete, daß Rasputin nach dem üblichen Gelage glücklich nach Hause zurückkehren werde.

Ich eilte zu Protopopow, ließ ihn wecken und erzählte ihm alles.

„Aber Rasputin hat mir doch sein Ehrenwort gegeben, daß er nicht ausfahren werde", sagte erstaunt der Minister.

Ich berichtete ihm, auf welche Weise Rasputin das Haus heimlich verlassen hatte. Protopopow wurde sehr unruhig, telephonierte und brachte die ganze Polizei auf die Beine. Man suchte Rasputin in der ganzen Stadt.

Mit dem Bischof Isidor begab ich mich auf das Polizeirevier, zu dem das Schloß des Fürsten Jussupow gehörte. Der Revierchef, mit dem ich befreundet war, teilte meine Meinung, daß Rasputin umgebracht sei. Es war ihm bereits gemeldet worden, daß man nachts aus dem Palais Jussupow Schüsse gehört habe. Seit man um die Verschwörung wußte, waren die Wohnungen der Verschworenen einer ständigen polizeilichen Bewachung unterworfen. Der Polizist, der in dieser Nacht am Palais Jussupow Wache gehalten hatte, berichtete, ein unbekannter Mann sei nachts auf ihn zugekommen, habe sich als der Dumaabgeordnete Purischkewitsch vorgestellt, habe ihm 50 Rubel gegeben und dabei erklärt, er hätte Rasputin ermordet.

„Ich habe Rußland von diesem Ungetüm befreit. Er war ein Freund der Deutschen und wollte den Frieden. Jetzt können wir den Krieg weiterführen. Du sollst ebenfalls deinem Vaterlande treu sein und schweigen."

Der Schutzmann begab sich auf das Revier und erstattete Meldung. Der Revierchef ließ einen Mann aus der Dienerschaft Jussupows auf das Revier rufen.

Der zitierte Diener war blaß und sehr aufgeregt. Er erzählte, er habe ein Auto gesehen, das der Großfürst Dimitrij Pawlowitsch geführt habe. In diesem Auto hätten Jussupow und Rasputin gesessen, neben dem Großfürsten aber Purischkewitsch mit absichtlich verändertem Gesicht. Er habe ihnen die Tür geöffnet und dann von Jussupow den Befehl erhalten, sich zu entfernen.

Die weiteren Einzelheiten der Mordtat teilte später Jussupows Kusine mit, die beim Morde zugegen war und auch auf Rasputin geschossen hatte.

Teilnehmer des Komplotts waren der Großfürst Dimitrij Pawlowitsch, die beiden Söhne des Großfürsten Alexander Michailowitsch, die Brüder der Frau des Fürsten Jussupow und Purischkewitsch. Der Vater des jungen Jussupow und der ehemalige Innenminister Chwostow erwarteten das Resultat der Ermordung in einem anderen Teile des Palastes. Am Morde

nahmen auch die Kusine Jussupows und die Tänzerin Vera Koralli teil. Einer der Schwäger Jussupows stand hinter einem Vorhang im Vorzimmer versteckt. Beim Eintritt Rasputins schoß er auf ihn und traf ihn ins Auge. Auf den zusammengebrochenen Rasputin schossen dann schon alle, nur Vera Koralli weigerte sich und schrie: „Ich will nicht schießen!"
Ihr Geschrei wurde sogar in den Nachbarhäusern gehört.
Die Verschwörer nahmen an, daß Rasputin bereits tot sei. Sie zogen ihm seinen Pelz an, wickelten ihn in ein Reiseplaid und versteckten ihn in einem Keller, um ihn später aus dem Hause zu entfernen.
Doch Rasputin war noch am Leben, obgleich elf Revolverschüsse auf ihn abgegeben worden waren.
Er kam wieder zu sich, stieg aus dem Keller empor, begab sich in den mit einer hohen Steinmauer umgebenen Garten und suchte dort nach einem Ausgang. Er versuchte sogar, über die Mauer zu klettern, brachte es aber nicht fertig.
Die Hunde erhoben ein heftiges Gebell, das die Aufmerksamkeit der Mörder auf sich lenkte. Sie stürzten heraus und wollten Rasputin fangen. Trotz seiner Wunden leistete er ihnen verzweifelten Widerstand. Endlich gelang es dem Großfürsten Dimitrij Pawlowitsch, Rasputin zu fangen. Die Mörder banden ihn an Händen und Füßen mit Stricken. Während Rasputin in Ohnmacht fiel, schleppten sie ihn in einem Auto zu einer vorher ausgesuchten Stelle der zugefrorenen Newa in der Nähe der Steininsel. Hier warfen sie Rasputin von der hölzernen Brücke aus ins Wasser, das in der Nähe der Brücke nicht zugefroren war.
Es war sehr schwer, die Stelle zu finden, wo der Körper Rasputins ins Wasser versenkt worden war. Aber mein Sohn Semjon fand an der Brücke einen Überschuh Rasputins. Auch bemerkten wir Blutspuren, die zu einem Eisloch führten. Etwa einen halben Kilometer weiter fanden wir auf dem Eise Rasputins Leiche. Sie war tief verschneit. Rasputin hatte sich offenbar aus dem Wasser herausgearbeitet und über das Eis geschleppt. Nur dank dem starken Frost war er zugrunde ge-

gangen. Sein Pelz war an acht Stellen von Kugeln durchlöchert. Seine rechte Hand war nicht mehr gefesselt, sondern erhoben, um das Zeichen des Kreuzes zu machen. Vermutlich war es ihm noch während der Fahrt im Auto gelungen, die Fesseln zu lösen. Ins Wasser wurde er lebend geworfen.
Dies ereignete sich alles am 17. Dezember des Jahres 1916.

Die Bestattung Rasputins

Nachdem der Körper Rasputins gefunden war, erschienen daselbst Protopopow, der Leiter der Politischen Polizei Globatschew, der Chef der Petersburger Garnison General Chabalow, das Petersburger Stadthaupt Balk und der Polizeimeister Halle. In ihrer Gegenwart wurde der Tote zum Auto gebracht.
Noch bevor die Leiche gefunden war, begab ich mich um acht Uhr früh zum Palais des Fürsten Jussupow. Der Bischof Isidor begleitete mich. Der junge Jussupow kam sofort heraus, blaß und erregt.
„Was haben Sie mit Rasputin gemacht?" fragte ich ihn. „Waren Sie mit ihm bei den Zigeunern?"
„Ich weiß nicht", stammelte er. „Wir zechten mit ihm zusammen, er blieb aber bei den Zigeunern."
Der Fürst wagte es nicht, mir in die Augen zu sehen.
„Teilen Sie das der Zarin mit", antwortete ich ihm. „Ihre Majestät beunruhigt sich sehr. Sie möchte wissen, was mit Rasputin geschehen ist."
Der Fürst übergab mir nach einigen Minuten einen Brief, worin es hieß, ihm sei über das Verbleiben Rasputins nichts bekannt.
„Ich weiß gar nichts", wiederholte der junge Mensch.
Ich nahm ihm den Brief ab. Unterdessen bemerkte ich auf dem Fußboden dunkle Blutflecke.
„Wessen Blut ist das auf dem Fußboden?" fragte ich ihn.
Diese Frage überraschte ihn nicht. Er antwortete mir völlig ruhig, freilich ohne mich anzublicken:

„Wir haben unseren Hund erschossen, dies hat nicht die geringste Bedeutung."

„Womit aber erklärt sich das, daß die in der Nähe wohnenden Modistinnen mehrere Schüsse gehört haben, außerdem den Schrei: Schlagt ihn nicht tot!?"

Diese Auskunft hatten mir nämlich meine Agenten geliefert, die ich mit der Aufklärung der näheren Umstände der Mordtat beauftragt hatte.

„Das waren meine Kusine und Fräulein Koralli", erwiderte in erkünstelter Ruhe der Fürst. „Sie erschraken sehr, als wir auf den Hund schossen."

Mehr konnte ich nicht aus ihm herausbringen.

Die Leiche Rasputins wurde in einem Eichensarge in die Tschesmenskajakapelle geschafft, die sich am Wege von Petersburg nach Zarskoje Selo befand.

Bald darauf trafen dort Rasputins Töchter und Nichten ein. Ich begab mich mit meinen Söhnen gleichfalls dahin. Wir erblickten in der Kapelle die angebliche Anhängerin Rasputins, Akulina Laptinskaja, die in Wirklichkeit aber eine Agentin des Nationalen Klubs war. Auf Befehl der Zarin war Fremden der Zutritt zur Kapelle nicht gestattet. Die Töchter Rasputins brachten Wäsche und Kleidung mit. Die Leiche wurde gewaschen und angezogen. Der Bischof Isidor hielt den Trauergottesdienst. Wir hatten den Metropoliten Pitirim darum gebeten, er antwortete aber, daß ihn die Ermordung Rasputins zu sehr erschüttert habe.

Der Kaiser befand sich im Hauptquartier. Der Mord an Rasputin wurde ihm telegraphisch mitgeteilt. Der Zar befahl, das Eis auf der ganzen Strecke von Petersburg bis Kronstadt aufzubrechen.

Er beeilte sich, nach Petersburg zurückzukehren. Die Ermordung Rasputins versetzte ihn in tiefen Gram.

„Ich bin verloren!" erklärte er. Alle suchten ihn zu beruhigen, aber nichts vermochte ihn von den traurigen Gedanken abzulenken. Er war überzeugt, daß Rasputins Tod auch seinen Untergang nach sich ziehen würde.

Die Zarin und ihre Töchter weinten unausgesetzt. In der Hauskapelle des kaiserlichen Palastes schloß sich ein Trauergottesdienst an den anderen an. Die Leiche wurde insgeheim in eine Kapelle in Zarskoje Selo geschafft und dort beerdigt. Nach der Bestattung wiederholte man noch oft die Trauergottesdienste, denen die ganze Zarenfamilie beiwohnte. Doch durften an den Trauergottesdiensten nur Personen teilnehmen, die zum engsten Freundeskreise des Zarenpaares gehörten.

Während der heimlichen Bestattung halfen alle Glieder der kaiserlichen Familie beim Tragen des Sarges zur Gruft, selbst der kleine Thronfolger, der das am Sarge befestigte schwarze Seidenband in der Hand hielt. Die Leiche wurde einbalsamiert, und über dem Gesicht des Verstorbenen wurde in den Deckel des Sarges eine Glasscheibe eingesetzt. Auf die Brust des Toten wurde ein Heiligenbild gelegt, das die Unterschriften sämtlicher Mitglieder der Zarenfamilie trug.

Ein Offizier, namens Beljajew, erfuhr auf irgendeine Weise von dem Heiligenbilde mit den Unterschriften der Zarenfamilie. Es war ihm klar, daß dieses Heiligenbild sehr wertvoll für Raritätensammler werden konnte, und er entschloß sich, das Heiligenbild zu entwenden. Zunächst war es schwer, den Bestattungsort Rasputins ausfindig zu machen. Er griff darum zu einer List. Er näherte sich Rasputins Tochter Marja und gab sich ihr als geheimen Anhänger ihres Vaters zu erkennen. Doch gelang es ihm erst nach Ausbruch der Revolution, seinen Plan zu verwirklichen. Er führte eine revolutionäre Bande zur Gruft Rasputins. Der Sarg wurde geöffnet, Beljajew nahm sich das Heiligenbild, die Leiche aber wurde verbrannt. Die Bande glaubte, Beljajew handle im Interesse der Revolution.

Erläuterungen

Zu S. 198: Die Schwester der Zarin, G r o ß f ü r s t i n E l i s a b e t h, war gebürtige Deutsche, jedoch im Laufe der Jahre fanatische Feindin Deutschlands geworden, auch besonders im Weltkriege. Gerade in Rußland pflegten Reichsdeutsche in zwei bis drei Generationen r e s t l o s i h r V o l k s t u m a u f z u g e b e n. Ganz anders das dort heimische bodenständige Deutschtum, das daher diese Renegaten heftig bekämpfte.

Zu S. 199: E c h t e n g l i s c h ist die Methode, Rasputins Vertrauen zu gewinnen. Da seine Friedensfreundlichkeit bekannt war, bemühten sich auch der englische und französische Botschafter darum, ihn mit dem Kaiserhause zu entzweien. Die hier gegebene Darstellung ist interessant als Ergänzung der Veröffentlichungen Buchanans und Paléologues.

Zu S. 203: Unübertrefflich ist d i e G e s c h ä f t s t ü c h t i g k e i t d e s J u d e n D a v i d s o h n. Er weiß um den bevorstehenden Mord, denkt nicht daran, ihn zu verhindern, sondern beschließt, ein großes Geschäft daraus zu machen. Um dieses zu fördern, bewirbt er sich sogar um die Tochter des zu Ermordenden!

D a ß d i e s e r M o r d v e r s u c h a u f e n g l i s c h e s u n d f r a n z ö s i s c h e s K o n t o geht, meinten nicht nur Rasputin, sondern viele Berichterstatter. Es ist nicht unwahrscheinlich (vgl. Anm. z. S. 199). Das Hauptziel, der Ausbruch des Weltkrieges durch die Kriegserklärung des Zaren, wurde ja auch erreicht. Näheres könnte uns sicher Samuel Hoare, der spätere Leiter des englischen Geheimdienstes, erzählen.

Zu S. 208: Als l e t z t e s M o t i v d e r E r m o r d u n g R a s p u t i n s erscheint hier nicht Patriotismus, sondern persönliche Rache des Syphilitikers Purischkewitsch. Die ganze Vaterlandsliebe dieses Chauvinisten und Maulhelden wäre somit erlogen gewesen. Das erscheint nicht unmöglich angesichts seines zerfahrenen Wesens, seiner Reden und Veröffentlichungen.

Doch muß auch die Möglichkeit zugestanden werden, daß hier der tödliche Haß des jüdischen Berichterstatters gegen seinen Verfolger eine Verleumdung veranlaßt. Der gleiche Haß durchzieht ja das ganze Buch hinsichtlich der Persönlichkeit des Fürsten Jussupow.

Wird sich die Wahrheit hier je herausstellen lassen — auf dem Boden einer derart versumpften „guten" Gesellschaft?

Zu S. 209: Das großzügige Angebot, das Simanowitsch hier Rasputin macht, stellt nicht nur e i n e i n d e u t i g e s B e k e n n t n i s z u m M a t e r i a l i s m u s dar: „eine Million englische Pfund", „ich aber will leben" usw. Es ist auch interessant dadurch, daß sich hier zionistische Ziele begegnen mit den Idealen einer überlebten Kirchenform: J e r u s a l e m als Endziel aller christlichen Pilger! Meister Ekkehart und Luther würden auch dies eine Materialisierung des Geistes nennen.

Zu S. 212: Der bereits erwähnte tiefstehende Religionsbegriff tritt hier deutlich zutage: Weisungen Gottes, Schlaf, Besoffenheit und Lüge gehen Hand in Hand — bei der Gottesoffenbarung eines „Heiligen".

Wie völlig anders ist das deutsche Frömmigkeitsideal der Reformation oder der Gegenwart mit seiner nüchternen Klarheit, in seinem Geschichtsrealismus, in seiner Durchleuchtung persönlichen und völkischen Schicksals, in seiner Naturbejahung und abgeklärten Geistigkeit!

9. Rasputin als Gespenst

Rasputins Testament

Nach der Ermordung Rasputins verblieb der Zar auch weiter in gedrückter Stimmung. Er verlor alle Lebensfähigkeit. Nur dadurch läßt es sich erklären, daß er ohne eigentlichen Widerstand seine Abdankung unterzeichnet hat. Bereits vor Ausbruch der Revolution war der Kaiser von der Unvermeidlichkeit einer Katastrophe überzeugt gewesen. Es ist auch nicht zu bezweifeln, daß eine entscheidende Rolle dabei die Prophezeiung Rasputins spielte, die er kurz vor seinem Tode schriftlich dem Zaren übergeben hatte. Sie übte einen ungeheuren Einfluß auf alle Handlungen des Zaren während der Staatsumwälzung aus.

Die Weissagung Rasputins, von der ich spreche, kam auf demselben Wege zustande, wie alle seine Prophezeiungen entstanden, mit denen er sich brüstete. Den ganzen vorhergehenden Tag befand er sich in gehobener Stimmung. Abends legte er sich schlafen. Am anderen Tage trug er mir auf, seinen Liebling, den Rechtsanwalt Aronsohn, zu ihm zu bestellen. Er schickte sich an, sein Testament zu schreiben. Ich war über diesen Wunsch sehr erstaunt, erfüllte jedoch seine Bitte. Aronsohn verbrachte den ganzen Abend in unserer Gesellschaft. Rasputin schrieb folgenden Abschiedsbrief:

„Der Geist Grigorij Jefimowitsch Rasputins Nowych aus dem Dorfe Pokrowskoje.

Ich schreibe und hinterlasse diesen Brief in Petersburg. Ich ahne, daß ich noch vor dem ersten Januar aus dem Leben scheiden werde. Ich will dem russischen Volk, dem Papa, der russischen Mutter, den Kindern und der russischen Erde aufweisen, was sie unternehmen sollen.

Falls mich gedungene Mörder, russische Bauern, meine Brüder, töten, brauchst Du, russischer Zar, niemand zu fürchten. Bleib auf Deinem Thron und regiere. Auch brauchst Du, russischer Zar, keine Sorge wegen Deiner Kinder zu haben. Sie werden noch Jahrhunderte hindurch Rußland regieren.

Falls ich aber von Bojaren und Edelleuten umgebracht werde und sie mein Blut vergießen, so bleiben ihre Hände von meinem Blut besudelt, und fünfundzwanzig Jahre lang werden sie ihre Hände nicht reinwaschen können. Sie werden Rußland verlassen. Brüder werden sich gegen Brüder erheben und werden einander morden, und im Verlauf von fünfundzwanzig Jahren wird es keinen Adel im Lande geben.

Zar der russischen Lande, wenn Du das Glockenläuten hörst, das Dir den Tod Grigorijs verkündet, so wisse: Wenn den Mord Deine Verwandten ausgeführt haben, so wird niemand aus Deiner Familie, d. h. von Deinen Kindern und Verwandten, länger als zwei Jahre leben.

Das russische Volk wird sie töten. Ich gehe weg und fühle in mir die Göttliche Weisung, dem russischen Kaiser zu sagen, wie er nach meinem Verschwinden leben soll. Du sollst nachdenken, alles überlegen und vorsichtig handeln. Du sollst Dich um Deine Rettung sorgen und Deinen Verwandten sagen, daß ich ihnen mit meinem Leben bezahlt habe. Man wird mich töten. Ich bin nicht mehr unter den Lebenden. Bete, bete! Sei stark! Sorge Dich um Dein auserwähltes Geschlecht!

G r i g o r i j."

Dieses prophetische Vermächtnis übergab ich der Zarin. Was für einen Eindruck es auf sie gemacht hat, weiß ich nicht. Sie hat niemals mit mir darüber gesprochen. Sie bat mich nur, den Brief nicht dem Zaren zu zeigen. Ich übergab ihn dem Metropoliten Pitirim zur Aufbewahrung.

Der Zar lernte das Vermächtnis erst nach dem Tode Rasputins kennen. Ich vermute, daß die Zarin selbst ihn von dem Vermächtnis in Kenntnis gesetzt hat. Der Zar befürchtete, daß die

Verschwörung, die der Nationale Klub geplant hatte, sich nicht nur gegen Rasputin, sondern auch gegen ihn selber richtete. Die Haltung seiner Verwandtschaft ihm gegenüber wurde immer drohender. Nach der Ermordung Rasputins hielt sich der Zar für ernsthaft gefährdet. Er beriet unausgesetzt mit den Vertretern des Polizeidepartements. Von jetzt ab hatte er schon zu niemand auf der Welt mehr Vertrauen.

Das machte seine Lage noch aussichtsloser.

Nach dem Tode Rasputins

Bald nach der Beerdigung Rasputins fragte mich der Zar genau über die letzten Tage Rasputins wie auch über die Umstände seiner Ermordung aus. Besonders interessierte er sich für die weiteren Pläne der Verschwörer. Ich teilte ihm alles mit, was ich selber wußte. Ich verschwieg auch nicht, daß Rasputin einverstanden gewesen war, selbst zu verschwinden, sobald nur der Friede mit Deutschland abgeschlossen wäre, und daß er in erster Linie die Schaffung eines solchen Ministerkabinetts angestrebt hatte, das nicht gegen den Friedensschluß war.

Der Zar suchte festzustellen, ob nicht etwa jemand von den Ministern an der Verschwörung gegen Rasputin teilgenommen hätte oder in den Mordplan eingeweiht war. Ich teilte mit, daß der Justizminister Makarow und der Kriegsminister Schuwajew wenn nicht Beziehungen zu den Verschwörern unterhalten hätten, so doch jedenfalls über den Mordplan unterrichtet gewesen wären.

„Mir haben sie nichts erzählt", murmelte traurig der Zar. „Übrigens liebte Grigorij Makarow nicht und wollte ihn durch Dobrowolski ersetzen."

Am anderen Tage waren Makarow und Schuwajew verabschiedet.

In der diesen Ereignissen folgenden Zeit wurde ich oft zum Zaren gerufen. Er wünschte immer eingehendere Nachrichten über den Mord, über den Eindruck, den der Mord in Petersburg gemacht hatte, besonders aber interessierte er sich für die Auffassung Rasputins, die er in den letzten Tagen seines Lebens ausgesprochen hatte. Er suchte seine Wünsche zu erfüllen. Dobrowolski wurde Justizminister, aber Beljajew Kriegsminister. Der Zar führte gewissenhaft alle meine Vorschläge, die Ernennung von neuen Ministern betreffend, aus. Ich sagte gelegentlich: „Grigorij traute dem Alexejew nicht."

„Unmöglich!" rief Nikolaus aus. „Wem traute er dann?"

„Dem General Gurko", antwortete ich.

„Aber ich kann den General Alexejew nicht entlassen", erläuterte der Zar. „Er kennt alle unsere Kriegsgeheimnisse, und ich muß ihn dulden."

Das Zarenpaar hatte die Absicht, Rasputins Wohnung in eine Museumskapelle zu verwandeln. Die Zarin händigte mir 12 000 Rubel zur Einrichtung einer neuen Wohnung für die Töchter Rasputins ein. Ich mietete für sie in der Kolomenskaja Nr. 13 eine Wohnung, die gut eingerichtet war und irgendeinem Polen gehörte, für 25 000 Rubel. Ich hatte von mir aus 13 000 Rubel zugelegt.

Rasputins Töchter fühlten sich nicht wohl in der neuen Wohnung und erklärten mir endlich, sie wollten nicht dort bleiben. Unterdessen hatte die Zarin ihren Plan, aus Rasputins Wohnung eine Kapelle zu machen, aufgegeben, und erlaubte den Mädchen, in ihre alte Wohnung zurückzukehren. Sie schenkte ihnen für eine neue Einrichtung 50 000 Rubel.

Als die Wyrubowa erfuhr, daß ich für die Wohnung in der Kolomenskaja 13 000 Rubel zugelegt hatte, erstattete sie mir diesen Betrag.

Die Töchter Rasputins besuchten täglich die Zarin. Sie bemühte sich, die Mädchen zu trösten, und bestellte für sie Pelzmäntel. Aus Sparsamkeit kaufte sie diese Mäntel auf Abzahlung.

Abb. 9. Die Zarin im Ornat

Abb. 10. Rasputin im Kreise seiner Verehrerinnen

Abb. 11. Der Zar

Abb. 12. Der Zar in Livadia (Krim)

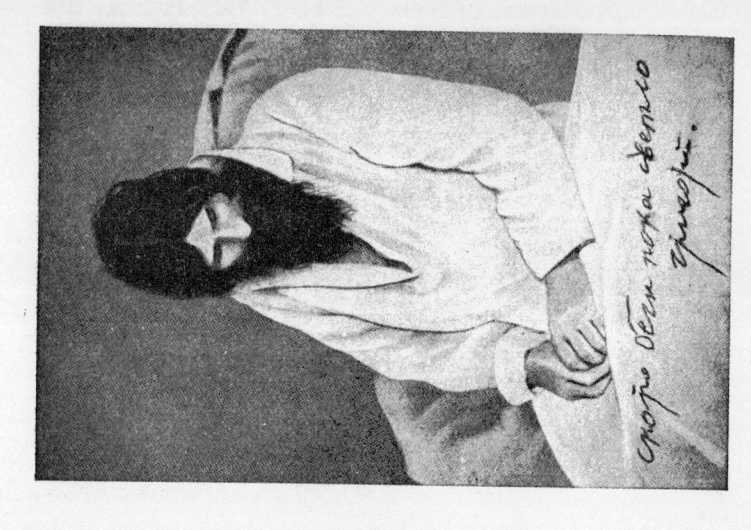

Abb. 13. Rasputin zur Zeit seines
Erscheinens am Kaiserhofe

Abb. 14. Rasputin nach dem Attentat 1914

Abb. 15. Der Zar in Gefangenschaft

Abb. 16. Das Gehirn des Sowjetregimes (ein Bild auf dessen Besitz in Sowjetrußland die Todesstrafe steht)

Abb. 17. Die Zarentöchter in Sibirien

Abb. 18.
Marja Rasputin
als Tänzerin in Spanien

Abb. 19. Das Haus, in dem die Zarenfamilie
ermordet wurde

Der Kampf um die Ministersessel
(Ein Jude regiert Rußland mit Hilfe toter Seelen)

Rasputins Tod hatte am Hofe eine wahre Panik hervorgerufen. Jetzt schien es, daß der einzige Mann, der die furchtbare Gefahr eines Umsturzes abwenden konnte, Protopopow war.

Wir alle waren durch die feindselige Einstellung der Reichsduma beunruhigt und hielten es für unerläßlich, reale Maßnahmen zur Beruhigung der Volksvertreter zu ergreifen. Die Wyrubowa schlug vor, eine Versöhnung zwischen Protopopow und dem Präsidenten der Reichsduma Rodsjanko einzuleiten. Dieser Vorschlag erschien annehmbar und leicht zu verwirklichen, und es gelang der Wyrubowa, dafür auch das Einverständnis des Zaren zu gewinnen.

Eines Tages, als Rodsjanko an der Reihe war, seinen Bericht beim Zaren zu halten, hatte dieser auch Protopopow zu sich geladen. Der Dumapräsident und der Minister trafen im Arbeitszimmer des Zaren zusammen. Nikolaus tadelte Rodsjanko dafür, daß er gegen Protopopow nur deshalb kämpfe, weil dieser kaiserlicher Minister geworden sei. Wenn Rodsjanko sich nicht gegen den Zaren stellen wolle, müsse er mit Protopopow Frieden schließen. Rodsjanko weigerte sich trotzdem, der Aufforderung des Zaren, Protopopow zum Zeichen der Versöhnung die Hand zu reichen, Folge zu leisten. Nikolaus war außer sich. Er sprang auf, kehrte Rodsjanko den Rücken und sagte, ohne sich verabschiedet zu haben, zu Protopopow: „Gehen wir, Alexander Dmitrijewitsch!"

Eine Stunde später sandte Protopopow an Rodsjanko seine Forderung. Protopopow teilte mir telephonisch alle Einzelheiten des heftigen Auftritts im Arbeitszimmer des Zaren mit, auch seine Forderung an Rodsjanko.

Unmittelbar nach dem Empfang Protopopows reiste der Zar ins Hauptquartier ab, um, wie man annahm, der Eröffnung der Reichsdumatagung nicht beiwohnen zu müssen.

Ich versuchte Protopopow zu überreden, auf das unsinnige Duell mit Rodsjanko zu verzichten. Er wollte davon aber nicht einmal etwas hören. Ich schlug vor, wenigstens die Zarin telephonisch zu unterrichten. Er bekannte ihr alles. Die Zarin war entsetzt. Fast eine Stunde lang unterhielten sie sich in englischer Sprache miteinander. Protopopow teilte mir mit, die Zarin sei der Ansicht, er selber habe noch schlimmer gehandelt als Rodsjanko, und sie könne es nicht zulassen, daß er sich einer feindlichen Kugel stelle.

Wir fürchteten allesamt, der Tod Protopopows könne für uns alle die denkbar schlimmsten Folgen haben. Die Zarin sandte sofort einen sehr aufgeregten Brief an ihren Mann mit einem Kurier ins Hauptquartier. Nikolaus rief Rodsjanko telegraphisch zu sich. Das gab in Petersburg Anlaß zu dem Gerücht, der Zar habe Rodsjanko dazu ins Hauptquartier gerufen, um ihn mit der Bildung eines vor der Reichsduma verantwortlichen Ministerkabinetts zu beauftragen. Doch an diesen Gerüchten war kein wahres Wort.

Der Zar erteilte Rodsjanko den Befehl, auf das Duell mit Protopopow zu verzichten. Rodsjanko sandte infolgedessen an Protopopow einen Brief, in dem er sich mit dem Duell bloß dann einverstanden erklärte, falls Protopopow eine schriftliche Genehmigung des Zaren erhalte.

Ich war sehr froh, daß alles so glimpflich ablief, und bestellte für die Sekundanten einige Kleinigkeiten (zwei Brillantenanhänger) zur Erinnerung an das nicht stattgefundene Duell.

Es folgte nun eine stürmische Zeit ständigen Wechsels der Minister. Es gab einen Moment, da die Partei Rodsjankos die Oberhand zu gewinnen schien. Stürmer wurde durch Trepow ersetzt. Er stellte dem Zaren die Bedingung, daß künftig die Minister nicht mehr durch den Zaren, sondern durch den Ministerpräsidenten ernannt werden. Er lud Protopopow, Dobrowolski, General Beljajew und Rajew zu sich ein und legte ihnen nahe, um ihren Abschied nachzusuchen. Protopopow entgegnete, er sei vom Zaren ernannt und werde nur auf dessen Befehl zurücktreten. Mir schien die Situation sehr ernst.

Die Hauptgefahr bestand meiner Ansicht nach darin, daß der Einfluß Rasputins, den er noch nach seinem Tode ausübte, geringer zu werden begann. Ich aber hielt es für unerläßlich, ihn um jeden beliebigen Preis weiter aufrechtzuerhalten, und erklärte daher Protopopow, die Lage sei nur durch eine Neubelebung des Einflusses Rasputins zu retten. Der erstaunte Protopopow konnte sich nicht vorstellen, wie das zu tun wäre. Ich legte ihm meinen Plan dar, den er mit Begeisterung aufnahm.

Rasputin hatte die Gewohnheit gehabt, die von uns benannten einzelnen Namen der Kandidaten für Ministerposten auf Zetteln zu notieren. Zuweilen versah er diese Aufzeichnungen auch mit seinen Anmerkungen. Kurz vor seinem Tode beriet Rasputin mit mir den Plan, ein solches Kabinett zusammenzustellen, das unseren Anforderungen entsprechen würde. Die Situation war sehr schwierig, da die Zahl der Personen, denen man völlig vertrauen konnte, äußerst begrenzt war.

Rasputin wählte nie einen Kandidaten, ohne vorher mit mir beraten zu haben. Unmittelbar nach Rasputins Tode wurde mein Einfluß geradezu ausschlaggebend. Der Zar glaubte, daß ich allein in Rasputins Pläne eingeweiht sei. Auch die Wyrubowa vertraute mir außerordentlich. Sie mengte sich nicht in die Politik und war überzeugt, da ich über Beziehungen zu einflußreichen Petersburger Kreisen verfügte, könnte ich geeignetere Kandidaten wählen als sie selber. Wenn ich einen geeigneten Kandidaten hatte, wandte ich mich immer mit der Bitte um Befürwortung an sie und erhielt nie eine Absage.

In dem kritischen Augenblick, als wir bereits den Boden unter den Füßen zu verlieren begannen, erinnerte ich mich, daß die Aufzeichnungen Rasputins von mir an sicheren Stellen versteckt worden waren. Der Zar kannte genau die Handschrift Rasputins, und ich war darum überzeugt, daß er an der Echtheit der Aufzeichnungen Rasputins nicht zweifeln werde.

„Wo sind denn diese Aufzeichnungen?" fragte Protopopow.

Ich erzählte ihm, daß nach dem Tode Rasputins alle Dokumente, Briefe und Papiere Rasputins, darunter viele Briefe des

Zarenpaares, vorsichtshalber von mir aus seiner Wohnung entfernt worden wären. Über diese Vorsichtsmaßregeln hatte ich dem Zaren berichtet. Der Zar war sehr zufrieden und lobte mich eingehend dafür. Einen Teil der Papiere hatte ich der Fürstin Sophie Tarchanowa zur Aufbewahrung übergeben, den anderen beim Metropoliten Pitirim versteckt.
Unter den Papieren bei der Fürstin Tarchanowa fanden sich die gesuchten Zettel nicht, wir fanden sie beim Metropoliten Pitirim. Es standen darauf die Namen Dobrowolski, General Beljajew und Rajew. Alle diese Kandidaten waren schon ernannt. Doch endlich fanden wir auch neue Namen, die uns als Kandidaten vortrefflich zu passen schienen.
Unser Kandidat für den Posten des Ministerpräsidenten war Fürst Golizyn, ein alter und kränklicher Mann, aber ein naher Freund Protopopows und ein sehr lieber Mensch. Die Mätressen Protopopows und Golizyns waren Freundinnen, und als Protopopow Minister wurde, beschlossen sie, auch dem Fürsten einen hohen Posten zu verschaffen, damit die eine Freundin nicht hinter der anderen zurückstehen müsse. Zu unserer Freude fanden wir in den Papieren auch eine Photographie Golizyns mit der Unterschrift Rasputins „Der Alte", d. h. der Ministerpräsident. Wir waren überzeugt, daß der Zar unbedingt diesem posthumen Hinweis folgen werde.
Mit diesen Dokumenten zugunsten Golizyns begaben wir uns zur Wyrubowa. Wir überzeugten diese gutherzige und leichtgläubige Frau, Rasputin habe noch zu Lebzeiten das folgende Ministerkabinett vorgemerkt: Fürst Golizyn als Ministerpräsident, Kultschizki als Minister für Bildungswesen, Pokrowski als Außenminister und Krüger-Woinowski als Verkehrsminister. Pokrowski kannte nicht eine einzige fremde Sprache, trotzdem hatte ihn Rasputin als Außenminister ausersehen, und wir hielten diese Kandidatur durchaus aufrecht. Die erstaunte Wyrubowa überbrachte unsere Kandidatenliste der Zarin. Diese war glücklich, eine von Rasputin selbst aufgestellte Liste vor sich zu sehen. Sie schickte sie mit einem Sonderkurier zum Zaren ins Hauptquartier. Nikolaus ließ

Protopopow kommen, zeigte ihm Rasputins Zettel und fragte ihn, ob er die von Rasputin vorgemerkten Personen kenne. Der Zar selber hatte keine Vorstellung von ihnen. Protopopow tat so, als ob er den Zettel zum ersten Male erblicke, erklärte aber, er kenne alle die vorgemerkten Personen und sie seien die besten Kandidaten.

Die Folge davon war, daß schon am nächsten Tage Trepow den Posten des Ministerpräsidenten, den er nicht mehr als eine Woche lang bekleidet hatte, verlassen mußte. Der völlig unbekannte Fürst Golizyn wurde zum Ministerpräsidenten ernannt. Ihn selbst verblüffte es am meisten.

Protopopow war sehr zufrieden. Doch nach einigen Tagen überraschte er mich sehr unangenehm. Er erzählte, der Justizminister Dobrowolski habe bereits in der ersten Sitzung des Kabinetts vorgeschlagen, mich nach Sibirien zu verbannen: ich störe die Tätigkeit der Minister, und es passe ihnen nicht, von mir abhängig zu sein.

Protopopow hatte entgegnet, er dürfe die Erörterung eines derartigen Antrages nicht zulassen. Ich sei dem Hofe zugeteilt, und der Zar hätte den Wunsch geäußert, meine Tätigkeit solle nicht durch Einmischung der Polizeibehörden behindert werden. Damit war die Frage erschöpft.

Entgegen der bisherigen Gepflogenheit stellte sich dieses Kabinett dem Zaren nicht vor. Den Fürsten Golizyn hat der Zar nicht ein einziges Mal empfangen. Aber alle neuernannten Minister des letzten Kabinetts hielten es für ihre Pflicht, sich der Wyrubowa vorzustellen, da es zu jener Zeit sehr wichtig war, sich ihrer Unterstützung zu vergewissern.

Der Kampf Rasputins mit den Großfürsten

Obwohl am Hofe ein für Rasputin günstiger Hang zu mystischen Wundern herrschte, war es ihm doch nicht gelungen, mit einem Schlage seine einflußreiche Stellung zu erlangen. Dazu bedurfte er ganzer fünf Jahre. Und erst im zweiten

Jahrfünft gewann sein Einfluß die höchste Stufe. Er verfolgte sein Ziel mit zäher Beharrlichkeit und Eigensinn, nützte dazu alle erreichbaren Möglichkeiten aus und verstand es glänzend, sich jener Leute zu bedienen, die ihn selber zu ihrem Werkzeug machen wollten.

Die Wut des kaiserlichen Verwandtenkreises gegen Rasputin war weniger durch die Freundschaft des Zaren mit dem sibirischen Vagabunden hervorgerufen als vielmehr durch das Scheitern jener Pläne, die einige Großfürsten ins Auge gefaßt hatten. Wie bereits erzählt, vollzog sich Rasputins Annäherung an den kaiserlichen Hof dank der wohlwollenden Unterstützung der Montenegrinerinnen, der Gattinnen der Großfürsten Nikolai Nikolajewitsch und Peter Nikolajewitsch. Er war nur einer der Wahrsager, von denen damals der Zarenhof wimmelte. Durch ganz Rußland ging die Jagd nach derartigen Leuten, und die Verwandten des Zarenhauses nahmen den regsten Anteil an dieser Jagd nach Wundermännern.

Die Großfürstinnen Anastasia und Miliza begingen einen schweren Fehler, als sie Rasputin am Zarenhofe einführten. Er erwies sich als stärker und klüger denn alle seine Vorgänger und Konkurrenten, an denen es damals durchaus nicht fehlte.

Einige Jahre hindurch genoß Rasputin die heiße Anteilnahme der beiden Großfürstinnen. Als er aber erkannte, daß er ihren Beistand nicht mehr brauchte, um seine Macht zu behaupten, wandte er sich von ihnen ab. Zwei Gründe veranlaßten ihn dazu. Die Gegensätze zwischen dem alten und dem jungen Hofe wurden immer offenkundiger, und die Großfürsten gingen offen in das Lager der Kaiserin-Witwe über. Rasputin sah sich infolgedessen genötigt, sich von ihnen zu trennen. Außerdem wuchs in dieser Zeit sein Selbstbewußtsein sehr, und er fühlte es, daß er Vermittler mit dem Zarenpaare nicht mehr nötig hatte. Eine Unterstützung von ihrer Seite war nun überflüssig geworden. Er selber war jetzt bereits ein Herrscher.

Nikolai Nikolajewitsch wurde sein schlimmster Feind und führte gegen ihn einen verzweifelten Kampf. Eines der gefährlichsten Mittel im Kampfe gegen Rasputin war die Verbreitung von schamlosen Gerüchten, die auf die Zarenfamilie Schatten warfen. Doch dieses Mittel erwies sich als wirkungslos. Resultatlos endeten auch die Anschläge gegen Rasputin. Selbst die unbegrenzten Vollmachten des Oberbefehlshabers der russischen Armeen halfen Nikolai Nikolajewitsch nicht, Rasputins Macht zu brechen....

Rasputins Einfluß wuchs immer mehr, und es gelang ihm schließlich, seinen furchtbaren Feind zu besiegen.

Als die Verwandten des Zaren einsahen, daß es über ihre Kraft ging, den allmächtigen Rasputin zu entfernen, wandten sie ihren ganzen Haß gegen das Zarenpaar. Die Kaiserin-Witwe träumte ihr ganzes Leben hindurch davon, ihren Lieblingssohn Michael auf den Zarenthron zu bringen.

Die Geburt des Thronfolgers zerstörte diese Hoffnung. Ihren Haß gegen die regierende Kaiserin pflegte die alte Kaiserin nicht zu verbergen. Der Gegensatz zwischen beiden wurde noch dadurch gesteigert, daß die Zarin einen starken Willen besaß und sich von niemand bestimmen ließ. Auch die Großfürsten, die sich in ihrer Hoffnung, den schwachen Kaiser zu beeinflussen, getäuscht sahen, waren durch den Eigensinn der jungen Zarin aufgebracht und gaben ihrem Unmut in recht verschiedener Weise Ausdruck. Alles dies erregte die Kaiserin in höchstem Maße und versetzte sie in den Zustand einer gereizten Löwin, die ihr Junges bis zum äußersten verteidigt.

In den Kampf mit den Großfürsten wurden bald die Öffentlichkeit, die Armee und schließlich die breiten Volksmassen hineingezogen.

Aber nicht alle Großfürsten nahmen an dem Kampf teil. Die Vettern des Zaren, Kyrill, Boris und Andrei, Söhne des Großfürsten Wladimir, blieben abseits und ließen sich nicht in den Kampf verwickeln.

Ich behaupte nicht ohne Berechtigung, daß die Revolution, die zur Absetzung des Zaren führte, von oben her ersonnen war. Die Verwandten des Zaren waren die ersten, die in ihrem

Kampfe gegen Rasputin zu den Waffen griffen. Die Schüsse Jussupows und des Großfürsten Dimitrij Pawlowitsch trafen nicht nur Rasputin, sondern auch das Zarenpaar. Nicht lange brauchte man zu warten, und der Kampf wogte aus den Palästen auf die Straße hinaus.

Die Hoffnung der Mörder Rasputins, durch ihren Mord seinen Einfluß auszuschalten, ging nicht in Erfüllung. Nach seinem Tode wuchs der Einfluß Rasputins weiter. Vom Heiligenschein des Martyriums umgeben, wurde Rasputin in den Augen des Zaren und der Zarin nun wirklich zu einem Heiligen, und sie suchten mit allen Mitteln, auch nach seinem Tode seinen Ratschlägen zu folgen.

Die Zarin sammelte alle an sie und den Zaren gerichteten Briefe und Zettel Rasputins, wie auch alle seine Aufzeichnungen, und hob sie auf. Als sie nach dem Beginn der Februarrevolution ihre Sammlung gefährdet sah, übergab sie sie mir zur Aufbewahrung.

Rasputins Tod brachte den Kampf der Großfürsten gegen das Zarenpaar nicht zum Stillstand, sondern verschärfte ihn noch mehr. Es bildete sich eine förmliche Verschwörung, an deren Spitze der Schwiegervater Jussupows, Großfürst Alexander Michailowitsch, stand. Ihm schlossen sich alle Großfürsten bis auf die vorhin genannten drei Söhne des Großfürsten Wladimir an.

Man plante, den Zaren als geistesgestört zu erklären, die Zarin in ein Kloster zu verbannen und Nikolai Nikolajewitsch bis zur Großjährigkeit des Thronfolgers zum Regenten zu proklamieren. Doch dieser Plan wurde bald fallen gelassen; dafür tauchte ein neuer auf: danach sollte die Kaiserin-Witwe den Thron besteigen und der Großfürst Michael zum Thronfolger proklamiert werden.

Alle diese Pläne wurden so offen erörtert, daß die politische Polizei keine Mühe hatte, sie zu überwachen. Der häufige Briefwechsel zwischen den Großfürsten bestätigte die Verhandlungen. Die weiblichen Mitglieder des Zarenhauses nahmen an den Besprechungen auch einen sehr lebhaften Anteil, und diese Pläne bildeten in den Petersburger Salons das Tagesgespräch.

Der Zar war gut über die gegen ihn eingefädelte Verschwörung unterrichtet, unternahm aber nichts dagegen. Der Grund hierfür war der, daß Rasputin in seinem Brief vor dem Tode den Zaren gebeten hatte, die Mörder ungestraft zu lassen.

Der Wille Rasputins war dem Zaren heilig. Er beschränkte sich darauf, den Großfürsten Dimitrij Pawlowitsch an die Front zu kommandieren und Jussupow nach seinem Gute zu verbannen. Dies bestärkte die Großfürsten in ihrer Tätigkeit. Der Zar erhielt fast täglich von seinen Verwandten Briefe, in denen mit seiner Entthronung gedroht wurde. Der Riß zwischen dem Zarenpaar und seinen Verwandten wurde offensichtlich, und er hörte auf, sie zu empfangen.

Alexander Michailowitsch erschien einmal in Zarskoje Selo in Begleitung seiner beiden Söhne, die auch an der Ermordung Rasputins teilgenommen hatten. Die Zarin weigerte sich, ihn zu empfangen, gab aber schließlich seinen hartnäckigen Bitten nach. Sie fühlte sich an diesem Tage nicht wohl und empfing den Großfürsten in ihrem Schlafzimmer. Da man von seiten des Großfürsten einen ungebührlichen Auftritt befürchten konnte, blieb der Zar mit zwei Töchtern im Nebenzimmer.

Als Alexander Michailowitsch mit der Zarin in drohendem Tone zu sprechen begann, erschien der Zar im Schlafzimmer mit seinen Töchtern. Er war völlig ruhig und auf alles gefaßt. Der Großfürst geriet in große Verwirrung und stammelte nur, Protopopow müsse verabschiedet und das ganze Ministerkabinett durch ein neues ersetzt werden.

An diesem Tage gerade kam ich mit den Töchtern Rasputins in Zarskoje Selo angefahren, wo sie ihre Pelzmäntel in Empfang nehmen sollten. Die Mädchen begaben sich mit den jüngeren Zarentöchtern, Maria und Anastasia, in die Zimmer, die für die Großfürstin Elisabeth reserviert waren; ich aber begab mich in das Seraphim-Lazarett, das im Hofe untergebracht war. Bald erschien dort die Wyrubowa in furchtbarer Erregung und erzählte mir, was für eine Szene sich im Schlafzimmer der Zarin abgespielt hatte.

Ich führte die sehr erregten Töchter Rasputins heim und begab mich zu Protopopow. Er befahl eine telephonische Verbindung mit dem Zarenpalais und sprach ungefähr eine Stunde mit der Zarin in englischer Sprache. Er bestand auf energischen Maßnahmen gegen Alexander Michailowitsch, konnte aber die Zustimmung der Zarin nicht erlangen. Es wurde nur der strikte Befehl erteilt, keinen Großfürsten mehr zu empfangen.

Rasputin hatte die Gewohnheit, täglich um 10 Uhr früh telephonisch sich mit Zarskoje Selo in Verbindung zu setzen. Nach seinem Tode setzte Protopopow diese Telephongespräche fort. Er suchte in allem dem Beispiel Rasputins zu folgen. Da er aber über Rasputins Handlungen nicht so genau unterrichtet war wie ich, bat er mich, bei diesen Gesprächen zugegen zu sein, damit ich ihm gegebenenfalls entsprechende Hinweise geben könnte.

Der Haß der Großfürsten gegen den Zaren erlosch nicht einmal nach seiner Abdankung. Die Zarenfamilie blieb auch fernerhin völlig vereinsamt. Nur wenige Personen aus der engsten Umgebung blieben bis zum Ende der Zarenfamilie treu. Die Abdankung des Zaren schien den Großfürsten anfangs sogar vorteilhaft für sie selber. Sie waren damals überzeugt, daß die revolutionären Stimmungen sich bald legen würden und auf dem Throne die Dynastie der Romanows wiederhergestellt werden wird. Erst später mußten sie einsehen, wie sehr sie sich geirrt hatten.

Erläuterungen

Zu S. 226: Verfasser unterstreicht hier seinen Edelmut gegenüber den Kindern Rasputins. Daß er nicht allzu groß war, verraten die folgenden Zeilen, aber auch das Bekenntnis der Maria R. in ihrem Buch.

Zu S. 229 ff.: Die Geschäftstüchtigkeit des Simanowitsch erreicht hier einen nicht mehr zu überbietenden Höhepunkt: er läßt sogar Tote lebendig werden, um sich länger an der Macht zu erhalten! Ein übrigens im Osten nicht ganz neues Verfahren: man denke an die klassische Darstellung „Mjertwyje duschi" (Tote Seelen) N. Gogols (1842). Freilich haben es Russen nie zu einer derartigen Hochleistung des Betruges gebracht wie dieser Jude.

Zu S. 232: Die hier geschilderte Ernennung des Ministerpräsidenten stellt wiederum ein Kabinettstück jüdischer Politik dar. Man beachte, unter welchen Gesichtspunkten der höchste Beamte des Staates gewählt wird: er ist alt und gebrechlich, doch gehört er zur judenfreundlichen Gruppe, ist „ein sehr lieber Mensch", dazu kam dann noch die Freundschaft der beiden Mätressen.

Von irgendeinem Verantwortungsbewußtsein gegenüber dem Volk, dessen Gastfreundschaft der Jude genoß und das sich damals in höchster Not befand, ist auch nicht einmal die Rede.

Ob jemals im Laufe der Weltgeschichte der Leiter eines Großstaates leichtfertiger gewählt worden ist als hier?

Beachtenswert ist auch das Urteil über die Wyrubowa, jene Vertraute der Kaiserin, der Simanowitsch unendlich viel zu verdanken hat. Wie kalt und verächtlich spricht er über diese Frau, um zum Schluß des Kapitels unverhüllten jüdischen Hohn über sie zu ergießen!

Zu S. 236: Die fast unglaublich klingenden Mitteilungen über den Einfluß Rasputins nach seinem Tode werden durch andere Augenzeugen bestätigt, so u. a. durch Samuel Hoare, a. a. O. S. 135 ff.

10. Der Beginn des Chaos

Meine Abenteuer nach dem Sturz des Zaren

Nach dem Sturz der kaiserlichen Gewalt erschienen in meiner Wohnung Soldaten, suchten die ehemaligen Minister Protopopow und Stürmer, fanden niemand und gingen. Dann kam meine alte Freundin, Frau Tarchanowa, und teilte mir mit, daß Kerenski meine sofortige Abreise aus Petersburg fordert. Ich zog es vor zu bleiben, siedelte aber in ein bescheidenes Hotel über, dessen Besitzer mich kannte, und verbrachte dort ruhig zwei Tage, bis mich Soldaten entdeckten.

Ihr Anführer war ein junger Mann, in dem ich den Studenten Buchmann erkannte, der dank meiner Protektion in die juristische Fakultät aufgenommen worden war. Es stellte sich heraus, daß Buchmann sich freiwillig erboten hatte, mich ausfindig zu machen, da er mich persönlich kannte. Ich war im Hotel unter dem Namen Schiffmanowitsch angemeldet. Buchmann erkannte mich, zog seinen Revolver und erklärte mich für verhaftet.

„Was willst du von mir?" fragte ich.

„Sie wollten mich nicht in die medizinische Fakultät aufnehmen lassen", entgegnete er. „Ich kenne aber alle Ihre und Rasputins Machenschaften und erkläre Sie für verhaftet."

Mir blieb nichts anderes übrig, als mich meinem Schicksal zu ergeben. Auf einem Lastauto beförderte man mich in eine Kaserne. Dort erfuhr ich, daß Pitirim und Stürmer verhaftet und im Alexander-Newski-Kloster festgesetzt waren. Bald transportierte man auch mich dorthin.

Stürmer sah sehr besorgt und erschrocken aus. Vom Kloster überführte man uns in die Reichsduma, vor der sich eine große Menschenmenge versammelt hatte. Man hörte die Leute rufen: „Nun hat man den Metropoliten Pitirim und den Sekretär Rasputins, Simanowitsch, herbeigeschleppt."

Der junge Petersburger Rechtsanwaltsgehilfe Kannegießer nahm uns in Empfang. Man wußte nicht, wo uns unterzubringen, beschloß aber dann, uns in demselben Zimmer einzuschließen, in dem sich bereits alle Glieder des Ministerkabinetts befanden.

„Warum bin ich verhaftet?" fragte ich. „Sie wissen doch, daß ich mich ausschließlich mit der Erledigung jüdischer Angelegenheiten befaßt habe."

„Sie haben viele Leute ungesetzlich begünstigt", hieß die Antwort. „Darum werden Sie sich verantworten müssen."

Nach einigen Stunden wurde ich zu den Abgeordneten der Reichsduma Krupenski und Markow III beschieden. Dort fand ich meine ganze Familie und die Töchter Rasputins vor. Man hatte sie alle in meiner Wohnung verhaftet.

Sie erzählten, daß sie ähnlich wie ich von zwei Studenten verhaftet worden waren, die mir ihre Aufnahme in die Universität verdankten. Auf dem Tisch vor dem Abgeordneten Markow III erblickte ich alle meine Juwelen, die aus meinem feuersicheren Schrank genommen waren. Die Sachen hatten einen ungeheuren Wert. Die beiden Abgeordneten der Duma erklärten, die Juwelen seien beschlagnahmt. Mein Sohn Semjon verlangte die Aufstellung einer Beschreibung der Kostbarkeiten, wurde aber aus dem Zimmer hinausgeworfen. Dann führte man auch mich ab. Was aus meinen Juwelen geworden ist, weiß ich nicht, doch ich vermute, daß sie in den Taschen der beiden Abgeordneten verblieben sind.

Nachts wurde ich verhört, und man überschüttete mich mit Fragen über die Tätigkeit Rasputins und über das Leben des Zarenpaares. Ich vermied es, erschöpfende Antworten zu geben, und erklärte, ich sei nur ein einfacher Hofjuwelier gewesen und habe dank dieser Stellung nur selten meinen Glaubensgenossen helfen können.

Morgens wurde meine Familie freigelassen. Der Rechtsanwalt Sliosberg legte bei Kerenski gegen meine Verhaftung Beschwerde ein und wies darauf hin, daß ich nur als Zeuge vernommen werden könne. Auf Kerenskis Befehl wurde ich aus dem Zimmer der verhafteten Minister in eine Loge im Sitzungssaal der Reichsduma gebracht.

Im Saale herrschte eine furchtbare Unordnung. Alles schrie und stritt miteinander. Sliosberg ließ mir durch seinen Sohn mitteilen, ich solle um mein Schicksal nicht besorgt sein, da die Juden einen Weg finden würden, mir jetzt zu helfen. Ich unterzeichnete das von ihm an Kerenski aufgesetzte Telegramm, in dem gesagt war, ich hätte mich nur mit jüdischen Angelegenheiten befaßt und keine Ungesetzlichkeiten begangen. Der Dumaabgeordnete Gelowani hatte mich früher einmal eingeladen und gebeten, seinen Freund, den Rechtsanwalt Perewersew, von der Beobachtung der Polizeiagenten zu befreien. Mir gelang die Erfüllung dieses Wunsches, und ich rechnete damit, daß der nahe Freund Gelowanis Kerenski meine Bitte jetzt erfüllen würde.

Kerenski fand meine Klage berechtigt. Doch im selben Moment, als mir diese Mitteilung zuging, fuhr an der Duma eine Marineabteilung mit dem Großfürsten Kyrill an der Spitze vor, um der provisorischen Regierung ihre Loyalität zu bezeugen. Der Dumapräsident Rodsjanko trat zu ihnen hinaus, sehr feierlich begrüßt. Der Abgeordnete Tschheidze sprang auf einen Tisch und hielt eine mit Begeisterung aufgenommene Ansprache. Aus der ganzen Rede habe ich nur die Worte behalten: „Bürger, Ihr erinnert Euch, daß hier auf der Straße ein Schutzmann gestanden hat. Ihr und ich, wir alle haben ihn gefürchtet. Nikolaus II. war ein Kaiser von Gottes Gnaden; wir aber haben ihn abgesetzt. Hurra!" Die verhafteten Polizisten und Gendarmen, die sich auch in der Loge der Reichsduma befanden, protestierten laut gegen Tschheidzes Auslassungen. Einige warfen sogar mit leeren Flaschen und Konservenbüchsen nach ihm. Ich schloß mich auch diesem Protest an. Man hielt mich für den Anstifter und brachte mich nach der Peter-Pauls-Festung. Die übrigen Verhafteten wurden in das Gefängnis Kresty übergeführt. Meine Söhne wandten sich an bekannte jüdische Politiker, **die eine große Rolle in der revolutionären Bewegung spielten**. Sie waren nicht sehr geneigt, sich meiner anzunehmen, da ihnen nicht daran gelegen war, daß ihre früheren Beziehungen zu mir zur allgemeinen Kenntnis gelangten. Trotzdem konnten sie mir aber doch ihren Beistand nicht verweigern, und ich wurde aus der Festung ins Gefängnis Kresty übergeführt, wo die Behandlung besser war und mir bald verschiedene Milderungen zur Verfügung standen.

Der Justizminister Perewersew besuchte mich im Gefängnis. Er gab mir zu verstehen, daß ich während der Zarenherrschaft sehr leicht imstande gewesen wäre, ein Riesenvermögen zu erwerben. Er habe die Anklage gegen mich noch nicht formulieren können, werde es aber in den nächsten Tagen tun. Danach kam Rechtsanwalt Feitelsohn zu mir und erbot sich, meine Überführung ins Petersburger Arresthaus durchzusetzen.

„Wir werden dann ihre Frau verhaften", sagte er. „Sie wird als Geisel gelten. Im Arresthaus werden Sie sich ziemlich frei bewegen können. Wir werden Sie nicht einmal in die Listen der Häftlinge eintragen. Ihre Verhaftung motivieren wir offiziell mit Ihrer Flucht aus den Kresty."

Der Plan war gut. Nachdem meine Frau sich einverstanden erklärt hatte, nahm ich ihn an. Ich verlangte die Rückgabe der beschlagnahmten Juwelen, doch fanden sie sich nicht wieder. Im Arresthaus knüpfte ich Bekanntschaften zwecks meiner Freilassung an. Wir einigten uns darauf, daß ich dafür zweihunderttausend Rubel bezahlen sollte. Das Geld wurde Perewersew ausgehändigt. Ich war frei. Ich erklärte schriftlich, Petersburg sofort verlassen zu wollen. Diese Verpflichtung erfüllte ich jedoch nicht.

Bald darauf wurde eine Bestimmung herausgegeben, durch die die Mitglieder des Zarenhauses, die Großfürsten, die Hofleute und andere dem Hof nahestehende Personen vor weiteren Verfolgungen bewahrt bleiben sollten. Ich gehörte auch zu jenen. Doch blieb meine Ausweisung aus Petersburg noch in Kraft. Für die Aufhebung dieser Verfügung mußte ich meinem Rechtsanwalt noch vierzigtausend Rubel zahlen. Dieses Geld verlangte „für seine Bemühungen" Sokolow, der damals Mitglied des Petersburger Arbeiterrats war.

Die Flucht nach Kiew / Der Jude als Feldherr

Nach der bolschewistischen Umwälzung fühlte ich mich in Petersburg nicht mehr sicher. Daher reiste ich mit den Meinen zuerst nach Moskau und siedelte von dort nach Kiew über, als die Hetmanregierung in der Ukraine proklamiert worden war. Um diese Reise ohne Risiko ausführen zu können, mußte ich zu einer List greifen. Ich täuschte einen Armbruch vor und ließ mir einen Verband anlegen, an dem ein Zettel befestigt wurde, daß der Verband erst an einem bestimmten Tage abgenommen werden darf. Außerdem besaß ich ein ärztliches Attest, welches den Armbruch bestätigte. In dem Verband hatte ich tausend Karat Brillanten und eine Million Rubel in bar versteckt. Es gelang mir, in den Zug hineinzuschlüpfen, der die ukrainischen Invaliden nach Hause brachte. Wohlbehalten gelangte ich bis nach Charkow.

Von dort begab ich mich nach Kiew, wo mein schlimmster Feind, der Abgeordnete der Reichsduma und Mörder Rasputins, Purischkewitsch, sich befand. Die ihm nahestehenden Brüder Akazatow erteilten mir die Warnung, daß er mich umbringen wolle. Ich bat den Befehlshaber der Nordarmee, den Grafen Keller, mit dem ich in Petersburg gute Beziehungen unterhalten hatte, mich zu schützen. Er beruhigte mich, gab mir eine militärische Bewachung und riet mir, mich an den Vetter des (Hetmans) Skoropadski, an den General Wsewoloschski, zu wenden, der damals eine Abteilung der Nordarmee befehligte.

Der General versprach mir sehr freundlich, mich gegen Purischkewitsch zu schützen, und machte mir den Vorschlag, in seine Abteilung einzutreten. Auf Purischkewitsch sah Wsewoloschski recht scheel. Er konnte ihm nicht verzeihen, daß er, obwohl Monarchist, es gewagt hatte, in der Angelegenheit Rasputins gegen den Zaren aufzutreten.

General Wsewoloschski vertrat die Ansicht, an der Spitze der Weißen Armee müsse einer der Großfürsten stehen; dadurch würde das Prestige der Monarchie gehoben werden. Er schlug den Großfürsten Andrei Wladimirowitsch vor. Doch General Denikin war damit nicht einverstanden. Er ließ Wsewoloschski verhaften und ausweisen. Erst nach der Niederlage Denikins gelang es Wsewoloschski, in der Armee des (Generals) Wrangel unterzukommen.

Während eines Festessens im Restaurant Rots erzählte mir Wsewoloschski, daß die Nordarmee sich völlig von den übrigen Teilen der freiwilligen Armee getrennt habe. Sie sorge besonders für die militärische Disziplin und lasse keine Judenpogrome und Raubüberfälle zu, während die südliche Abteilung, bei der sich auch Purischkewitsch befand, sich damit allein beschäftige. Dadurch aber leide die Nordarmee sehr unter materiellem Mangel. General Wsewoloschski forderte mich auf, für die Aufbringung von Mitteln für die Nordarmee zu sorgen. Dafür versprach er, auch in Zukunft dafür zu sorgen, daß im Bereich seiner Armee keine Räubereien und Pogrome stattfinden.

Dieses Angebot kam sehr gelegen. Wir befürchteten sehr Pogrome. Kiew war in diesen Tagen Sammelplatz aller reaktionärer Elemente, die an den Juden für die Revolution Rache üben wollten.

Für den Unterhalt der Nordarmee waren sehr große Mittel erforderlich. Daher schlug ich vor, in Kiew unter dem Schutze des Befehlshabers der Nordarmee ein (Spiel-) Kasino zu eröffnen. Zum Kiewer Stadthaupt wurde der ehemalige Gehilfe des Chefs der Moskauer Kriminalpolizei, Marschalk, ernannt, der unser Mann war. Dadurch hatten wir mit der Polizei überhaupt keine Schwierigkeiten mehr.

Das Kasino warf täglich etwa zehntausend englische Pfund an Einnahmen ab. Die als Administratoren tätigen Offiziere sorgten für Ordnung und Ruhe in den Spielsälen.

Die Abteilung war jetzt finanziell sichergestellt. Wir konnten außerdem vielen Flüchtlingen Hilfe bringen, verteilten Mittagessen und Geldunterstützungen.

Überdies veranstaltete ich eine Sammlung unter den reichen Flüchtlingen, die sechs Millionen Rubel einbrachte.

Als in Kiew eine Aushebung für die Armee stattfand, wurden die Juden für die Nordarmee bestimmt, die sich an den militärischen Operationen nicht beteiligte und die die Bewachung der Städte und den Schutz der jüdischen Bevölkerung gegen Pogrome übernahm.
Eines Tages erschien bei mir Beljajew, derselbe, der die Verbrennung von Rasputins Leichnam vorgenommen hatte. Er teilte mir als Geheimnis mit, daß er Kommandeur der Tscherkessen in Kiew sei. Zwei Offiziere der südlichen Weißen Armee mit Purischkewitsch an der Spitze wollten einen Judenpogrom veranstalten und hätten ihn gebeten, sie nicht daran zu hindern. Andere Offiziere der Abteilung, darunter Bermond-Awalow und der politische Berater der Abteilung, Tugan-Baranowski, seien gegen den Pogrom. Ich nahm mit Tugan-Baranowski Rücksprache, und er erklärte mir:
„Sie verfügen ja selber über bewaffnete Leute. Sie können Purischkewitsch entgegentreten."
Im Einverständnis mit dem Grafen Keller und Wsewoloschski sandte ich zweihundert bewaffnete Leute in den Vorort Podol, der vorwiegend von Juden bewohnt war und dem besonders Gefahr drohte. Diese Abteilung bestand aus Juden, und nur der Kommandeur war Christ.
Inzwischen ließ Purischkewitsch bereits Aufforderungen zum Pogrom in den Straßen ankleben. General Wsewoloschski befahl, sie zu entfernen. Ich sorgte für eine ununterbrochene Zufuhr der Lebensmittel, und es gelang mir, den Pogrom zu verhindern. Die Pogromhetze wurde verboten und Purischkewitsch nahegelegt, die Stadt in drei Tagen zu verlassen.
Die Lage war sehr unübersichtlich. Die zum Schutz der jüdischen Bevölkerung entsandte Abteilung blieb ohne Ablösung. Bald darauf fiel Skoropadski. Die Stadt wurde von den Banden Petljuras besetzt, und ich floh mit meinen Söhnen nach Odessa. Ein Teil der Nordarmee wurde gleichfalls über Nikolajew nach Odessa dirigiert.
Als es sich herausstellte, daß man die Stadt nicht mehr gegen die Banden Petljuras halten konnte, erschien Graf Keller im

Stabsquartier der Nordarmee und schlug vor, nach dem Kubangebiet durchzubrechen. Sein Stab folgte ihm. Die Geldmittel der Abteilung waren in Koffer eingepackt, die die Offiziere auf ihren Gewehren trugen. Die Abteilung war schon bereit zum Marsch und erwartete nur noch die Ankunft der Abteilung des Hauptmanns Tschagin.
Die Vorhut der Petljura-Anhänger zog bereits in die Stadt (Kiew) ein. Sie bewegte sich durch die Funduklejewskajastraße zum Kreschtschatik. Anfangs erkannte man nicht, mit wem man es zu tun hatte. Dem General Keller wurde nur gemeldet, durch die Stadt bewege sich eine Bande, die einen Pogrom veranstalten wolle. Er gab den Befehl, gegen die Banditen Maschinengewehrfeuer zu eröffnen. Doch die Bande erwies sich als ein Teil der Armee Petljuras. Graf Keller begriff, daß er die Zeit für einen Rückzug versäumt hatte, und erteilte deshalb seinen Offizieren und Mannschaften den Befehl, sich in der Stadt zu zerstreuen. Er selbst begab sich mit seinem Adjutanten und dem Geldschatz ins Michaelkloster. Als man ihm vorschlug, eine deutsche Uniform anzulegen und mit den deutschen Truppen Kiew zu verlassen, lehnte es Graf Keller ab, sich von seiner russischen Uniform zu trennen. Die Ukrainer umzingelten und verhafteten ihn, er wurde am Chmielnitzki-Denkmal zusammen mit seinem Adjutanten erschossen; auch den Geldschatz der Nordarmee nahmen sie an sich.

Unruhen in Odessa

Während meiner Flucht nach Odessa befand ich mich in Gesellschaft des Generals Wsewoloschski und seines Stabschefs Dobrynski. Odessa wurde bewacht durch Freiwillige des Generals Grischin-Almasow.
Ich stieg im Hotel Viktoria ab. Die Offiziere der Nordarmee lebten im Kommerz-Hotel. Ich führte ziemlich bedeutende Geldsummen bei mir, denn nur mit Geld war überhaupt etwas zu erreichen.

In der Stadt wurde es ruchbar, daß ich viel verausgabte. Eines Tages klopfte es an meine Tür. Zwei mit Handgranaten bewaffnete Männer brachen in das Zimmer ein und überreichten mir einen Brief des berühmten Räubers Mischka Japontschik, der damals Odessa an der Spitze einer großen Bande terrorisierte. Der Bandit forderte fünfzehntausend Rubel von mir.

„Hört mal", sagte ich zu den Räubern, „Ihr habt Euch vergeblich bemüht. Ich bin einer von den Euren. Laßt doch lieber Mischka zu mir kommen, und wir wollen bei einem Glase Wein die Sache ruhig besprechen. Rschewski und Beljajew, die Ihr gut kennt, sind meine guten Freunde, und wir könnten gemeinsam ein gutes Geschäftchen einfädeln."

Erstaunt darüber, daß mir die Beziehungen ihres Häuptlings Japontschik zu den Vertrauten des Generals Grischin-Almasow, Rschewski und Beljajew, bekannt waren, verflüchtigten sich die Räuber, nachdem jeder von ihnen dreihundert ukrainische Rubel von mir erhalten hatte.

Im Kabarett der jüdischen Schauspieler, das mein guter Bekannter Fischsohn unterhielt, traf ich mit Rschewski und Beljajew zusammen. Scheinbar waren sie miteinander befreundet. Ich beschloß, mich mit ihnen anzufreunden, da ich im gegenteiligen Falle mich nicht mehr in Odessa sicher fühlen konnte. Wir tranken sehr viel.

Während eines Gespräches flüsterte mir Beljajew zu: „Du! Simanowitsch! Fürchte dich nicht! Wenn wir von hier weggehen, wird eine Schießerei entstehen. Es besteht aber für dich keine Gefahr."

Als das Abendessen beendet war, wollte Rschewski nicht zu Fuß gehen. Er nahm eine Droschke und verabschiedete sich von uns freundschaftlich. Während er sich in die Droschke setzte, zog Beljajew seinen Revolver und erschoß ihn. Rschewski schrie nicht einmal auf.

Ich fragte Beljajew: „Weshalb hast du ihn erschossen?"

„Ich habe ihn dafür getötet", antwortete er, „weil er eine Verschwörung gegen Rasputin eingeleitet hat."

Das war nur eine Ausrede. Beljajew hatte mit Rschewski ganz andere Sachen abzurechnen. Rschewski stützte Japontschik, mit dem Beljajew irgendwelche Differenzen hatte.

Die Ermordung Rschewskis, des Beschützers von Japontschik, brachte den Räuberhauptmann in Raserei. Er erfuhr, daß Beljajew mit mir und Rschewski zusammen im Kabarett Fischsohns gespeist hatte, und schickte zwei Leute dahin, die mit der Frage an mich herantraten: ob ich nicht wisse, wo Beljajew sei. Ich, nichts Böses erwartend, wies auf ihn hin. Die Ankömmlinge dankten mir und baten Beljajew unter irgendeinem Vorwand auf die Straße hinaus, wo sie ihn durch zwei Schüsse niederstreckten.

Während des Krieges war Beljajew wegen irgendeines Vergehens mit seinem Bruder zu einer Zuchthausstrafe verurteilt worden. Seine Mutter wandte sich an Rasputin und erwirkte die Begnadigung beim Zaren. In Petersburg besuchte Beljajew Rasputin, der sich wohlwollend zu ihm verhielt.

Zu jener Zeit war Beljajew Mitarbeiter der (Zeitung) „Nowoje Wremja". Nach Ausbruch der Revolution wurde er verhaftet und in den Kresty untergebracht. Hier traf ich mit ihm zusammen. Sein Kopf war verbunden, auch an den Armen hatte er Verletzungen und Verbände. Er erzählte, er wäre in Moskau verhaftet, wäre aber bei einem Fluchtversuch sehr mißhandelt worden.

Die Verhaftung Beljajews in Moskau spielte sich folgendermaßen ab: In den ersten Tagen der Revolution war er mit einer Haussuchung in der Wohnung Stürmers beauftragt worden. Dabei fand er Juwelen, die er sich aneignete. Darüber erstattete der Sohn Stürmers Anzeige, und gegen Beljajew wurde ein Haftbefehl erlassen. Vorher hatte Beljajew das aus Rasputins Grab entwendete Heiligenbild mit den Unterschriften der Zarenfamilie für vierzigtausend Rubel verkauft. Da er von Stürmers Anzeige nichts wußte, glaubte er wegen dieses Verkaufs verhaftet worden zu sein und gestand freiwillig die ganze Geschichte. Darum wurde gegen ihn ein zweites Verfahren wegen Unterschlagung des Heiligenbildes eingeleitet.

Das Heiligenbild wurde bei seiner Käuferin, Katharina Reschetnikowa, gefunden und Kerenski übergeben. Das weitere Schicksal des Heiligenbildes ist nicht bekannt.

Die letzte Etappe: Noworossijsk
(Der Jude als Held)

Irgendwie kam es dazu, daß ich in Odessa mit dem Fürsten Nischeradse, dem General Wsewoloschski und dem ehemaligen Gehilfen des Moskauer Stadthauptes, General Markow (Model), zu Mittag speiste. Plötzlich erblickte ich meinen Feind Purischkewitsch. Ich sprang auf und zog meinen Revolver. Nischeradse erklärte Purischkewitsch, er werde ihn niederstrecken, wenn er mich nur anrührt. Purischkewitsch antwortete, er habe nicht nur keine Angriffsabsichten gegen mich, sondern wünsche sogar mit mir Frieden zu schließen.

Kurz vor der Räumung Odessas stellte mir General Markow fünfzig Plätze auf dem Dampfer „Produgol" zur Verfügung. Mit zwanzig bewaffneten Offizieren begab ich mich in einer Barkasse auf die Suche nach dem Dampfer. Das Schiff war überfüllt mit russischen Monarchisten, Polizeibeamten und Gendarmen. Die Waffen meiner Begleiter veranlaßten jene, uns freundlich zu empfangen. Einige junge Offiziere und Polizisten wollten auf dem Dampfer einen Judenpogrom anstiften. Ich hatte auch drei von meinen Söhnen mit und war in großer Aufregung. Doch die Offiziere der Nordarmee, die mich begleiteten, beruhigten mich und erklärten, uns verteidigen zu wollen.

Bereits hörte man Rufe: „Haut die Juden!" Wir waren die einzigen Juden auf dem Dampfer. Ich rief meine ganze Abteilung von zwanzig Mann auf Deck.

Zu unserer Verwunderung sahen wir nun, daß die erregte Menge die bekannten Journalisten Efimow, Lutuchin und Bontsch-Brujewitsch umringte und mit dem Tode bedrohte. Die beiden ersten hielten sie für Juden, den letzteren aber, einen Bruder des bekannten Bolschewikenführers, für einen bolschewistischen Agenten. Die ersten beschloß man, ins Meer zu werfen, Bontsch-Brujewitsch aber zu erschießen.

Ich klärte das Mißverständnis auf. Die Offiziere entschuldigten sich bei den Journalisten. Doch blieb das Schicksal Bontsch-Brujewitschs unentschieden. Ich erkundigte mich bei ihm, ob er Geld bei sich habe. Es fanden sich bei ihm ungefähr zweitausend englische Pfund, und er erklärte sich bereit, sie für seine Rettung zu opfern. Wir verteilten unter die Offiziere und Polizisten dreitausend französische Franken und fünfhundert englische Pfund; dadurch gelang es, ihren Sinn zu ändern. Man beschloß, auf die Erschießung Bontsch-Brujewitschs zu verzichten, ihn aber nach Ankunft in Noworossijsk den Agenten des Generals Denikin zu übergeben.

Die Auslieferung Bontsch-Brujewitschs wurde General Markow anvertraut, der ihn jedoch in Noworossijsk nicht frei ließ. Vielmehr teilte er dem Kommandanten der Stadt mit, daß die auf dem Dampfer „Produgol" reisenden Offiziere und Polizeibeamten Waren mit sich führten, die sie aus den Odessaer Lagerhäusern der Denikinschen Armee entwendet hätten. Eine Durchsuchung bestätigte diese Angabe, und die Schuldigen wurden verhaftet.

In Noworossijsk traf der bekannte General Schkuro ein. Er galt noch als Armeekommandierender, obwohl seine Armee nicht mehr existierte. Ihn begleiteten nur die rumänische Kapelle Gulesko und ein Zigeunerchor. Von der ganzen Armee waren lediglich zwei Trompeter übriggeblieben

Die Bürgerschaft veranstaltete zu Ehren Schkuros ein Festessen. Er sprach die Bitte aus, ihm zweihundert Millionen Rubel zur Bildung einer neuen antibolschewistischen Armee zu geben. Bei den reichen Kaufleuten und Finanziers fand dieser Wunsch eine günstige Aufnahme, und sie erklärten sich bereit, diese Summe zu sammeln. Der etwas angeheiterte General ließ aber eine unvorsichtige Äußerung fallen. Er klagte über die Undankbarkeit der Kosaken: Nachdem er ihnen erlaubt hatte, die Zivilbevölke-

rung zu plündern, hätten sie sich derart bereichert, daß sie jede Lust, Krieg gegen die Bolschewiken zu führen, verloren und sich in ihre Dörfer zerstreuten; nur die rumänische Kapelle und der Zigeunerchor seien ihm treu geblieben.
Diese Erzählung wirkte wie eine kalte Dusche, und von einer Geldsammlung konnte schon keine Rede mehr sein.
Darauf traf in Noworossijsk der General Mamontow ein, mit Ruhm bedeckt durch seine Kämpfe mit den Bolschewiken. Mir gelang es, mich mit ihm anzufreunden. Mamontow erzählte mir, er hätte von seinen Feldzügen viel Geld mitgebracht, doch sei es ihm unerwünscht, daß die Leute das erfahren. Er bat mich, bei den Kiewer Zuckerindustriellen das mitgebrachte Geld in Brillanten einzutauschen; sie brauchten Geld, und so würden sie ihre Brillanten gern umsetzen. Mamontow vertraute mir einige Millionen Rubel an.
Das Geld versteckte ich im Laden meines Bekannten Feldmann und begann Brillanten aufzukaufen. Mamontow überredete selbst die Zuckerfabrikanten, ihre Brillanten zu veräußern, und schickte sie zu mir.
Mamontow erklärte mir, er wünsche es nicht, daß seine Kameraden etwas von seinem Gelde erführen. Eigentlich hätte dieses Geld zwischen ihm und seinen Mitkämpfern geteilt werden sollen. Weiter erfuhr ich, daß er aus Kursk einen ganzen Eisenbahnwaggon mit goldenen und silbernen Meßgewändern, auch zwei Kisten mit Gold mitgebracht habe. Seine Truppen nahmen die Wertsachen aus den Kirchen und von Privatleuten mit, damit sie nicht in die Hände der Bolschewiken fallen. Mamontow wollte nicht mit seinen Leuten teilen und erregte damit große Unzufriedenheit.
Unglücklicherweise wurde es bald in der Stadt bekannt, daß ich Brillanten und Wertsachen aufkaufe. Unerwartet erschienen bei mir zwei Offiziere aus der Abteilung Mamontows und verlangten die Herausgabe aller Wertsachen, da sie Eigentum der Zarenfamilie seien. Ich weigerte mich, sie aber versuchten sie mir gewaltsam abzunehmen. In der Verteidigung entriß ich einem der Offiziere den Revolver und schlug ihn auf den Kopf.

Auf den Lärm hin erschien aus dem Nebenzimmer meine Bewachung und verprügelte die Angreifer tüchtig. Wir riefen den Stadtkommandanten, der sie verhaftete. Mamontow hielt es für richtig, zu meiner Rechtfertigung die Behörden über den wahren Sachverhalt aufzuklären, und entschuldigte sich wegen des Betragens seiner Untergebenen.

Eines Tages besuchte mich mein alter Bekannter Skworzow, der frühere Herausgeber des reaktionären Blättchens „Kolokol". In Petersburg hatte er sich mit antisemitischer Propaganda beschäftigt und wollte sie hier wieder aufnehmen. Auf meine Frage erklärte er offen, er wolle damit Geld verdienen. Nach einigem Hin- und Herhandeln schlossen wir damit, daß ich ihm zehntausend Rubel zahle und er auf sein Hervortreten verzichtet. Nachdem er den Betrag erhalten, warnte er mich vertraulich vor Purischkewitsch, der sich ebenfalls in Noworossijsk aufhielt.

Purischkewitsch hatte eine Broschüre unter dem Titel „Die Ermordung Rasputins" veröffentlicht und verkaufte sie für fünfzehn Rubel das Stück. Tausend Exemplare ließ er in einem Varieté zum Verkauf zurück. Als er dahin kam, um das eingegangene Geld zu erheben, und erfuhr, daß ich den Verkauf der Broschüre verhindert hatte, geriet er in Wut und beschloß, an mir Rache zu nehmen. Zu diesem Zweck versammelte er seine Anhänger bei sich und schlug ihnen vor, mich totzuschlagen. Unter den Geladenen befand sich auch mein guter Bekannter, der junge Fürst Dadeschkiliani, der mich informierte. Daraufhin verließ ich das Hotel nur noch mit einem stark bewaffneten Gefolge. Einmal überfiel mich auf der Straße irgendeine Bande. Wir verteidigten uns, worauf einer der Angreifer getötet wurde, die anderen aber entflohen.

Ich beschwere mich bei den Behörden, mit denen ich auf gutem Fuße stand. Die Folge war, daß Purischkewitsch ausgewiesen wurde. Einen Monat später tauchte er wieder auf und kündigte einen öffentlichen Vortrag an. Überzeugt, daß dieser Vortrag einen antisemitischen Charakter tragen würde, beschloß ich, ihn zu verhindern. Der Matrose Batkin war in den ersten

Wochen nach Ausbruch der Revolution durch seine agitatorischen Reden sehr populär geworden. Ich machte ihm daher den Vorschlag, seinerseits auch einen öffentlichen Vortrag zu halten. Batkin, der gern in Versammlungen sprach, trat unmittelbar vor Purischkewitsch sehr scharf gegen diesen hervor. Als dieser nun reden wollte, hatte ich meine Freunde um mich versammelt, und wir empfingen ihn sehr feindselig. Mit allen möglichen Gegenständen beworfen, kam er überhaupt nicht zu Worte.

Am anderen Tage erschien Purischkewitsch in Begleitung zweier Offiziere bei mir, offenbar in der Absicht, mit mir Schluß zu machen. Es gelang mir aber, durch die Hintertür zu entweichen und mich zu dem befreundeten Stadtkommandanten zu retten. Auf seinen Befehl wurde Purischkewitsch verhaftet und aus der Stadt ausgewiesen.

Nach einiger Zeit kehrte er nochmals in die Stadt zurück, erkrankte aber am Typhus und kam in einem Lazarett unter. Zufällig befand sich mein Sohn, der ebenfalls Typhus hatte, in demselben Lazarett; doch dachte jetzt keiner mehr an die alten Feindseligkeiten.

Das ärztliche Personal des Lazaretts bestand ausschließlich aus Juden. Die Aufnahme Purischkewitschs rief daher viel Gerede hervor.

Die monarchistisch gesinnten barmherzigen Schwestern betrachteten Purischkewitsch wegen seines Anschlusses an die Revolutionäre nach der Abdankung des Zaren als Verräter. Man hörte im Lazarett Äußerungen: es lohne nicht, sich seinetwegen Mühe zu geben. Doch sein starker Organismus überwand trotzdem die Krankheit, und er befand sich bereits auf dem Wege der Genesung. Man erzählt sich, zwei Krankenschwestern hätten ihm während eines Anfalls kalten Sekt zu trinken gegeben, wonach er bald verstarb.

Ich muß gestehen, daß ich die Nachricht von seinem Tode mit dem Gefühl großer Erleichterung aufnahm. Eines schönen Tages hätte er mich doch umbringen können.

Das Ende der Zarenfamilie

Der märchenhafte Aufstieg eines sibirischen Bauern könnte als Wunderbeweis jener geheimnisvollen Mächte erscheinen, die über den Schicksalen der Menschen walten. Man sucht nach einer Erklärung dieser Erscheinung, doch muß schließlich die Gegenstandslosigkeit aller dieser Erklärungen zugegeben werden, da dieser Vorfall einzigartig dasteht in der Geschichte.

Das Schicksal der Zarenfamilie ist durch irgendwelche unsichtbaren Fäden mit dem Schicksal Rasputins verknüpft.

Wenn der Zar Rasputin über das Leben auf seinem Dorfe ausfragte, pflegte er zu antworten, der Zar werde sein Heimatdorf noch mit eigenen Augen sehen. Dabei interessierte sich zwar die Zarenfamilie stark für die Heimat Rasputins, dachte aber nie daran, eine Reise dorthin zu unternehmen.

Das Schicksal wollte es aber, daß die Zarenfamilie gerade nach der unweit vom Dorfe Pokrowskoje belegenen Stadt Tobolsk verbannt wurde. In Rußland gibt es Städte genug, doch fiel die Wahl der zeitweiligen Regierung ausgerechnet auf Tobolsk.

Und als der Zar später von Tobolsk nach Jekaterinburg gebracht wurde, führte sein Weg durch das Dorf Pokrowskoje. Vor dem Hause Rasputins hielt das Fuhrwerk des Kaisers an, und das geschah nicht etwa auf seinen Wunsch, sondern ganz zufällig. Die begleitende militärische Wache verweigerte dem Zaren die Erlaubnis, das Haus Rasputins sich anzusehen, aber dessen Hinterbliebene begrüßten ihn.

Noch merkwürdiger erscheint es, daß es ein Verwandter des Zaren, der Gatte seiner Nichte Irene, Fürst Jussupow, war, der Rasputin im Jahre 1916 in sein Haus lockte, um ihn zu ermorden. Zwei Jahre später ging die Zarenfamilie in ebenso scheußlicher Weise unter, und die Leichen wurden ebenso verbrannt wie die Leiche Rasputins.

Trotz seines unordentlichen Lebenswandels war Rasputin ein fürsorglicher Vater. Seinem Sohne Dimitrij konnte er eine gute Bildung nicht mehr zuteil werden lassen, seinen beiden Töchtern aber bemühte er sich, eine städtische Erziehung zu geben. Sie lernten in einer der besten Mädchenschulen Petersburgs und wurden zu Hause sehr streng erzogen. Die ältere Tochter, Marja, die jetzt in Paris lebt, ist ihrem Vater sehr ähnlich. Sie hat von ihm das leicht entflammbare Herz geerbt, ein Wesenszug, den seine Feinde für ihre Zwecke auszuschlachten suchten.

Es war für Fremde sehr schwer, sich Rasputin zu nähern. Während seiner Empfangsstunden konnte ihn jeder aufsuchen, doch nur sehr wenige wurden als seine Gäste empfangen. Darum bemühten sich die Leute, die sich ihm nähern wollten, mit Marja bekannt zu werden und auf diese Weise in sein Heim einzudringen. Das junge Mädchen, obwohl keine Schönheit, doch sympathisch und anmutig, lebte damals noch sein eigenes naives und traumhaft jungfräuliches Dasein.

Sie freundete sich eng mit den Töchtern des Zaren an, die trotz ihres hohen Standes und einer strengen Hofetikette überaus einfach und anspruchslos waren. Zum engen Kreise der Zarenfamilie gehörten nur wenige Personen; sie führten ein äußerst eintöniges, von der großen Welt entferntes Leben. Ihr Gesichtskreis war durch die Mauern des Palais von Zarskoje Selo beschränkt. Lesen durften sie nur Bücher, die speziell für sie ausgesucht waren und nicht die geringsten Bedenken erregen konnten. Marja (Rasputin) erschien ihnen wie ein Wesen aus einer anderen Welt. Sie sah viele interessante Menschen und genoß eine relative Bewegungsfreiheit. Ihre Erzählungen hatten für die Zarentöchter irgendeine besondere Anziehungskraft, und sie verstand es, mit besonderer Hingabe ihre Mädchenträume wiederzugeben. Daher wurden ihre Besuche in Zarskoje Selo mit besonderer Ungeduld erwartet. Die Eindrücke des Lebens und die Erlebnisse einer einfachen Schülerin erschienen den kaiserlichen Töchtern als ganz unerreichbares Glück.

Das Zarenpaar unterstützte diese Freundschaft, und die Töchter Rasputins fühlten sich im Schlosse wie zu Hause.

Der erste junge Mann, der das Herz Marjas gewann, war der Reporter Davidsohn. Er suchte in Wahrheit nur nach Stoff für Sensationsartikel. Rasputin, der ihn durchschaute, erlaubte ihm nicht, Marja zu besuchen. Davidsohn erfuhr jedoch von den Anschlägen Iliodors gegen Rasputin. Er war jener Journalist, der das Attentat der Gussewa aus der Nähe mitansehen wollte. Er reiste 1914 am gleichen Tage, als Rasputin mit seinen Töchtern nach Pokrowskoje abfuhr. In Pokrowskoje wurde die Bekanntschaft erweitert. Davidsohn konnte als erster die Nachricht über das von der Gussewa veranstaltete Attentat bekanntgeben.

Vom zweiten Verehrer Marjas, dem Armenier Pchakadse, war bereits früher die Rede. Er verstand es, Rasputins Vertrauen zu erwerben, und erst sein Attentat entlarvte ihn. Nach diesem Attentat gelang es Pchakadse durch die Wyrubowa, bei der Zarin eine Audienz zu erbitten: durch ein volles Geständnis hoffte er, seine Schuld zu tilgen. Auf den Wunsch der Zarin wurde gegen ihn kein Gerichtsverfahren eingeleitet.

Nach dem Tode Rasputins heiratete Marja einen Leutnant Solowjow.

Er war bekannt mit Rasputin und gab sich als dessen Anhänger aus. Doch wollte er tatsächlich durch seine Heirat mit Marja nur seine eigenen Ziele erreichen. Die kaiserliche Familie war damals bereits nach Tobolsk verbannt worden. Solowjow wußte, daß sie Kostbarkeiten von unermeßlichem Wert bei sich hatte. Die Verbannung kam für die Zarenfamilie ganz unerwartet, da sie annahm, es werde ihr erlaubt werden, nach England zu reisen. Für diese Reise war alles schon vorbereitet, die Sachen, die das Zarenpaar mitnehmen wollte, schon gepackt. Kerenski erlaubte auch, Wertsachen mitzunehmen. Das kaiserliche Gepäck wurde keiner Untersuchung unterzogen, und als plötzlich der Befehl zur Verschickung der Zarenfamilie nach Sibirien erteilt wurde, wurde das für England bestimmte Gepäck dahin befördert.

Solowjow bot der zeitweiligen Regierung seine Dienste an. Sein Plan bestand darin, mit Hilfe seiner Frau (der Tochter Rasputins) zur Zarenfamilie vorzudringen, um sie zu beobachten, aber auch eventuelle Fluchtversuche zu vereiteln.

Die Trauung Solowjows, der es sogar verstanden hatte, Adjutant beim Vorsitzenden der militärischen Kommission der Reichsduma, Gutschkow, zu werden, mit Marja Rasputin vollzog sich in Anwesenheit der Mitglieder der Provisorischen Regierung in der Kapelle des Taurischen Palais.

Solowjow, als Sohn eines Beamten des heiligen Synods aufgewachsen, hatte das Gymnasium in Kiew besucht und wurde während des Krieges zum Offizier befördert. Er war einer der ersten Offiziere, die nach Ausbruch der Revolution ihre Dienste der Reichsduma anboten. Sehr schnell erwarb er sich das Vertrauen des Kriegsministers Gutschkow und anderer Glieder der zeitweiligen Regierung. Doch alles das brachte ihm nur geringe Einnahmen ein, und so heckte er einen kühnen Plan aus, der ihm im Falle des Gelingens große Reichtümer verhieß.

Er reiste mit seiner Frau nach Tjumen. Sicherheitshalber gab er sich für den Vertreter einer Fischereigenossenschaft aus. Von Tjumen aus teilte er der Zarenfamilie durch seine Frau und ihre Schwester mit, er sei im Auftrage der Wyrubowa und des Sekretärs der Zarin, Rostowzew, gekommen, um ihr zur Flucht zu verhelfen. Durch diese Mitteilung gewann er sehr in den Augen des Zarenpaares. Es nahm an, daß der Schwiegersohn Rasputins unbedingt zuverlässig sein werde.

Nachdem Solowjow sich das Vertrauen des Zarenpaares errungen hatte, teilte er den monarchistischen Geheimorganisationen mit, ihm sei die Befreiung des Zaren aufgetragen. Auf Grund dieser Täuschung kontrollierte er die ganze Korrespondenz des Zaren und orientierte darüber zuerst die zeitweilige Regierung, später aber die Bolschewiken. Ihm gelang es auch, den Seelsorger der Zarenfamilie, den Priester Wassiljew, zu bestechen, so konnte er durch ihn dem Zaren jede beliebige Information zugehen lassen.

Trafen in Tjumen Delegierte monarchistischer Organisationen ein, die selbständig für die Befreiung des Zaren arbeiteten, so überredete er sie, ihre Pläne aufzugeben. Waren sie damit nicht einverstanden, so zeigte er sie an, und ihre Verhaftung diente anderen als Warnung. Auch die für das Zarenpaar bestimmten Geldsendungen liefen durch seine Hände. Die erste Sendung übergab er bestimmungsgemäß, die folgenden aber eignete er sich einfach an. So zwang er schließlich die Zarin, einen Teil ihrer Brillanten zu verkaufen.

Der Zar war durch seine ganze Verwandtschaft und viele hohe Würdenträger preisgegeben worden, doch bildeten sich in Rußland immer aufs neue zahlreiche Gruppen, die sich das Ziel setzten, den Zaren zu befreien und ins Ausland zu bringen. Die von Tugan-Baranowski ins Leben gerufene Organisation hatte bedeutende Geldmittel aufgebracht und sandte immer wieder ihre Vertrauensleute nach Sibirien zur Vorbereitung der Flucht des Zaren und seiner Angehörigen. Sie waren überzeugt, daß die Zarenfamilie in großer Gefahr schwebt und eine Rettung nur durch die Flucht über die Ukraine ins Ausland möglich wäre.

Unweit des Hauses, in dem die Zarenfamilie gefangen saß, wurde ein Laden gemietet, in dem zum Schein eine Bäckerei eingerichtet war. Aus dem Keller der Bäckerei wurde ein unterirdischer Gang zum Hause der Gefangenen gegraben. Die Arbeit wurde rasch in Angriff genommen. Doch entwickelten sich die Ereignisse so schnell, daß dieser Plan nicht verwirklicht werden konnte.

In Kiew war eine Organisation mit dem Namen „Heilige Wehr" zur Befreiung des Kaisers gegründet worden. Der Hetman Skoropadski hatte Anlaß, mit der Zarenfamilie unzufrieden zu sein. Er war früher Kommandeur des Reiterregiments gewesen, in dem auch der Großfürst Dimitrij Pawlowitsch diente. Wegen irgendeines Auftritts in einem öffentlichen Lokal bestrafte Skoropadski den Großfürsten mit Arrest. Schließlich mußte er sein Abschiedsgesuch einreichen. Trotzdem legte der Hetman der Arbeit der monarchistischen Organisationen kein Hindernis in den Weg. Es wurden sogar mit seiner Hilfe Verhandlungen mit der deutschen Regierung über Unterbringung der Zarenfamilie in Deutschland eingeleitet. Der (Befehlshaber der deutschen Truppen) General Eichhorn und der deutsche Gesandte

Graf Mirbach übermittelten dem Zaren eine Einladung der deutschen Regierung zur Übersiedlung nach Deutschland und bemühten sich, von der Sowjetregierung die Erlaubnis zur Abreise der Zarenfamilie ins Ausland zu erhalten.
Gleichzeitig bemühten sich um die Befreiung der Zarenfamilie auch General Keller und Wassili Wsewoloschski. Mit Tugan-Baranowski war ich gut bekannt. Als ich von Petersburg nach Kiew flüchtete, überließ er meiner zunächst in Petersburg zurückgebliebenen Familie seine Wohnung. Ich sah ihn zum letzten Male im Jahre 1920 in Danzig, und er erzählte mir alle Einzelheiten seiner Bemühungen um die Rettung der Zarenfamilie aus den Händen der Bolschewiken.
Solowjow wußte ausgezeichnet, daß früher oder später seine Tätigkeit unbedingt aufgedeckt werden würde. Darum versuchte er, möglichst viel Geld und Brillanten sich anzueignen, um nachher ins Ausland entweichen zu können. Gar nicht lag es in seinem Interesse, die Flucht der Zarenfamilie zu unterstützen. Daher verriet er alle Unternehmungen der Monarchisten zur Befreiung der Zarenfamilie den Bolschewiken. Die bolschewistischen Kommissare erhielten von Solowjow Kopien der kaiserlichen Briefe, aus denen ersichtlich war, man wolle den Zaren nach Ostsibirien überführen, das sich in der Gewalt des Atamans Semjonow befand.
Sibirien hatte noch nie den russischen Zaren gesehen. Die Ankunft der Zarenfamilie in Tobolsk rief in ganz Sibirien großes Aufsehen hervor. In Tobolsk und später in Jekaterinburg bildeten Erzählungen aus dem Leben der Zarenfamilie den täglichen Gesprächsstoff. Die Straßen in der Nähe des Zarenhauses waren immer von Volksmassen verstopft. Solowjow sorgte für die Verbreitung von Gerüchten, daß mit der Zarenfamilie bald Schluß gemacht werden würde. Das erhöhte noch das Interesse. Die bolschewistischen Kommissare waren in großer Erregung. Solowjow ahnte, daß er seine gemeine Rolle ausgespielt hatte, und floh in das östliche Sibirien zusammen mit seiner Frau, die von dem Tun ihres Mannes nichts wußte und die er sehr roh behandelte. Er begab sich zum Ataman Sem-

jonow, wurde aber von ihm verhaftet. Nur durch Preisgabe eines großen Teiles der mitgenommenen Brillanten gelang es ihm, sich zu befreien. Er reiste über Japan in die Tschecho-Slowakei, nach Deutschland und schließlich nach Paris. Hier starb er im Krankenhaus Cachin an Tuberkulose. Im Krankenhause gestand er mir alles.

Bei der Ermordung der Zarenfamilie spielte der Kommissar Jurowski eine bedeutsame Rolle. Die Triebfeder war für ihn die Gewinnsucht.

Jurowski war Juwelier. In Jekaterinburg wurde ihm die Überwachung der Zarenfamilie übertragen. Jurowski gestattete der Zarenfamilie, einen Teil ihrer Brillanten an seinen Freund Krumnos zu verkaufen. Hierbei gelang es ihm festzustellen, daß die Zarenfamilie immer noch über Juwelen von sehr hohem Wert verfügte. Die Gerüchte, man wolle den Zaren zur Verurteilung nach Moskau bringen, erregten ihn sehr; doch ebenso andererseits die Bestrebungen der Monarchisten, die Zarenfamilie zu befreien. Weder das eine noch das andere schien ihm günstig, und daher beschloß er, zusammen mit den Kommissaren Beloborodow und Goloschtschokin die Zarenfamilie entgegen den Weisungen der Moskauer Regierung zu ermorden und dabei sich ihrer Juwelen zu bemächtigen. Beloborodow und Goloschtschokin, die zur Berichterstattung nach Moskau beordert wurden, konnten sich rechtfertigen. Jurowski verschwand spurlos.

Jurowski hatte die Brillanten der Zarenfamilie geraubt, die Fassungen zerbrochen und vernichtet, und teilte dann mit Beloborodow und Goloschtschokin und Woikow den Besitz.

Alles dies habe ich vom Juwelier Simon Golub erfahren, der den erwähnten Krumnos kannte. Golub lebte in Jekaterinburg und befand sich in der Mordnacht in der Nähe des kaiserlichen Hauses, er hörte die Schüsse und Schreie. Jurowski erzählte ihm, daß nicht alle Töchter des Zaren tot gewesen wären und daß die Roten Soldaten einige von ihnen mit den Bajonetten erstochen hätten. Die unglücklichen Mädchen haben sogar versucht, sich zu wehren.

Jurowski erschienen die Augenzeugen seiner Tat, Simon Golub und sein Bruder, gefährlich. Wladimir Golub wurde bald darauf erschossen. Simon Golub flüchtete nach Amerika, wo ich ihn 1922 gesehen habe.

Für die jüngere Tochter Rasputins, Warja, erwirkte ich 1923 eine Einreiseerlaubnis nach Deutschland. Sie begab sich aus ihrem Heimatdorf Pokrowskoje nach Moskau. Die Sowjetregierung erlaubte ihr auszureisen.

Doch auf dem Bahnhof wurde sie durchsucht, und man fand bei ihr genaue Aufzeichnungen über das Leben der Zarenfamilie in Sibirien. Sie kannte alle Einzelheiten, weil sie damals in Jekaterinburg lebte und oft der Zarenfamilie Dienste erweisen konnte. Was dann geschah, weiß ich nicht, ich erfuhr nur, daß Warja gestorben ist.

Erläuterungen

Zu S. 240: Kulturgeschichtlich interessant ist der **Kampf der Juden untereinander** und die Methoden dieses Kampfes.
Keineswegs bilden die Juden **durchweg** eine geschlossene und einheitlich geleitete Gemeinschaft. Vielmehr sind auch sie, wie wir oben sahen, vielfach aufgespalten durch Gegensätze.
Alle Gegensätze aber können überbrückt werden — durch das Geld, dem ▓▓▓▓▓▓▓▓▓▓▓▓▓▓ So gelingt es denn auch einem Simanowitsch, mit seinen immensen Schätzen den tausendfachen Gefahren des zerfallenden Zarenstaates zu entgehen.
Amüsant ist der **Streit um die Diamanten** (S. 241), der offenbar den Juden zu einem Verlust führt. Wie reich muß dieser „arme Jude" vor Beginn der Wirren 1917 gewesen sein!

Zu S. 243: **Das Ehrenwort**, einem Stärkeren, z. B. dem Staat oder einem Nichtjuden gegeben, braucht nicht eingelöst zu werden: vom Standpunkt der jüdischen Ethik aus darum nicht, weil der Jude stets der zu Unrecht Verfolgte, Unterdrückte ist. Man begreift auch hieraus, wie sehr der Liberalismus und die Sentimentalität des 19. Jahrhunderts dem Juden innerlich und äußerlich die Wege geebnet haben.
Man stelle dem aber den nüchternen Realismus **Luthers** entgegen: „Welch eine feine, dicke Lüge ist das, daß sie klagen, sie seien bei uns gefangen!! ... Wir wissen noch heutigen Tages nicht, welcher ▓▓▓ sie her in unser Land gebracht. Wir haben sie nicht aus Jerusalem geholt." (W. A. 53, S. 520.)

Zu S. 244: In steigendem Maße sucht Simanowitsch im folgenden Tapferkeit und Heldentum zur Schau zu tragen. Man beachte jedoch genau, was er unter **jüdischem Heldentum** versteht: es ist ein höchst eigentümliches Ding, gemischt aus Eitelkeit, Eigennutz, Feigheit, Lüge und Verrat. ▓▓▓▓▓▓▓▓▓▓

Zu S. 245: Hierzu paßt ausgezeichnet die Selbstschilderung **jüdischer Wohltätigkeit**, resp. eines **jüdischen Sozialismus** an dieser Stelle: die Nordarmee wird finanziert durch Vergnügungslokale, in denen die Offiziere dieser Armee ihr Geld verspielen! Die Armee war jetzt „finanziell sichergestellt. Wir konnten außerdem vielen Flüchtlingen Hilfe bringen, verteilten Mittagessen und Geldunterstützungen".
Die Offiziere selber also finanzierten die Armee, nicht der Jude. Da das jedoch auf dem Umwege über die Korruption geschah, verdiente der Jude dabei wieder gründlich. Getarnt aber wird das Verfahren durch eine zur Schau gestellte Wohltätigkeit, deren Umfang und Erfolg man sich wohl vorstellen kann.
Diese Beobachtungen sind wichtig im Blick auf die großen sozialen Ver-

Die in einzelnen demokratischen oder nichtdemokratischen Staaten auftretenden Erscheinungen dieser Art stellen also nicht zufällige Entartungen oder Entgleisungen dar, sondern die konsequente Durchführung eines a l l - ▬▬▬▬▬▬ P r i n z i p s oder einer solchen Weltanschauung, wie sie oben bezeichnet wurde.

Völlig konform diesem System ist übrigens das s t a a t l i c h e A n l e i h e - v e r f a h r e n, wie es (nicht zufällig durch die Rothschilds) im 19. Jahrhundert hoffähig geworden ist: es sind Wuchergeschäfte im großen. Daß der N a t i o n a l s o z i a l i s m u s eine ungeheuer befreiende, Ketten zerbrechende Tat, und nicht nur für das deutsche Volk, darstellt, wird hier einmal auf finanziellem Gebiet ersichtlich.

Was jüdischer Sozialismus in Wahrheit bedeutet, hat ein für allemal der B o l s c h e w i s m u s gelehrt. Es gibt hierüber heute eine vorzügliche Literatur, aus der hier nur auf folgende Werke verwiesen sei:

Albrecht „Der verratene Sozialismus", Berlin 1935; Dwinger „Und Gott schweigt?"; B. von Richthofen „Bolschewistische Wissenschaft und Kulturpolitik", Königsberg 1938; Fridtjof Nansen „Rußland und die Welt", Berlin 1922; „Die Tscheka, Russische Hilferufe an das Weltgewissen", Berlin 1922; J. Iljin „Die Welt vor dem Abgrund", Berlin 1931; „Tschernaja kniga" (Dokumente der Christenverfolgung in Rußland), Paris 1925; K. Cramer „Notbuch der russischen Christenheit", Berlin 1930; W. Sensinow „Die Tragödie der verwahrlosten Kinder Rußlands", Zürich 1930; C. von Kügelgen „Das übertünchte Grab", Berlin 1934; H. Duncker „Lenin über Religion", Berlin 1926. Dazu die wichtigen Sammlungen der A n t i k o m i n t e r n, Berlin.

Zum Bolschewismus im Baltikum: O. Schabert „Märtyrer", Hamburg 1919ff.; E. Döbler „Briefe aus dem Bolschewikengefängnis", 1925; E. Bernewitz „Die Entrückten", München 1927; W. Gruehn „Bolschewismus und Renaissance", Balt. Monatsschrift, Riga 1929; Monika Hunnius „Bilder aus der Zeit der Bolschewikenherrschaft", 1921.

In den genannten allgemeinverständlichen Werken findet man durchweg Hinweise auf weitere Literatur zum ernsteren Studium des Bolschewismus, dieser gewaltigsten antichristlichen Erscheinung der Weltgeschichte.

Zu S. 246: D i e F u n k t i o n e n d e r j ü d i s c h e n A r m e e bleiben stets die gleichen: in Rußland 1917/41, in Palästina 1939, in England 1940.

Zu S. 253: Die hier erwähnte Broschüre des Abgeordneten P u r i s c h k e - w i t s c h „Die Ermordung Rasputins", die von O. v. Taube u. a. Rasputin-Biographen vergeblich gesucht wird, ist nach Angabe des russisch-jüdischen Verlegers unserer Schrift im „Tagebuch" des W. Purischkewitsch enthalten, das im gleichen Rigaer Verlage erschienen ist. Nicht uninteressant ist die Episode S. 254: der Chauvinist Purischkewitsch stirbt schließlich durch die Hand seiner eigenen Leute. Das ist öfters geschehen.

Der C h a u v i n i s m u s ist eine krankhafte Erscheinung: „Kulturzerstörer sind Selbstmörder" (Th. Neander) vgl. W. Gruehn, Artikel „Dorpat" in „Religion in Geschichte und Gegenwart", Band I, 1927,

S. 1990. Diese völkerpsychologische Beobachtung wird bestätigt durch die jüngste Geschichte chauvinistischer Staaten: Estlands, Lettlands, Polens, Jugoslawiens usw.

Zu S. 255: Der Jude, der keiner großartigen **Geschichtsbetrachtung** fähig ist, folgt hier wieder **magischen** Gedanken: er konstatiert geheimnisvolle Fäden, die das Leben des Zarenpaares mit dem Rasputins verbinden! Ähnlicher Unsinn wird überall da geglaubt, wo die Weltanschauung entgeistigt resp. eine geistige Weltanschauung nur rudimentär vorhanden ist.

Zu S. 259: Man beachte hier die **großzügige Haltung Deutschlands**. Obwohl der Zar 1914 Deutschland den Krieg erklärt und viel zum Zusammenbruch Deutschlands beigetragen hat, sucht Deutschland ihn dennoch aus der Verbannung zu retten. **England** dagegen, das dem Zaren unendlich viel verdankt (die Zarenfamilie hatte sich für eine Ausreise nach England vorbereitet, S. 257), gibt ihn restlos seinen Verfolgern preis.

Zu S. 262: Abschließend ist unserem Manuskript ein 1. und 2. Anhang zu je 1 Seite angefügt (auch in den Übersetzungen) mit einigen belanglosen, fast durchweg falschen geschichtlichen Daten.

Soweit die Erinnerungen unseres Simanowitsch. Als sie geschrieben wurden, glaubten viele seiner Stammesgenossen an **das Nahen eines jüdischen Weltreichs**.

„Kinder Israel! Wir stehen am **Anfang der Weltherrschaft**... alle besten und führenden Elemente (des Feindes) müssen entfernt werden, damit das unterworfene Rußland **keinen Führer** mehr hat... Wir werden **die Kulturwerte zerstören**, die die christlichen Völker geschaffen haben..."

So steht es wörtlich im berühmten „Revaler Dokument", das in der Tasche eines bolschewistischen Kommissars gefunden wurde; er ist am 9. 11. 1919 an der Grenze Estlands gefallen. Die Veröffentlichung erfolgte (nach Schwartz-Bostunitsch „Jüdischer Imperialismus", 1935, S. 172f.) am 31. 12. 1919 in der estnischen Zeitung „Postimees" in Dorpat. Unterzeichnet ist das Dokument von dem „Zentralkomitee der Petrograder Sektion der Alliance Israélite Universelle" unter dem 18. 1. 1919. Das genannte Programm entspricht genau der Lehre des Talmud: „**Den Besten der Nichtjuden töte!**" (J. Pohl, Talmudgeist, 1941, S. 67.)

Das jüdische Weltreich war uns wirklich nahe, wären nicht Adolf Hitler und Mussolini gewesen. Unsere Schrift sollte vielleicht dem Verfasser zugleich den Weg ebnen zu einem hohen Posten in jenem Reich.

Er ahnte nicht, daß die Weltgeschichte anderen Gesetzen folgt als denen

Kulturwelt werden dem Verfasser Dank wissen für sein offenherziges

Während Millionen russischer Soldaten Blut und Leben für den Zaren lassen, während der kaiserliche Staat auf Leben und Tod um seine Existenz ringt, ist das Herz des Riesenreiches, der Zar selber, ein Spielball dunkler Kräfte. Das Schlimmste: unsichtbare Dämonen würgen die Führung des Reiches ab — lange ehe der Riesenleib selber zusammengebrochen ist.

Man könnte jeden Glauben an den Sinn der Geschichte verlieren, wenn hinter diesem Chaos nicht gewaltige übergeschichtliche Kräfte sichtbar würden.

Allen geistigen Menschen aber wird dies Dokument eine dauernde Warnung bleiben: es geht um nicht weniger als die höchsten Werte der Menschheit. Das dürften unsere Erläuterungen bewiesen haben. Der Historiker weiß es ohnehin. Denn die dünne Kulturschicht, die Peter der Große geschaffen, wurde durch die hier angebahnten Ereignisse zerbrochen und vernichtet, das russische Volk wieder in mittelalterliche Dämmerzustände zurückgeworfen.

Eine Fortsetzung nur bedeutet, was der Bolschewismus in den nachfolgenden 25 Jahren angerichtet hat: schlimmer noch als die Vernichtung ungezählter Kulturstätten, vieler Millionen von Menschenleben, als die raffiniert planvolle Ausrottung der kulturtragenden Volksschichten im Osten, in Spanien usw. ist die Entseelung des Menschen, die Erziehung einer ganzen Verbrechergeneration, die wahrhaft gelungen zu sein scheint. Man ermesse auch hieraus, welch ungeheuren Einschnitt unsere Zeit für die Weltgeschichte bedeutet. Es kann noch lange dauern, bis unsere Gesamtkultur alle zersetzenden Giftstoffe ausgemerzt hat. Der Gelehrte weiß

Darum wird dieses Buch auch einer fernen Zukunft noch als Wegweisung und Warnung dienen. Denn immer aufs neue wiederholt sich die Tragik der Völker. Es ist ein völkerpsychologisches Gesetz, das Alfred Rosenberg ausspricht:

Nicht Feinde braucht der Deutsche zu fürchten, auch nicht den infernalischen Haß des ▮▮▮▮▮▮▮▮▮▮ Hart muß er werden gegen sich selber, und die Dinge so sehen lernen, wie sie wirklich sind. Auch in der Judenfrage bedarf es eines unerbittlichen Wirklichkeitssinnes, eines tapferen Realismus, einer kraftvollen Nüchternheit.

Das ist unendlich viel schwerer, als es scheint. Denn Jahrtausende ringt die Menschheit darum.

Es gehört viel Mut und Selbstverleugnung dazu, die Wirklichkeit nicht nur in ihrer unermeßlichen Schönheit, sondern auch in ihrer oft abschreckenden Nacktheit anzuerkennen.

Hier hat der Deutsche sich allzulange und allzuhäufig in seiner Geschichte täuschen lassen.

Ein utopischer Idealismus ist es, der ihn immer wieder irreführt und wiederholt bedroht hat durch seine Wirklichkeitsferne. Großdeutsche Sendung wird ihr Ziel erst erreichen, wenn der Hochflug deutschen Denkens in einen realistischen, wirklichkeitsgetreuen Idealismus einmündet.

Um solch gewaltigen Zieles willen sind selbst die Opfer des blutigen 20. Jahrhunderts nicht zu groß. Denn dieses Ziel krönt die Menschheitsgeschichte.

Die Entdeckung des Originaltextes

Literatur über Rasputin

Es war im Sommer des Jahres 1938. Wir badeten an der Südküste des finnischen Meerbusens. Tiefer, unzerstörbarer Friede schien über dem Lande zu lagern. Nur gelegentlich ertönte aus der Ferne Geschützdonner von Übungen der bolschewistischen Flotte. Selten durchkreuzte ein estnisches oder russisches Flugzeug die Luft. In Erledigung wissenschaftlicher Aufgaben hatte ich einige führende Balten aufgesucht, die an weltverlorener Stelle eine kleine deutsche Kolonie zu errichten im Begriff waren.
Unvergleichlich war der Zauber der nordischen Nächte. So schön auch das Meer im Süden ist, nachts kann es sich nie mit der Farbenpracht der nordischen Meere messen.
Den Ernst der europäischen Lage durchschaute niemand, nicht einmal deutsche Volksgenossen, die doch mit allen Fasern den großen Ereignissen im Reiche folgten. Esten und Letten aber, ebenso wie die Finnen und Litauer fühlten sich geborgen im Schatten englischer Phrasen vom Selbstbestimmungsrecht der Völker, vom Schutz der kleinen Staaten durch den Völkerbund u. dgl. Dieser englische Nebel hat seit 1918 so sehr die Gehirne verdunkelt, daß noch Jahre vergehen werden, bis schlichtere Gemüter begreifen, was eigentlich gespielt wurde.
Meine Reise führte mich auch auf das abgelegene Gut (Bremerfeld) eines früheren Obersten der kaiserlichen Garde. Seit Jahren verband mich Freundschaft mit seinem Hause.
Man kannte dort meine Leidenschaft für Bücher. So erhielt ich regelmäßig, wenn ich eintraf, einen Stoß von Werken, meist aus dem russischen Kulturkreise, sorgfältig durch die Hausfrau gewählt, auf mein Zimmer gesandt. Manche bedeutende Persönlichkeit, manche seltenere russische Veröffentlichung habe ich solcherart kennengelernt.
Dieses Mal befand sich unter den Büchern auch ein ganz unscheinbares, schlecht ausgestattetes Buch „Rasputin und die

Juden". Wir hatten an der Abendtafel, an der auch Russen und Esten teilnahmen, gerade über das Judenproblem gesprochen, und ich hatte mich gefreut, daß selbst in diesem abgelegenen Winkel und unter fernerstehenden Volkskreisen Verständnis für dieses Weltproblem erwacht war.

Der Name des Verfassers, Simanowitsch, besagte mir nichts. Doch fesselte mich bald der Ton, in dem das Buch geschrieben war. Den Weltkrieg hatte ich in Rußland miterlebt, daher waren mir die üblichen Schilderungen Rasputins nicht unbekannt. Doch was hier berichtet wurde, war nun doch völlig neu. Mit steigendem Interesse begann ich zu lesen. Ich mußte mir bald sagen: entweder liegt hier wieder einmal ein jüdischer Schwindel vor — oder es handelt sich um ein Dokument von großer geschichtlicher, vielleicht noch größerer politischer Bedeutung.

Da das Buch die Verhältnisse am russischen Kaiserhof schilderte, fragte ich zuerst meine Freunde, die diese Verhältnisse persönlich kannten. Doch weder diese noch auch andere russische Freunde konnten eine eindeutige Stellung zu dem Buche finden: manches darin wurde schroff als Übertreibung oder Verleumdung abgelehnt, anderes doch auch in seiner Wahrheit und Echtheit anerkannt.

Zunächst suchte ich mich in den Besitz des Buches zu bringen, um den Fragen weiter nachzugehen. Doch hier versagten plötzlich alle meine vielfältigen Beziehungen zu baltischen Buchhändlern: es erwies sich als unmöglich, ein zweites Exemplar zu beschaffen. Auch Versuche, die ich durch Bibliotheken unternahm, führten zum gleichen negativen Resultat.

Das war verdächtig, zumal das Buch in Riga, also im Baltikum, vor knapp zehn Jahren erschienen war. Was konnte der Grund dieses geheimnisvollen Verschwindens sein? Daß das Buch bei unserem heutigen Verständnis der Judenfrage dem Judentum gefährlich werden konnte, unterlag keinem Zweifel. War dies der Grund seines Verschwindens? Ähnliche Fälle sind ja bekannt. Man wird verstehen, daß ich nunmehr erst recht das Buch zu suchen begann.

Freilich ist es mir bis heute nicht gelungen, ein zweites Exemplar des russischen Originals zu beschaffen. Das will allerhand besagen angesichts der großen Hilfsmittel, die einer modernen Universität zur Verfügung stehen. In zwei Bibliotheken Europas ist sein Vorhandensein wahrscheinlich.

Lebhaft unterstützte mich mein Assistent, Herr H. A. Gennrich, in diesen Bemühungen. Zunächst suchte ich mich über die Person des Verfassers zu orientieren. Hatte der Mann wirklich einmal eine derart außerordentliche Rolle gespielt, so mußten doch irgendwo seine Spuren nachweisbar sein.

Und siehe da, allmählich tauchte Herr Simanowitsch aus seiner Versenkung auf, bald hier, bald da. Es ging mir buchstäblich

Nachdem ich mir eine Menge Bücher über Rasputin und diese Epoche des Zarismus beschafft hatte, stieß ich immer wieder auf eine geheimnisvolle Gestalt. Maria Rasputin, die älteste Tochter, streift gelegentlich einen Simanowitsch, den engsten Vertrauten ihres Vaters. Fülop-Miller berichtet über ihn. Samuel Hoare, der Leiter des englischen Geheimdienstes im Zarenreich, weiß von diesem ersten Sekretär Rasputins, ebenso besser orientierte russische Politiker.

An der Geschichtlichkeit der Gestalt war also nicht zu zweifeln. Im Gegenteil: es trat immer überraschender zutage, daß dieser tatkräftige Mann überaus geschickt es verstanden hat, seine Spuren fast restlos zu verwischen. Daher mußten sich auch meine Versuche, durch Kreise des früheren russischen Hofes weiterzugelangen, naturgemäß als vergeblich erweisen.

Durch die Deutsche Bücherei in Leipzig und den Welt-Dienst in Erfurt (andere Organisationen versagten) ließ sich ermitteln, daß von Simanowitsch unter verschiedenen Titeln Bücher in deutscher und französischer Sprache erschienen waren. Mir gelang es, ein deutsches Exemplar zu beschaffen, obwohl auch dieses in allen großen Antiquariaten als „ver-

griffen" bezeichnet wird und nicht leicht erhältlich ist. Das einzige französische Exemplar Deutschlands ließ sich in einer Kölner Bibliothek nachweisen.
Damit wurde die Sache noch merkwürdiger: also auch in Deutschland waren diese Bücher verschwunden. Das will schon recht viel besagen, wenn ein Buch in drei verschiedenen Verlagen, dazu in unserer Zeit, erschienen ist. Hier lag offenbar eine planmäßig und mit großen Mitteln durchgeführte Absicht vor.
Zunächst mußten die deutsche, französische und russische Ausgabe sorgfältig verglichen werden, um mit Sicherheit den Originaltext herauszustellen. Auf diesem Wege gelangte ich weiter.
Die deutsche Ausgabe war unter dem Titel „Rasputin der allmächtige Bauer" 1928 in Berlin im Verlage Hensel erschienen. Sowohl die deutsche wie die französische Ausgabe stellten sich als Übersetzungen aus dem russischen Original vor. Der deutsche Text, übersetzt und bearbeitet von einem P. Wolschski, ist weithin mit meinem russischen Text identisch, die ganze Ausstattung verrät, daß auf die Sensationslust der Leser spekuliert wurde.
Ein genauer Vergleich ergab jedoch, daß die deutsche Übersetzung unzuverlässig, mindestens sehr ungleichmäßig durchgeführt ist: einzelne Partien sind hervorragend, ja mit Feingefühl für die russische und deutsche Sprache übersetzt, so daß sie kaum verbessert werden können. Andere Stellen sind fehlerhaft, oft ganz falsch übertragen. Häufig werden im Deutschen zwei oder drei Ausdrücke oder Sätze an Stelle eines Wortes oder Satzes verwandt. Öfter sind auch ganze Sätze weggelassen, umgestellt oder hinzugefügt.
Noch wichtiger ist ein anderes. Eine aufmerksame Nachprüfung ergibt deutlich, daß die deutsche Übersetzung ausgesprochen judenfreundlich ist: viele Mitteilungen des Simanowitsch, die dem Judentum schaden könnten, sind weggelassen oder stark abgeschwächt. Es liegt hier also offensichtlich eine planmäßige jüdische Redaktion des Originaltextes vor.

Mein ursprünglicher Plan, einen Verleger angesichts der Bedeutung des Buches zu einer einfachen Neuausgabe des deutschen Textes anzuregen, mußte also aufgegeben werden. Entweder verzichtete man ganz auf eine erneute Herausgabe oder es mußte eine zuverlässige neue Übersetzung aus dem Original angefertigt werden.
Ich entschloß mich zum letzteren angesichts der dargestellten Bedeutung des Buches. Dabei habe ich weniger auf sprachliche Schönheit als eben auf eine möglichst genaue Widergabe des Originals, besonders in allen kulturgeschichtlich und politisch wichtigen Einzelheiten geachtet. Gelegentlich konnten die bereits vorliegenden Übersetzungen verwandt werden, soweit sie unüberbietbar waren. Auch die Absätze des Originaltextes und sein Sperrdruck wurden wiedergegeben; letzterer beleuchtet die Persönlichkeit des Verfassers: alle an ihn gerichteten Zarenworte sind besonders hervorgehoben. In Klammern sind die nicht sicher zum Original gehörenden Anmerkungen der russischen Ausgabe und einzelne erklärende Ausdrücke von mir (z. B. die zweiten Überschriften der Abschnitte) beigefügt. Auch die zusammenfassenden Kapitelüberschriften stammen vom Herausgeber.
Ja, hatte ich aber nun auch wirklich das Original in der Hand? Es genügt nicht, daß sich die deutsche und französische Übersetzung auf das russische Exemplar beziehen. Der ihnen vorliegende Text konnte ein anderer sein als der, den ich in der Hand hatte.
Diese Frage zwang mich zu genaueren textkritischen Untersuchungen. Mit Sicherheit ergab sich, daß beide Übersetzungen jedenfalls auf meinen russischen Text (Text A) zurückgingen. Dazu ist dieser in der Orthographie, im Stil, im Druck derart unbeholfen, ja fehlerhaft, daß er sehr gut zu einem Manne „ohne jede Schulbildung" paßt, was von den anderen Ausgaben nicht gesagt werden kann. Ja, es scheint sogar, daß der russische Verleger das Manuskript ohne Mitwirkung des Verfassers herausgegeben hat. Oder der Verfasser hat so wenig literarische Kenntnisse, daß ihm nicht einmal die übliche Art der Ver-

öffentlichung eines Manuskriptes bekannt ist. Auch dies würde ganz zu Simanowitsch stimmen.

Die französische Ausgabe ist zum Teil noch schlechter übersetzt als die deutsche und stützt sich auf diese: „Raspoutine par son secrétaire Aron Simanowitsch. Traduit de russe par S. de Leo et Mme. de Naglowska", Paris 1930.

Immerhin ist deutlich, daß neben dem russischen Original noch eine handschriftliche Bearbeitung desselben (Text B) beiden Übersetzern vorgelegen hat. Hier ist nicht nur manches vorsichtiger ausgedrückt, verschiedenes weggelassen, sondern auch mancher Name ergänzt, ja in der französischen Ausgabe sind vier Kapitel hinzugefügt, in der deutschen zwei Seiten (s. o. S. 162—164, in unserem Text durch einen Absatz gekennzeichnet!). Wie ist das zu erklären?

Öfter wurde darauf hingewiesen, so u. a. durch A. Rosenberg, daß das ▬▬▬▬▬ sich nach 1918 in einem Siegesrausch befand: viele Herrscherthrone gestürzt, Revolutionen in Deutschland und Rußland, Vormachtstellung des englisch-französischen Kapitalismus, die Herrschaft internationaler Ideen u. a. schienen eine neue Welt, eine Welt im Sinne der „Weisen von Zion" anzubahnen. Kein Wunder, daß das Judentum die übliche Vorsicht außer acht ließ und mancherlei ausplauderte, das in seinem Interesse besser verschwiegen worden wäre.

Solcher Überheblichkeit verdanken wir das russische Original, einen stolzen Rechenschaftsbericht des Simanowitsch, vielleicht zugleich als Vorlage für die amerikanischen Führer des Judentums bestimmt. Diese Hochstimmung mag auch bei der deutschen und französischen Ausgabe mitgewirkt haben. Nur daß die Herausgeber hier schon vorsichtiger operierten (manches deutet darauf hin, daß sie ein herrenloses Manuskript vor sich hatten; Simanowitsch befand sich wohl schon in Amerika): es mögen ihnen Warnungen aus maßgebenden jüdischen Kreisen zugegangen sein, die bereits die große Bedeutung der Memoiren erkannten.

Dies mag sie zur erwähnten Bearbeitung veranlaßt haben, aber auch zur Beschaffung einiger Ergänzungen, sei es nun von Simanowitsch selber oder seinen nächsten Angehörigen. Solcherart entstand der Text B, auf den die deutsche (Text C) und französische Übersetzung (Text D) zurückgehen. Unsere Ausgabe (Text E) nähert sich also am meisten dem ursprünglichen Original (Text A).

Soweit die Geschichte dieses merkwürdigen Dokumentes. Sie ist nicht so rätselvoll, wie die Geschichte der berühmten „Protokolle der Weisen von Zion", die ja gleichfalls in Rußland aufgefunden wurden. Bekannt ist der vieljährige Streit um deren erste Veröffentlichung. Da ich unserem Dokument keine geringere Bedeutung beimesse, hielt ich es für richtig, dem Leser wenigstens in Kürze seine Herkunft darzulegen. Ich behalte mir vor, nötigenfalls meine Auffassung eingehender zu begründen.

Allen freundlichen Helfern sei aber an dieser Stelle herzlich gedankt, insbesondere Frau Th. von Renteln-Bremerfeld, Fräulein Ursula Renner und Herrn Dr. Josef Denner vom Institut zum Studium der Judenfrage.

Kulturgeschichtliche Parallelen, die sich mir aus der Arbeit an diesem Buch mit dem Blick auf die Gegenwart ergaben, hatte ich in einem besonderen Anhang „Vom Untergang des Zarenstaates zum Zusammenbruch des Britischen Weltreichs" niedergelegt. Sie mußten aus verlagstechnischen Gründen hier wegbleiben, erscheinen aber voraussichtlich an anderer Stelle.

Wer sich einen Überblick über die **Rasputin-Literatur** (NB. die Namen werden Raspùtjin ausgesprochen, nicht Ràsputiin, usw., s. Namenregister) schaffen will, muß sich gefaßt machen, durch einen Urwald zu wandern, in dem es weder Pfad noch Steg gibt. Hier hat die Wissenschaft noch viel zu ordnen. Fast bei allen Veröffentlichungen stehen Sensationslust und Verlagsspekulationen im Vordergrund. Darum hier einige kurze Hinweise.

Sehr verdienstvoll verwies Harald Siewert im Völkischen Beobachter (Dezember 1934) und in dem reichhaltigen Werk von U. Fleischhauer, Die echten Protokolle der Weisen von Zion, Erfurt 1935, auf die Bedeutung des Simanowitsch. Nicht ohne sensationelle Tendenzen wiederholt das W. Kummer, Rasputin, ein Werkzeug des Judentums, 1939, ohne den judenfreundlichen Charakter seines Textes bemerkt zu haben. Gediegener ist F. O. H. Schulz, Kaiser und Jude, 1936, sowie Keller-Andersen, Der Jude als Verbrecher, 1937. Beide Bücher können jedem empfohlen werden, dem diese Probleme noch neu sind.

Eine der obigen Darstellung verwandte Auffassung Rasputins finden wir bei Maria Rasputin, der ältesten Tochter, die die geschilderten Ereignisse als junges Mädchen miterlebt hat und sich völlig mit dem Vater identifiziert: Der Roman meines Lebens, 3. Auflage, Leipzig 1930. Ähnlich: Die Wahrheit über Rasputin. Aufzeichnungen seiner Tochter, Hamburg 1926? o. J. Ihr steht nahe Anna Wyrubowa, Glanz und Untergang der Romanoffs, Wien 1927, sowie der unten genannte Briefwechsel des Zarenpaares.

Zu den besten Gesamtdarstellungen gehört O. Freiherr von Taube, Rasputin, München 1926 (leider viele Gesichtspunkte veraltet), und die große sensationsfreudige Ausgabe von René Fülöp-Miller, Der heilige Teufel. Rasputin und die Frauen, Leipzig 1927.

Wichtig, wenn auch mit Vorsicht zu benutzen sind die Veröffentlichungen des englischen und französischen Botschafters am Zarenhofe: G. Buchanan, Meine Misson in Rußland, Berlin 1926, und M. Paléologue, Am Zarenhof während des Weltkrieges, München 1926. Hierher gehört auch Samuel Hoare, Das vierte Siegel. Das Ende eines russischen Kapitels. Meine Mission in Rußland 1916/17, Berlin 1935.

Eine genauere Kenntnis der östlichen Verhältnisse setzt voraus die Benutzung des spezielleren Materials: Nikolaus II., Tagebuch des Zaren, Berlin 1923, sowie der Briefwechsel Nikolaus und Alexandra Romanow, Moskau

Staatsverlag 1923—1927, und die Veröffentlichungen der Untersuchungskommissonen: **Der Untergang des Zarenregimes.** Stenographische Berichte usw. Bd. I—IV, Moskau 1925 (leider nur russisch).
Noch größerer Vorsicht bedarf es gegenüber den zahlreichen Darstellungen zaristischer Politiker, insbesondere der Mörder Rasputins: **Purischkewitsch**, Tagebuch (russisch), Riga, Verlag Orient, 1928? o. J. Auszüge daraus Paris 1925. **Fürst Felix Jussupow**, Rasputins Ende. Erinnerungen, Berlin 1928. Beide Bücher sehr chauvinistisch.
Nicht viel besser sind die „Erinnerungen" von M. W. **Rodsjanko**, Berlin 1926? o. J. Reichhaltiger und objektiver ist A. **Markow**, Rasputin und die um ihn, Königsberg 1928, und Wie ich die Zarin befreien wollte, Wien 1930.
Dies nur das Allerwichtigste. Hierbei haben wir aus Rücksicht auf den deutschen Leser die russischen, französischen und englischen Ausgaben hier unerwähnt gelassen. Doch bringen die genannten Werke fast durchweg reichhaltige Literaturhinweise, die eine Vertiefung in den ganzen Fragenkomplex erleichtern.

Aron Simanowitsch über sich selber

Der Verfasser dieser einzigartigen Erinnerungen ist um seiner typischen Bedeutung willen interessant. Wir gewinnen ein vielsagendes Bild seines Wesens aus der vorstehenden Selbstdarstellung. Trotzdem wollen wir es nicht unterlassen, dieses Bild noch durch einige charakteristische Züge zu vervollständigen.

Die russische Originalausgabe bringt vor dem Titelblatt (!) und in Anführungszeichen folgende Einleitung des Simanowitsch:

„An Stelle eines Vorworts.

Der einzige Zweck dieser Erinnerungen ist: meine Beobachtungen wiederzugeben, die ich in einer stürmischen Periode der russischen Geschichte gemacht habe; zu ihr gehören der Ausbruch des Weltkrieges, der unerhörte Aufstieg Rasputins, der Untergang der Dynastie Romanow und die ersten Brandungen des Bürgerkrieges.

Ich beabsichtige keine Enthüllungen zu machen oder irgend jemand zu demaskieren.

Ich stehe fern jeder Tendenz. Ich bemühe mich auch, nichts über Dinge zu sagen, von denen ich eine ungenügende Kenntnis besitze.

Mein Bericht über die Ereignisse am Hofe gründet sich vorwiegend auf meine eigenen Erlebnisse und auf Erzählungen Rasputins, der mich als seinen Vertrauten und Berater in alles einweihte, was er sah und hörte: vor ihm hatte ja das kaiserliche Ehepaar keinerlei Geheimnisse.

Der Kaiser und die Kaiserin pflegten ihm zu beichten wie ihrem Seelsorger. Ich bin völlig davon überzeugt, daß seine Berichte der Wahrheit entsprachen; ausschließlich darum wagte ich es, von Tatsachen aus dem intimen Leben der kaiserlichen Familie zu erzählen, die bisher unbekannt waren.

Nicht ausgeschlossen ist es, daß sich in meinem Bericht einige Ungenauigkeiten finden lassen, die einzelne Namen oder Kleinigkeiten betreffen; doch habe ich nie Aufzeichnungen oder Tagebücher geführt (? anders oben!) und mußte mich daher nur auf mein Gedächtnis verlassen. Ich nehme an, daß viele Versuche gemacht werden werden, die Zuverlässigkeit meiner Berichterstattung zu untergraben, doch bin ich überzeugt, daß das nicht gelingen wird.

Was endlich meine persönliche Wirksamkeit betrifft, von der ich hier erzähle, so erhebe ich nicht die Forderung, daß alle meine Handlungen als berechtigt anerkannt werden. Für mich war es immer wichtig, die Ziele durchzusetzen, welche ich mir gestellt hatte und als richtig anerkannte. Ich wandte die Mittel an, die gerade zur Hand waren und die mir am rationellsten dünkten. In erster Linie bemühte ich mich, alle Möglichkeiten auszuschöpfen, die mir meine Position eines Ratgebers und vom Zaren ernannten Sekretärs Rasputins zur Verfügung stellte.

A. Simanowitsch."

Man vergleiche hierzu den in seiner Formulierung geradezu klassischen Ausspruch im Text:

„Ich erklärte dem Untersuchungsrichter, daß ich nicht dafür verantwortlich bin, da ich nur den Posten eines ‚Juden ohne Portefeuille' bekleidet habe."

In einem gewissen Gegensatz hierzu scheint folgende Bemerkung zu stehen, die später (vielleicht nicht einmal vom Verfasser) dem Schluß des Originaltextes angefügt ist:

„Seit der Ermordung der Zarenfamilie sind zehn Jahre vergangen. Diese Tat wartet immer noch auf ihre volle Aufhellung, doch die Sowjetregierung bemüht sich mit allen Mitteln, die blutige Tragödie von Jekaterinburg in einen undurchdringlichen Schleier zu verhüllen."

Immerhin entspricht diese Bemerkung der von Simanowitsch in seiner Selbstbiographie durchgeführten Haltung eines konservativen zaristischen Juden. Diese galt seinerzeit im Osten unter den Juden als besonders vornehm. Die streng „konservative" Gruppe des Judentums sah in den bolschewistischen Juden nicht einmal Volksgenossen oder Glaubensbrüder und erkannte sie als solche nicht an. Anders freilich die oberste Leitung des Judentums. Dies beweist die Tatsache, daß die gleichen amerikanischen Juden, die hinter Simanowitsch standen, nachweislich auch den bolschewistischen Umsturz finanziert haben.

Einige Juden ließen sich eben durch den Zaren, andere durch den Bolschewismus, wieder andere durch den Kapitalismus aus dem Getto emportragen.

Endlich eine Notiz des Berliner jüdischen Verlages, in dem die erwähnte Übersetzung des Simanowitsch herauskam. Er sieht sich veranlaßt, diesen in einem Verlagsvorwort noch besonders zu rechtfertigen. Er muß das dunkle Gefühl gehabt haben, daß nicht alle Leser den Verfasser charakterlich hochschätzen würden. Daher der Versuch einer Ehrenrettung, freilich in typisch liberalistischer Form.

Er beruft sich dabei auf Beletzki, den ehemaligen Gehilfen des zarischen Innenministers. Dieser habe vor der Untersuchungskommission nach dem Sturz der Zarenregierung sich günstig über Simanowitsch geäußert: er sei ein guter Familienvater, sorge für seine Kinder und helfe den Juden!

Dies Lob ist, wie man sieht, äußerst karg. Überdies aus einem Munde, den wir nach obigem nicht als unbedingt zuverlässig anerkennen werden. Mehr ließ sich also beim besten Willen nicht sagen? Heute wissen wir sogar, daß jener Beletzki gleichzeitig engster Vertrauter Stalins und Polizeichef des Zaren war (H. Rabl, Stalin ohne Maske, Münch. Ill. Presse vom 24. 7. 1941, S. 785 ff.).

Geradezu vernichtend sind die spärlichen, doch desto vielsagenderen Äußerungen der Maria Rasputin über Simanowitsch, aber auch die Mitteilungen des jüdischen „Freundes" unseres Verfassers, des häufig erwähnten Petersburger Juden Sliosberg. Beide waren in Paris miteinander in Streit geraten. Daraufhin sah sich Sliosberg veranlaßt, über Simanowitsch u. a. folgendes öffentlich mitzuteilen:

„S. war vollständiger Analphabet... Seine ganze Korrespondenz bestand aus kleinen Zettelchen, auf die er einige Worte kritzelte, und die meistens Bittgesuche darstellten... Er ist nach dem Kriege in Paris aufgetaucht. Er war hier in die Affäre der gefälschten Tscherwonzen verwickelt, die großes Aufsehen erregt hat. Er saß eine Zeitlang im Gefängnis, wurde aber dann vom Gericht freigesprochen... Er besuchte einmal auch mich, und als ich ebenfalls ablehnte, ihn zu unterstützen, erklärte er offen, daß er — falls man ihn nicht unterstützen würde — ein Buch schreiben würde, in dem er viele angesehene Juden kompromittieren würde."

„Simanowitsch war in Petrograd unter anständigen Menschen vollkommen unbekannt..."

Ein zuverlässigerer Berichterstatter schreibt aus Paris:

„Es ist richtig, daß Simanowitsch Analphabet ist. Das schließt aber nicht aus, daß er ein äußerst geschickter Bursche ist. Vor allem versteht er, Spielhäuser aufzumachen, um den Gojim Geld aus der Nase zu ziehen.

Über die Rolle des Vaters Aron und des Sohnes Semen beim Morde des Prince und bei der Entführung des Generals Kutiepoff weiß ich nur, was die Zeitungen berichteten.

Die Memoiren diktierte Aron einem russischen Journalisten in einer Bierwirtschaft.

Körperlich macht er den Eindruck eines typischen russischen Gettojuden mit typischen Bewegungen seiner Glieder und gleichem Aussehen." (U. Fleischhauer, a. a. O. S. 404 ff.)

Bemerkenswert ist die Angabe Sliosbergs, die Veröffentlichung unseres Buches stelle einen Racheakt des Simanowitsch gegenüber den reich gewordenen Petersburger Juden dar. Ob nicht manche andere merkwürdige Indiskretion aus jüdischen Kreisen gleichfalls solcher Rachsucht entsprungen ist?

Übrigens ist der „russische Journalist", der die Erinnerungen des Simanowitsch zu Papier brachte, der Jude Hersch Breitmann, ein Heimatgenosse des Simanowitsch; er ist 1879 gleichfalls in Kiew geboren. Er hatte Skizzen aus dem Verbrecherleben geschrieben und war sehr reich geworden. Später verarmte er und war dem Selbstmorde nahe (Sigilla veri I, Bodung-Verlag 1929/31, S. 848).

Nicht ganz von der Hand zu weisen ist die Vermutung von Keller-Andersen (s. o.), Simanowitsch habe selber die Ermordung Rasputins gewollt oder sie zugelassen. Aus seinem eigenen Munde wissen wir, daß ihm Rasputin mit seinen hartnäckigen Bemühungen um einen deutschen Frieden sehr im Wege stand, auch vielfach seine rein jüdischen Tendenzen beim Zaren durchkreuzt hatte. Er mag gehofft haben, ohne den lebenden Rasputin, allein mit Hilfe der Rasputinschen Hinterlassenschaft, seine Ziele schneller erreichen zu können.

Daß Simanowitsch um die Rasputin drohenden Gefahren gewußt hat (mehr gewußt hat, als irgend jemand sonst), hat er uns ja selber berichtet. Auch die Ermordung des Zaren wurde durch ihm nahestehende Juden und Letten vollzogen. Wer wollte bestreiten, daß es sich hier um ein Verbrechertum großen Stiles handelt?

Diese Frage sollten uns alle jene beantworten, die selbst angesichts der unerhörten jüdisch-bolschewistischen Verbrechen in Kurland, Livland, Estland und Litauen, in der Ukraine, in Rumänien, Finnland und Weißrußland immer noch zu behaupten wagen, das Judentum sei unschuldig am Blute, das der Bolschewismus vergossen hat.

Zu unseren Bildern

Das **Umschlagbild** hat Herr Professor O. von Kursell von der Hochschule für Bildende Künste, Berlin, angefertigt.

Man wird ohne weiteres die altdeutsche Manier der Karikatur erkennen, die an die großen Weltanschauungskämpfe des 16. Jahrhunderts (etwa Luthers und seiner Gegner) anknüpft.

Von den **Bildern im Text** haben 1, 3, 5, 10 der Historische Bilderdienst, 8, 9, 11, 19 Atlantic, 6, 12, 15, 17 und 18 der Bilderdienst von Scherl, 7 der Eher-Verlag, sämtlich in Berlin, geliefert.

Überraschend war hierbei die Feststellung, daß Bilder, die noch vor zwei Jahrzehnten allgemein verbreitet waren, heute überhaupt nicht mehr beschafft werden können.

Man beachte bei den Bildern besonders:
- zu 2: die aalglatte Haltung und den Blick dieses typischen Salonjuden.
- 3: Die völlig geistlosen Gesichter sprechen Bände und veranschaulichen das auf Seite 52 Gesagte.
- 4: Unser Bild zeigt den Starez des berühmten Höhlenklosters Petschory. Dieses Kloster, ein Tochterkloster des weltberühmten Höhlenklosters von Kiew, ist durch Iwan den Schrecklichen planmäßig als religiös-militärischer Vorposten gegenüber dem Deutschen Orden ausgebaut worden. Der Starez steht an der „Heiligen Eiche", tief unter ihm die Höhle, die „Gott mit eigener Hand" gegraben hat.
- 5: Unter allen Bildern von Rasputin verrät dieses wohl am meisten seine suggestiven Kräfte.
- 7: Man könnte sich unter diesen Gestalten und in gleich würdevoller Haltung auch unseren Aron Simanowitsch vorstellen. Die sprechende Szene veranschaulicht auch die von Simanowitsch immer wieder betonte gänzliche Harmlosigkeit der galizischen Juden (s. o. S. 108 f.).
- 8: Von links nach rechts die Großfürstinnen Marja, Tatjana (die zweitälteste), Anastasia und Olga (die älteste Tochter).
- 10: Wie bizarr die dargestellte Situation ist, begreift man erst, wenn man die berühmten Namen der Personen kennt, die unseren Muschik umgeben. Im Hintergrunde eine Zarentochter (zweite von rechts) und die Wyrubowa (dritte von links).
- 13: Man beachte die ungefüge Handschrift Rasputins: auf dem ersten Bilde kann er noch kaum schreiben, die Worte sind zum Teil sinnlos; auf dem zweiten Bilde (ein Jahrzehnt später) ist die Handschrift lesbarer. Der Text lautet hier in Übersetzung: „Schnell fliehe, solange es licht ist. Grigorij."
- 15: Der Zar trägt hier als einzigen Orden nur noch das Georgskreuz, das in seiner Bedeutung etwa dem deutschen Eisernen Kreuze entsprach.
- 16: Auf den Besitz dieser Photographie steht in Rußland seit vielen Jahren die Todesstrafe. Eine weise Vorsichtsmaßregel! Man erkennt unschwer zahlreiche bekannte Gestalten: Von links nach rechts am Tisch Urizki, der Begründer der Tscheka, Trotzki, Swerdlow, Apfelbaum-Sinowjew u. a. Auf keinem dieser Verbrechergesichter kann man sich ein frohes, ungezwungenes Lachen vorstellen. Allein dieser Tatbestand ist psychologisch vielsagend.
- 17: Die schönen Mädchen sehen hier fast wie alte Frauen aus: sie sind in kurzer Zeit um Jahrzehnte gealtert.

Namenregister

Da die Personen im Text vielfach ganz familiär, ohne Titel und Beruf, erwähnt werden, empfiehlt sich beim Lesen öfters eine Benutzung des Registers. Wir haben es der Übersetzung von P. Wolschski entnommen und einer Bearbeitung unterzogen, ohne jedoch alle Angaben zur Zeit nachprüfen zu können. Zu betonen sind die fett gedruckten Vokale.

Der Herausgeber.

Alexander Michailowitsch, Großfürst, geb. 1866 als Sohn des Großfürsten Michail Nikolajewitsch, mit der Schwester des Zaren, Großfürstin Xenia, verheiratet, Schwiegervater des Fürsten Jussupow. Außer einer Tochter hatte Alexander Michailowitsch noch sechs Söhne .... 216 ff.

Alexandra Feodorowna, die Zarin, geb. Prinzessin von Hessen (1872—1918) .... 36 ff.

Alexej Nikolajewitsch, der Thronfolger, geb. 30. Juli 1904, ermordet 1918 .... 39 ff.

Alexejew, Michael (1857—1918), General, Generalstabschef im Weltkriege .... 179 ff.

Amilachwari, Alek, Fürst, Offizier des Konvois des Zaren, Georgier .... 36 f.

Anastasia Nikolajewna, Großfürstin, geb. 1867, Tochter des Fürsten von Montenegro, Nikita, Gattin des Großfürsten Nikolai Nikolajewitsch .... 38 ff.

Andrei Wladimirowitsch, Großfürst, geb. 1879 ... 235 f.

Andronnikow, Michael, Fürst (1875—1919). Seine Mutter war die Baronin Sophie Ungern-Sternberg. Herausgeber der Zeitung „Golos Russkago", wurde im Dezember 1916 nach Rjasan verbannt .... 130 f.

Aronsohn, Rechtsanwalt, Jude .... 222 f.

Astaman-Golizyn, Fürstin, Hofdame der Kaiserin Alexandra 36

Babuschkin, Jude, Zuckerfabrikant in Kiew 177

Balitzki, Leo, Kanzleichef des Staatssekretärs Kryshanowski, Rektor des „Landwirtschaftlichen und hydrotechnischen Instituts", Vorsitzender des reaktionären „Akademischen Verbandes" .. 101 f.

Balk, Alexej, geb. 1866, General, Stadthaupt von Petersburg 220

Bark, Peter, geb. 1869, Finanzminister 131

Barnabas, Bischof (1860—1921), Erzbischof von Tobolsk, von Beruf Gärtnergehilfe aus dem Gouvernement Olonez, ohne jegliche Bildung, ein Schützling Rasputins 142

Batjuschkin, Nikolai, geb. 1874, General, Vorsitzender der Kommission, die mit Ahndung der Kriegsschiebungen und der Spionage beauftragt war .... 178 ff.

Beletzki, Stephan (1873—1918), Senator, Polizeichef, Gehilfe des Innenministers vom 28. September 1915 bis 13. Februar 1916 .... 102 ff., 279

Beljajew, Michael, General, geb. 1863, bekleidete den Posten des Kriegsministers vom 3. Januar bis 27. Februar 1917 145

Beljajew, Leutnant .... 222 ff.

285

Beloborodow, bolschewistischer Kommissar, später Volkskommissar des Innern 261
Bermond, Paul, Kosakenoffizier, der spätere Oberbefehlshaber der nordwestlichen Weißen Armee Fürst Bermond-Awalow (sein Großvater war kaukasischer Jude) . . . . . . 138 f.
Blankenstein, Großkaufmann, Jude 110
Bontsch-Brujewitsch, Michael, geb. 1870, General, Generalstabschef der Nordwestfront 99
Bontsch-Brujewitsch, Journalist . . . . 250 f.
Boris Wladimirowitsch, Großfürst, geb. 1877 . . . 235
Brodski, Leo, Zuckerfabrikant in Kiew, Jude . . . . . . 92 f.
Brussilow, Alexej, General (1853—1926), August 1914 bis März 1916 Kommandeur der 8. Armee, seit März 1917 Befehlshaber an der Südwestfront, im Mai 1917 zum Oberbefehlshaber ernannt , ... 106 f.
Buchanan, George, englischer Botschafter in Rußland von 1910 bis 1917 . . . . 199 f.
Buchstab, Jewsej, Kaufmann, Jude . . . . 208 f.
Chabalow, Sergei (1858 bis 1924), Uralkosaken-General, Truppenkommandant im Militärbezirk Petersburg . . . 200 f.
Chwostow, Alexej (1872—1918). 1910—1912 Gouverneur von Nischni-Nowgorod, seit 1912 Reichsdumaabgeordneter und Führer der reaktionären Partei, vom 23. November 1915 bis 1916 Innenminister . . . . 87 ff.
Dadeschkiliani, Fürst, Georgier 253
Dadiani, Utscha, georgischer Fürst . . . . 36 ff.
Davidsohn, Journalist, Jude . . . . 203 f.
v. Dehn, Julia (Lily), Hofdame der Kaiserin Alexandra, Gattin des Kapitäns I. Ranges Karl v. Dehn . . . . 36 ff.
Denikin, General, Oberbefehlshaber der freiwilligen Weißen Armee . . . . 180 ff.
Dimitrij Pawlowitsch, Großfürst, geb. 1891, Sohn des Großfürsten Paul Alexandrowitsch und seiner ersten Frau Alexandra Georgiewna (geborene griechische Prinzessin), die nach seiner Geburt starb . . . . 67 ff.
Dobrowolski, Nikolaus (1854—1918), Senator, vom 20. Dezember 1916 bis 27. Februar 1917 Justizminister . . . 178 ff.
Dobryi, Abraham, Zuckerfabrikant in Kiew, Jude . . . 177
Dobrynski, Minister bei der Donkosakenregierung 247
Dratschewski, Daniel, General (1857—1918). Stadthaupt von Petersburg 139
Dubrowin, Dr. Alexander, geb. 1885, Führer des reaktionären „Verbandes des russischen Volkes" 200
Dumbadse, Georgier, Kaufmann 135
Efimow, Journalist . . . . 250 f.
Eichhorn, General, Befehlshaber der deutschen Okkupationstruppen in der Ukraine 1918 259
Eisenberg, Kommissionär des Fürsten Jussupow, Jude . . . 217
Eisenstadt, Rabbiner von Petersburg, Jude 111
Elisabeth Feodorowna (Ella), Großfürstin (1864—1918). Witwe des Großfürsten Sergei Alexandrowitsch, Schwester der Zarin Alexandra . . . . 198 ff.
Eristow, Alexander, Fürst, Georgier . . . . 74 f.

Faberget, bekannter Hofjuwelier in Petersburg 37
Feitelsohn, Rechtsanwalt, Jude 243
Ferdinand, Zar von Bulgarien 205
Fischsohn, Impresario, Jude . . . . 101 f.
Friedmann, Reichsdumaabgeordneter, Jude . . . . . . 110 f.
Gelowani, Fürst, Warlaam (1878—1915). Georgier, Reichsdumaabgeordneter, Mitglied der von Kerenski geführten Arbeitspartei . . . . 37 f.
Georg Alexandrowitsch, der zweite Sohn des Zaren Alexander III. . . . . 75 f.
Ginzburg, Baron, Vertreter der in Rußland verbreiteten jüdischen Millionäre Ginzburg . . . . 92 ff.
Ginzburg, Moses, reicher jüdischer Unternehmer . . . . 62 ff.
Globatschew, Konstantin, General, geb. 1870, der letzte Chef der politischen Polizei in Petersburg . . . . 102 ff.
Golizyn, Nikolai, Fürst (1850—1925). Seit 1915 Vorsitzender der Kommission zur Unterstützung russischer Kriegsgefangener in feindlichen Ländern, vom 27. Dezember 1916 bis 27. Februar 1917 Ministerpräsident . . . . 232 ff.
Golowina, Ljubow, geb. Karnowitsch, Kammerherrnwitwe, Hofdame der Kaiserin Alexandra, Schwester der morganatischen Gattin des Großfürsten Paul Alexandrowitsch, Gräfin Palei . . 155
Golowina, Marie (Manja), Tochter der Frau L. Golowina . 155 ff.
Goloschtschekin, bolschewistischer Kommissar . . . . 261 f.
Golub, Juwelier, Jude . . . . 261 f.
Goremykin, Iwan (1839—1917). 1895—1899 Innenminister, 24. April bis 8. Juli 1906 und 30. Januar 1914 bis 20. Januar 1916 Ministerpräsident . . . . 181 ff.
Goremykina, Alexandra, Frau des Ministerpräsidenten, Anhängerin Rasputins 181
Grischin-Almasow, General, Oberbefehlshaber des Detachements der Freiwilligenarmee in Odessa . . . . 247 f.
Grusenberg, Oskar, geb. 1866, jüdischer Rechtsanwalt in Petersburg, lebte später als Flüchtling in Riga . . . . . . 110 f.
Gulesko, rumänischer Geiger, Jude . . . . 73 f.
Gurewitsch, Samuel, Großindustrieller in Petersburg, Jude 92
Gurko, Wassili, General, geb. 1864, war Stellvertreter des Generalstabschefs des Oberbefehlshabers im Weltkriege . . . 185 f.
Gurland, Ilja, geb. 1868, „Professor", Jude, seit 1907 Chefredakteur des Regierungsorgans „Rossija", seit 1916 Leiter des Presseamts, Mitglied zahlreicher Kommissionen, Verfasser vieler Regierungsvorlagen und Verfügungen . . . . 153 f.
Gutschkow, Alexander, geb. 1862, bekannter russischer Politiker und Industrieller, Führer der Oktobristenpartei. 1917 Kriegs- und Marineminister der provisorischen Regierung . . . 79 ff.
Halle, Wladislaw, General, geb. 1862, Polizeimeister in Petersburg 220
Halperin, Kantor der Choralsynagoge in Lemberg, Jude . . 108
Heppner, Zuckerfabrikant in Kiew, Jude . . . . 177 ff.
Hellström, Fedor, Kapitän (illegitimer Sohn des Zaren Alexander III.?) 76
Ignatjew, Gräfin, sehr einflußreich ihr Salon . . . . . . 141 f.

Iliodor, Mönch, zuerst reaktionärer Agitator und Judenfeind, seit 1912 Prediger einer neuen Religion, die er selbst als Religion der Vernunft und der Sonne bezeichnete. Wegen Majestätsbeleidigung vor Gericht gestellt, zog Iliodor es vor, nach Norwegen zu fliehen, und veröffentlichte 1917 ein Buch über Rasputin unter dem Titel „Der heilige Teufel"; lebte dann in Amerika . 142 ff.
Isidor, Bischof (1866—1918) . . . . 102 ff.
Januschkewitsch, Nikolai, General (1868—1918). 1913 bis 1914 Professor an der Kriegsakademie, seit Beginn des Weltkrieges Generalstabschef des Oberbefehlshabers Nikolai Nikolajewitsch; seit August 1915 nach der Versetzung des Großfürsten sein Gehilfe im Kaukasus . . . . 98 f.
Japontschik, Mischka, Räuberhauptmann in Odessa . . 248
Jung, Klara, Schauspielerin, Jüdin 102
Jurowski, Jankel, bolschewistischer Kommissar, Jude . . 261 f.
Jussupow, Felix, Fürst, Vater des Mörders Rasputins, geb. 1856, einer der reichsten Männer in Rußland; 1915 zum Truppenkommandeur im Militärbezirk Moskau ernannt. Seine Gattin, geborene Prinzessin Jussupow, war eine erbitterte Gegnerin Rasputins . . . . 216 ff.
Jussupow, Felix, geb. 1887, Sohn des Vorhergehenden . . 207 ff.
Jussupow, Irene, Fürstin, Gattin des jungen Fürsten Jussupow, geb. 1895 als Großfürstin . . . . 217 f.
Kalmanowitsch, Samuel, Rechtsanwalt, Jude 111
Karaulow, Michael (1878—1917), Abgeordneter der Reichsduma, Kosakenoffizier und militärischer Schriftsteller; nach der Revolution Ataman der Terekkosaken 149
Keller, Graf, General, Befehlshaber der „Weißen Nordarmee" in Kiew . . . . 244 ff.
Kerenski, Alexander, geb. 1881, Rechtsanwalt und Reichsdumaabgeordneter, Halbjude, nach der Revolution Justizminister, später Ministerpräsident der „Provisorischen Regierung", Oberbefehlshaber sämtlicher Armeen, am 7. November 1917 von den Bolschewiken gestürzt resp. abgelöst . . . . 149 ff.
Kitchener, Herbert, Lord (1850—1916), bekannter englischer Feldmarschall . . . . 133 ff.
Kleinmichel, Marie, Gräfin, geborene Gräfin Keller . . 141
Kommissarow, Michael, Gendarmeriegeneral, geb. 1870, Leiter der politischen Polizei und Kontrespionage in Petersburg 144
Krüger-Woinowski, Eduard, der letzte zarische Verkehrsminister 232
Krumnos, Kaufmann, Jude . . . . 261 f.
Krupenski, Paul, nationalistischer Reichsdumaabgeordneter 241
Kryshanowski, Sergei, geb. 1861, Staatssekretär . . . 101
Kultschizki, Nikolaus (1856—1925). Professor a. D., der letzte Unterrichtsminister 232
Kurlow, Paul (1860—1923). 1909 Gehilfe des Innenministers, 1911 nach der Ermordung des Ministerpräsidenten Stolypin verabschiedet, 1914 zum Chef der Zivilverwaltung in Riga ernannt, 1915 wegen Begünstigung der Deutschen vom Dienst enthoben, 1916 von Protopopow wieder angestellt . . . . 159 ff.
Kuschina, Witwe eines Militärarztes, Anhängerin Rasputins . 156
Kyrill Wladimirowitsch, Großfürst, geb. 1876 . . . 235 f.

Laptinskaja, Akulina, geb. 1886, Krankenschwester . . 155 ff.
Lippert, Frau eines Militärarztes, Jüdin . . . . 103 ff.
Lochtina, Olga, Frau eines Ingenieurs, Anhängerin Rasputins 44
Logwinski, Paul, Rechtsanwalt, Militäruntersuchungsrichter bei der Kommission des Generals Batjuschin 100
Makarow, Alexander (1857—1919). Innen- und Justizminister , ... 179 f.
Maklakow, Nikolai (1871—1918). 1909 zum Gouverneur von Tschernigow ernannt, 1912—1915 Innenminister . . . . 94 ff.
Mamontow, General der freiwilligen Weißen Armee . . . 252 f.
Manassewitsch-Manuilow, Iwan (1869—1918). Sohn eines armen Juden namens Manassewitsch, als Knabe adoptiert vom reichen sibirischen Kaufmann Manuilow, Mitarbeiter der „Nowoje Wremja" und anderer Zeitungen, zugleich Agent der politischen Polizei, während des Krieges mit Japan Geheimagent des Kriegsministeriums im Ausland; zugleich Spitzel im Dienste ausländischer Organisationen. Eine der verworfensten Gestalten der russischen Politik. 1905 wurde er dem damaligen Ministerpräsidenten Witte attachiert, 1916 Sekretär des Ministerpräsidenten Stürmer, erwarb 1915/16 ein großes Vermögen . . . . 144 ff.
Mandel, Bankdirektor, Jude . . . . 92 f.
Manus, Ignatij, bekannter Bankier, Jude . . . . . . 62 f.
Maria Feodorowna, Kaiserin-Witwe, geb. 1847 als Prinzessin von Dänemark . . . . 72 ff.
Markow (Model), Wladimir, geb. 1871, General, Gehilfe des Moskauer Stadthaupts . . . . 250 f.
Markow III., Reichsdumaabgeordneter 241
Marschalk, Gehilfe des Chefs der Moskauer Kriminalpolizei, später Kiewer Stadthaupt 245
Maso, Rabbiner in Moskau, Jude . . . . 110 f.
Maurin, General 34
Michael Alexandrowitsch (1878—1918), der dritte Sohn Alexanders III., war nach dem Tode des Großfürsten Georg bis zur Geburt des Zesarewitsch Alexej als Thronfolger proklamiert, heiratete 1912 heimlich die geschiedene Frau Wulfert, wurde deswegen von allen Ämtern entfernt und entmündigt, aber 1915 begnadigt. Seiner Gattin wurde der Titel einer Gräfin Brassowa verliehen . . . . 76 ff.
Militza Nikolajewna, Großfürstin, geb. 1866, Gattin des Großfürsten Peter Nikolajewitsch, Schwester der Anastasia N. 38 ff.
Mirbach, Graf, erster deutscher Botschafter in Rußland nach dem Weltkriege, ermordet 1918 in Moskau vom Sozialrevolutionären Blumkin 260
Mjassojedow, Sergei (1865—1915), Gendarmerieoberst, wurde 1915 vom Kriegsgericht wegen Spionage und widerrechtlicher Aneignung fremden Eigentums zum Tode verurteilt . . 135
Muswitz-Schadurski, Graf, Kavallerieoffizier 138
Myschezki, Michael, Fürst, geb. 1855, Hauptmann a. D., verheiratet mit der Kusine des Ministers Protopopow 175
Nakaschidse, Iwan, Fürst, Georgier, Mitglied der Direktion des Roten Kreuzes 74
Nikitin, Wladimir, geb. 1848, Artilleriegeneral, Kommandant der Peter-Pauls-Festung 200

Nikitina, Lydia, Hofdame der Kaiserin Alexandra, Tochter des Generals Nikitin . . . . 36 ff.
Nikolai Nikolajewitsch, Großfürst, geb. 1856, 1914 bis 1915 russischer Oberbefehlshaber, später Statthalter und Oberbefehlshaber im Kaukasus, 1905—1908 Anhänger Rasputins, später sein Gegner, † 1929 . . . . 38 ff.
Nikolaus II., der letzte Zar (1868—1918) . . . . 17 ff.
Nilow, Constantin, geb. 1856, Admiral . . . . 134 f.
Nisheradze, Nikolaus, Fürst, Kammerherr a. D., Georgier 74 f.
Orbeliani, Fürst, Generalgouverneur von Kutais, Georgier 74
Orbeliani, Prinzessin, Hofdame der Zarin, Tochter des Generalgouverneurs von Kutais . . . . 36 ff.
Orlow, Alexander (1862—1908), Generalmajor, Kommandeur des Ulanenleibregiments, später Brigadekommandeur . . 80 ff.
Orlow, Wassili, Vorsitzender des reaktionären „Verbandes des Erzengels Michael" 155
Ossipenko, Iwan, geb. 1882, Sekretär des Metropoliten Pitirim, ehemaliger Gesanglehrer 214
Paléologue, M., der französische Botschafter 199
Pchakadse, Simeon, Offizier, Bräutigam der Tochter Rasputins Marja, Georgier . . . . 210 ff.
Perewersew, Paul, Rechtsanwalt, 24. April bis 7. Juli 1917 Justizminister der provisorischen Regierung Kerenski . . . 242 ff.
Peter Nikolajewitsch, Großfürst, geb. 1864 38
Pitirim (1858—1921). Metropolit von Petersburg, Sohn eines Geistlichen Oknow in Riga. War eine Zeitlang Lehrer der deutschen Sprache am geistlichen Seminar in Kiew. Einer Anmerkung des Verlegers auf S. 172 des russischen Textes zufolge war er seiner Herkunft nach Lette und russischer Priester in Kokenhusen, war also baltischer Renegat, woraus sich auch seine charakterlose Haltung erklärt. Die Psychologie dieser Typen meisterhaft geschildert bei C. Schirren, Livländische Antwort, S. 18 ff. . . . . 145 ff.
Poincet, kaiserlicher Haushofmeister 36
Pokrowski, Nikolai, geb. 1865, der letzte zarische Außenminister . . . . 232 f.
Poljakow, Bankier, Jude . . . . 92 f.
Protopopow, Alexander (1866—1918). 1914 zum Vizepräsidenten der Reichsduma gewählt, 1916 Führer der russischen parlamentarischen Abordnung im Ausland, 18. September 1916 zum Innenminister ernannt . . . . 102 ff.
Purischkewitsch, Wladimir (1870—1920). Reaktionärer Reichsdumaabgeordneter, Mörder Rasputins . . . . . . 154 ff.
Rajew, Nikolai, Professor an der Frauenhochschule, geb. 1856, seit 1916 Oberprokureur des Heiligen Synod . . . . 158 f.
Rasputin, Grigorij, auch Nowyi oder Nowych (dieser Zuname wurde Rasputin vom Zaren bewilligt, angeblich weil der kleine Zesarewitsch ihn „Nowyi", d. h. „Der Neue", nannte) 17 ff.
Rasputin, Efim, Vater von Grigorij . . . . 41 f.
Rasputin, Praskowja, Rasputins Frau . . . . 41 f.
Rasputin, Dimitrij, Sohn des Grigorij . . . . 41 ff.
Rasputin, Matrjona (Marja), Rasputins älteste Tochter, geb. 1900, verheiratet mit Leutnant Solowjow, lebt in Paris . . 41 ff.

Rasputin, Warja, jüngere Tochter Rasputins . . . . . 41 ff.
Rodsjanko, Michael (1859—1924), Reichsdumapräsident, Großgrundbesitzer im Gouvernement Jekaterinoslaw . . . . 208 ff.
Reschetnikowa, Frau Katharina. Eine Anhängerin Rasputins 250
Roop (muß wohl heißen: Ropp), Baron 138
Rosen, Rechtsanwalt, Staatsanwalt a. D. . . . . 138 ff.
Rschewski, Boris, Journalist, später Sekretär beim Innenminister Chwostow . . . . 143 ff.
Rubinstein, Dimitrij, geb. 1876, bekannter Bankier, Jude, Begründer der „Russisch-Französischen Bank" und Mitinhaber des Bankhauses „Junker & Co." . . . . 132 ff.
Rubinstein, Stella, Gattin des Bankiers Rubinstein, Jüdin 176 ff.
Russkij, General (1854—1918). 1914 Kommandeur der 3. Armee, 1916 Oberbefehlshaber an der Nordwest- und Nordfront . . . . 79 ff.
Sablin, Nikolai, geb. 1880. Konteradmiral, Kommandant der Zarenjacht „Standard" 81
Sarnekau, Nina, Komtesse, morganatische Tochter des Prinzen von Oldenburg . . . . 73 f.
Sarudnyi, Rechtsanwalt, Justizminister der provisorischen Regierung 190
Sassonow, Sergej (1861—1927). 1910—1916 Außenminister 103 f.
Schalit, Gerassim, Großkaufmann in Petersburg, Jude . 92 f.
Scherwaschidze, Georg, Fürst, Georgier, geb. 1847, Oberhofmeister, der morganatische Gatte der Kaiserin-Witwe Marie (?) 137
Schkuro, General, Armeekommandierender bei der freiwilligen Weißen Armee . . . . 251 f.
Schtscheglowitow, Iwan (1860—1918). 24. April 1906 bis 6. Juli 1915 Justizminister, 1917 Reichsratspräsident . . . 94 f.
Schulgin, Wassili, geb. 1878, nationalistischer Reichsdumaabgeordneter . . . . 79 f.
Schuwajew, Dimitrij, geb. 1854, General, seit 1915 Feldintendant, 17. März 1916 bis 3. Januar 1917 Kriegsminister, dann Reichsratsmitglied 136
Siew, Großkaufmann in Petersburg, Jude . . . . 177 f.
Simanowitsch, Aron, geb. 1872, Petersburger Kaufmann 1. Gilde, Hofjuwelier, Sekretär Rasputins, Jude . . . . . 8 ff.
Simanowitsch, Semjon, geb. 1896, Ingenieur, Sohn des A. Simanowitsch, Jude . . . . 107 ff.
Simanowitsch, Johann, geb. 1897, Student, Sohn des A. Simanowitsch, Jude . . . . 122 f.
Skoropadski, General, bekannter Hetman der Ukraine . . 244 f.
Skworzow, Wassilij, geb. 1859, Herausgeber der reaktionären Zeitung „Kolokol" 253
Sliosberg, Heinrich, jüdischer Rechtsanwalt, lebte später als Flüchtling in Paris . . . . 92 ff., 280
Sokolow, Nikolai, Rechtsanwalt, 1917 Mitglied der Petersburger Sowjets des Arbeiter- und Soldatenrats und deren Vertreter in der außerordentlichen Untersuchungskommission . . 243
Soloweitschik, Bankier, Jude? 62

Solowjow, Boris, Offizier, Gatte der ältesten Tochter Rasputins . . . . 257 ff.
Stolypin, Peter (1862—1911). 1906—1911 Ministerpräsident, gestorben an den Folgen eines vom Geheimagenten der politischen Polizei, dem jüdischen Sozialrevolutionär Mordka Bogrow, ausgeführten Attentats . . . . 120 ff.
Stürmer, Boris (1848—1917), Sohn eines Rabbiners aus Wilna (s. o. S. 157). Seit 1904 Reichsratsmitglied, 20. Januar bis 10. November 1916 Ministerpräsident, außerdem 3. März bis 7. Juli Innenminister, 7. Juli bis 10. November Außenminister . . . 102 ff.
Suchomlinow, Wladimir (1848—1926). General, 1909 bis 1915 Kriegsminister, im April 1917 wegen Staatsverrats, Amtsmißbrauchs und Urkundenfälschung zu lebenslänglichem Zuchthaus verurteilt, nach dem bolschewistischen Staatsstreich nach Deutschland entflohen . . . . 135 f.
Suworin, Michael, Chefredakteur und Besitzer des größten russischen Hetzblattes bzw. offiziösen Regierungsblattes „Nowoje Wremja" . . . . 131 f.
Tanejew, Alexander, geb. 1850, Chef der Kanzlei des Zaren, Vater der Anna Wyrubowa, Mitglied der Akademie der Wissenschaften und Komponist 96
Tarchanowa, Sophie, Fürstin, Schwiegermutter des Fürsten Gelowani . . . . 36 ff.
Tatischtschew, Wladimir, Graf, geb. 1865, Vorstandsmitglied verschiedener Banken, naher Verwandter des Innenministers Chwostow . . . . 207 ff.
Theophan, Bischof, zuerst ein begeisterter Anhänger Rasputins, seit 1910 sein Feind 44
Tolstoi, Graf, Vorsitzender des Stadtverordnetenkollegiums in Petersburg . . . . 138 f.
Trepow, Alexander (1864—1926), Reichsratsmitglied, 1915 zum Verkehrsminister ernannt, 19. November bis 27. Dezember 1916 Ministerpräsident . . . . 230 f.
Tschagin, Konteradmiral, Kommandant der Zarenjacht „Standard" . . . . 82 f.
Tschagin, Hauptmann, Führer eines Detachements bei der „Nördlichen Armee" in Kiew 247
Tscheidze, Nikolai (1864—1924), sozialdemokratischer Reichsdumaabgeordneter, später Vorsitzender des Arbeiter- und Soldatenrats in Petersburg . . . . 242 f.
Tugan-Baranowski, Mitglied des Verkehrsministeriums, Bruder des Professors Tugan-Baranowski . . . . 246 f.
Warschawski, Großkaufmann, Jude . . . . 92 ff.
Wassiljew, Alexej, Hausgeistlicher der Zarenfamilie in Tobolsk 258
Weller, Ingenieur, Jude . . . . 135 f.
Winawer, Rechtsanwalt und Reichsdumaabgeordneter, später Minister in der Krim, Jude 111
Witte, Sergei, Graf (1849—1915), langjähriger Finanzminister unter Alexander III., Ministerpräsident während der ersten russischen Revolution (1905), dann Mitglied des Reichsrats. Neben Stolypin der einzige bedeutendere Staatsmann in den letzten Jahren des Zarenreiches. Vieles wird erst verständlich, wenn man weiß, daß seine Frau Jüdin ist . . . . 35 ff.

Witte, Mathilde, Gemahlin des Grafen Witte, Tochter eines
jüdischen Kaufmanns . . . . 103 f.
Wladimir Alexandrowitsch (1854—1909). Der dritte
Sohn Alexanders II., verheiratet mit der Tochter des Großherzogs
von Mecklenburg-Schwerin, Friedrich Franz II., Marie (Maria
Pawlowna) 236
Wojeikow, Wladimir, General, geb. 1868, seit 1913 Palast-
kommandant, Schwiegersohn des Hofministers Graf Fredericks . 79 ff.
Wolfsohn, Konsul, Jude 184
Wolkonski, Wladimir, Fürst, Vizepräsident der Reichs-
duma und später Gehilfe des Innenministers 157
Woskoboinikow, Krankenschwester im Seraphimlazarett . . 69 ff.
Wsewoloschski, Wassili, General, Befehlshaber einer
Abteilung der „Nördlichen Armee" in Kiew . . . . 244 f.
Wyrubowa, Anna, geborene Tanejewa, Tochter des Chefs
der Kanzlei des Zaren, Gattin des Marineleutnants Alexander
Wyrubow. Ihre Ehe, die auf Wunsch der Zarin geschlossen
wurde, erwies sich als unglücklich . . . . 36 ff.